GuoJia
Yu
FaZhi
YanJiu

国家与法治研究

（第三卷）

焦洪昌 主 编

成协中 执行主编

中国政法大学出版社

2024·北京

图书在版编目（CIP）数据

国家与法治研究. 第三卷 / 焦洪昌主编；成协中执行主编. -- 北京：中国政法大学出版社，2024.3

ISBN 978-7-5764-1396-0

Ⅰ. ①国… Ⅱ. ①焦… ②成… Ⅲ. ①法学—丛刊 Ⅳ. ①D90-55

中国国家版本馆 CIP 数据核字(2024)第 058938 号

书　名	国家与法治研究（第三卷） GUOJIA YU FAZHI YANJIU（DI SAN JUAN）
出版者	中国政法大学出版社
地　址	北京市海淀区西土城路 25 号
邮　箱	bianjishi07public@163.com
网　址	http://www.cuplpress.com（网络实名：中国政法大学出版社）
电　话	010-58908466(第七编辑部) 010-58908334(邮购部)
承　印	保定市中画美凯印刷有限公司
开　本	720mm×960mm　1/16
印　张	13.25
字　数	205 千字
版　次	2024 年 3 月第 1 版
印　次	2024 年 3 月第 1 次印刷
定　价	68.00 元

目　录

【评　论】
note

【书　评】
book reviews

【经 典】classic

《谈谈狄骥的实证主义社会法学》推介语

王 蔚 邢 云*

一、王名扬先生学术源流简介

王名扬（1916—2008），湖南衡阳人，当代著名行政法学家，行政法学教授。1937 年考入武汉大学攻读法学学士学位，1940 年考入国立中央大学（重庆），1946 年考取了最后一批国民政府公派留学生，1948 年前往法国巴黎大学法学院攻读博士学位，1953 年以出色的成绩获得行政法学博士学位。1958 年学成回国，参加祖国建设，被分配到北京政法学院（现中国政法大学）。1963 年被调到北京外贸学院（现对外经济贸易大学），教授法语。1983 年重新回到中国政法大学任教，担任行政法专业硕士研究生导师、中国法学会行政法研究会顾问，培养出中华人民共和国第一届行政法学专业硕士生。2006 年 11 月，为表彰他对我国行政法学教育事业作出的巨大贡献，中国政法大学授予王名扬先生"终身成就奖"。

王名扬先生的研究领域以比较行政法学为主，不仅介绍了美、英、法国家关于行政法的基本理念、主要原则和主要制度，还在充分理解、综合研究的基础上，根据中国的现实需要，以中国人的思维、眼光，用中国人的语言、文风，作出十分准确的介绍和阐述，因此其著作能为中国人所理解和运用，具有极强的渗透力和启示力。其主要著作《法国行政法》《英国行政法》《美国行政法》被誉为"外国行政法三部曲"，是国内研究外国行政法

* 王蔚，法学博士，中国政法大学法学院教授；邢云，中国政法大学宪法学与行政法学硕士研究生。

的重要参考。

二、狄骥法学思想与王名扬先生的评述

狄骥（1859—1928）是将社会学方法引入法学、创设社会连带主义法学派的代表性人物。狄骥的学说体系旨在打破传统公法理论构造，反对国家主权、国家法人说、主观权利等基础观念。社会学的理论体系和方法成为狄骥思想的知识库。在狄骥看来，"权力国家"语境下，国家是一种独立于"社会"的权威状态，面对社会处于超越的地位，是意志的绝对原始和至高无上的主体。而"意志"的唯一目标是支配，是整个"主观主义制度"的起点。"合作国家"则是国家与社会呈现互动，国家权力具体而客观的功能是保障社会相互依存，并将国家的行为与承担公共服务的组织和运作相一致，这也是法国客观制度的出发点。法律限制国家的前提需要寻觅社会事实中不变的客观法，并以此为基准构筑内在价值平衡的国家。狄骥认为，国家不再是利维坦，主权概念为公共服务所替代；国家不再是危险的主体，统治者行为负有遵守客观法之义务；国家行为通过立法、行政、司法体现。[1]为了促进客观法对国家的限制，狄骥提出了三个主要的改革方案。

第一，为使客观法成为立法者的普遍遵循，狄骥指出，客观法理论创设了两项义务：一项是立法者必须遵守客观法，另一项是被统治者（人民）必须监督立法者将社会规范准确地转化为实证法。而相较于损害既有秩序的全民公决等方式，狄骥主张建构一种更有效，也对公共秩序更安全的机制：以客观法为基准，对实证法进行合宪性审查。这一主张在 1958 年法兰西第五共和国建国时得到部分采纳，宪法委员会开始了对立法的合宪性审查。

第二，为了使立法者更好地发现客观法，狄骥认为，应当在立法中扩大公众参与，以此帮助立法者更密切地观察社会事实和发现客观法的内容；同时应当消除古典法律传统中统治者和被统治者之间的差异，给予妇女选举权，恢复解散权（droit de dissolution），使公民投票摆脱共和党的排斥。

第三，为使代表制更能体现客观法所追求的民主，狄骥认为，需要对现

---

[1] 参见王蔚：《"法律限制国家如何可能"：莱昂·狄骥法学思想的理论脉络与方法变迁》，载《政法论坛》2021 年第 5 期。

有代表制进行改革。当前，民主选举产生的代表机构作为国家意志的创造者时，立法不能完全避免统治者对被统治者的压迫。个人自由如果不与职业共同体相联系，仅仅以一种事实上的个人原子化形式出现，则难以对抗国家无限扩张的权力。因此，狄骥主张将国家、个人和团体的所有组成部分纳入代表机构，并提议各种工业、专业力量代表进入议会，建立专业代表制。[1]

王名扬先生在《谈谈狄骥的实证主义社会法学》一文中，对狄骥的实证主义社会法学进行了介绍和评析。王名扬先生指出，狄骥的整个学说体系以社会学思想为基础，通过对法国"国家主权""主观权利"等传统思想进行批判而建立，在方法上采用了实证的科学方法，反对形而上学的虚构。王名扬先生将狄骥的主要思想划分为三个学说，分别为法学说、国家学说与国家和法的关系学说。

狄骥的法学说以社会协作学说为基础，认为社会协作是一切社会赖以存在的客观事实。因为人必须生活于社会中，由此得出一个基本的社会规范，即每一个人的行为不得违反社会协作关系，应当根据他的能力和地位来维持和促进社会协作关系。每一个人不论其为统治者或被统治者，不论其能力大小如何，从事的职业如何，根据社会协作关系都负有上述两种义务：不得违反社会协作关系并促进社会协作关系的发展。

狄骥的国家学说认为，国家是一定的领土内的一定社会，区分为统治阶级和被统治阶级，而统治阶级独占了这个社会里的强制力时才产生。因此国家不是一个超乎统治者及被统治者之外的独立人格。国家意志是统治者的意志。任何人的意志根据其本身的性质都不能产生权利，统治者的意志不可能作为主权而存在。统治者所掌握的力量只是一种事实的力量，往往不是合法产生的。但是这种事实的力量在其行使时，只有在其符合客观法的规范的范围内时，其才受到法的保护。

以国家学说为基础，在国家和法的关系上，狄骥认为国家受法的限制问题是公法的根本问题。因为如果国家不受法的限制，全部公法体系都是一纸废文。狄骥指出，法的规范产生于社会协作关系这个客观事实，完全独立于

---

〔1〕 参见王蔚：《"法律限制国家如何可能"：莱昂·狄骥法学思想的理论脉络与方法变迁》，载《政法论坛》2021 年第 5 期。

统治者之外。统治者所掌握的事实力量只是按照法的规范行使才成为法的力量。国家的行为实际上就是统治者的行为，既然统治者的行为必须受法的规范的拘束，那么，国家受法的限制问题，根据客观法的学说也就有了一个坚实的基础。法的规范为统治者规定了两个基本任务：一是统治者不能妨碍个人活动的自由发展，因为这是促进社会分工所必要的；二是统治者必须进行干预，以保障一切个人有自由发展其行动的手段。因此，统治者必须保障公民的受教育权、工作权利等。狄骥将上述的干预活动称为公务，认为它是统治者行使权力的基础，也是全部公法体系的基础。[1]

王名扬先生对狄骥的主要学说，作出了如下评析。

针对公法的根本问题——国家是否应当受到法的限制，王名扬先生认为，法律限制国家的制度能否成立、能否维持和采取何种形式都取决于阶级力量的对比。法律只是统治阶级意志的表现，本身不具备力量。只有统治阶级感觉依法办事才能有利于它所建立的社会秩序，法律才会得到遵守。否认国家主权，不能解决国家受法限制的问题。

对于狄骥的学说基础——社会协作关系，王名扬先生指出，尽管狄骥对自然法学说进行批评，认为其不是实证科学的观点，但其建立的社会协作理论也欠缺实证科学性。人类社会的基本事实是阶级斗争，不是阶级合作，狄骥"反对用阶级斗争，主张社会协作，妄想用假科学的客观法限制统治阶级的权力，这只是唯心主义者的空想"。狄骥对于传统法学思想的批判是可取的，但对于实证主义社会法学则应当批判性看待。[2]

三、重返狄骥法学思想的时代意义

改革开放以来，我国法学研究开始了精细化转型。法教义学以尊重文本为主要任务构筑法学作为一门科学的专业槽。在国家和社会的转型期，法教义学也可以适度在更加广阔的视野里考察法律转型所处的社会转型的背景，将"社会事实"的因素纳入"法律和国家转型理论"之中。那么如何将社会因素考虑进去呢？"社会"可否是一种事实从而成为实证法的立法依据？

---

〔1〕 参见王名扬：《谈谈狄骥的实证主义社会法学》，载《法国研究》1986年第2期。
〔2〕 参见王名扬：《谈谈狄骥的实证主义社会法学》，载《法国研究》1986年第2期。

承继狄骥观点，社会于个人与国家而言，是一种中介因素，吸纳了作为社会成员的个人意志，应将其作为限制国家的基准。狄骥的思想脉络和方法变迁，对我国如何以新的方法重新定义国家与法律的关系有所启发。[1]

首先，在国家治理的价值理想层面，狄骥的国家理论的一大启示在于复杂社会的治理应当从国家中心主义转向去中心化，加强国家与社会、个人的合作，例如从权力国家走向合作国家的转型。同时，我国公法的发展需要继续吸纳狄骥的创见，国家行为的正当性可以从绩效基准转变到是否能满足公共服务、促进社会团结之上。在社会主义法治国家建设层面，尤其需要思考国家与法律的关系的内在张力如何协调。法律工具化主义的思潮退去后，促进法律对国家权力行使的外部监督成为应有之义。狄骥的思想和方法对于如何观察社会诉求、提炼事实问题，并对国家法治建设中规范如何对价值和事实保持开放的问题作了注脚。

其次，在社会主义法治国家建设目标之下，狄骥的国家思想对我国国家功能与国家机构的配置问题有一定启发，有助于进一步细分合宪性审查与行政诉讼的功能。目前我国合宪性审查和行政诉讼中仍有诸多实践问题徘徊在功能设定和类型区分讨论之中，公法诉讼应该更重视法秩序的统合功能还是对主观权利的救济仍然没有达成共识。狄骥从国家理论出发，将国家内部关系和国家与其他个人的关系进行区分，从而清晰地界分了宪法和行政法的不同功能。在狄骥看来，宪法主要聚焦国家内部生活，协调国家机构职权纵向和横向配置，即宪法审查更多承载法秩序整合功能；而行政法则聚焦国家与其他个体的关系，尤其是基于公共服务产生的行政权力是否对个体造成权利损害的问题。有鉴于此，我国在司法实践中有必要继续推进行政诉讼的主观化。

最后，我国法学研究方法中社科法学和法教义学的争论仍然激烈，在既存的法律规范与实践的差异中，如何克服可能的法律"合法性危机"需要持续的讨论，尤其是如何在法律体系中安放社会事实的问题。近几年，系统论法学方法的兴起成为一种新的进路。但社会学方法进入法学也存在多重困

---

[1] 参见王蔚：《"法律限制国家如何可能"：莱昂·狄骥法学思想的理论脉络与方法变迁》，载《政法论坛》2021年第5期。

境，更多学者开始聚焦社会系统理论的事实性描述如何转换为宪法教义学的规范性论证。重返狄骥理论脉络或许能寻觅社会既作为"事实"又作为"规范"思想延伸，对近年来社科法学与法社会学的区别进行深入探析。[1]

虽然狄骥的学说在 20 世纪二三十年代便被引介到中国，但一直以来，其发挥的作用较为有限，学界也缺乏系统性的研究。王名扬先生是中华人民共和国最早开始研究法国法的学者之一，也是最早系统性介绍狄骥观点的学者。《谈谈狄骥的实证主义社会法学》一文发表于《法国研究》1986 年第 2 期，随后，学界开始对狄骥的学说进行介绍和研究。进入 21 世纪，伴随着改革开放和社会转型，以及狄骥代表作《公法的变迁》中文译著问世，学界对狄骥进行的研究也逐渐从系统介绍转向提炼和反思，例如陶天南、王本存等学者对狄骥的社会连带主义方法开展了研究；[2]于浩、张军等学者对整个狄骥思想进行较为体系的反思；[3]成协中、陈天昊等学者进一步探讨了狄骥思想对我国行政法的影响。[4]时至今日，狄骥的观点、学说和方法论仍然堪称我国法学研究和社会研究的"源头活水"。

---

〔1〕 参见王蔚：《"法律限制国家如何可能"：莱昂·狄骥法学思想的理论脉络与方法变迁》，载《政法论坛》2021 年第 5 期。

〔2〕 参见陶天南：《实证法学导言》，载《苏州大学学报（法学版）》2017 年第 1 期；王本存：《狄骥对现代公法理论的重构——从主权到公共服务》，载《现代法学》2009 年第 5 期。

〔3〕 参见于浩：《客观法是什么？——读狄骥〈客观法〉》，载《政法论坛》2017 年第 4 期；张军：《狄骥宪法思想探析》，载《广西大学学报（哲学社会科学版）》2004 年第 6 期。

〔4〕 参见成协中：《行政行为概念生成的价值争论与路径选择》，载《法制与社会发展》2020 年第 1 期；陈天昊：《行政协议中的平等原则 比较法视角下民法、行政法交叉透视研究》，载《中外法学》2019 年第 1 期。

谈谈狄骥的实证主义社会法学[1]

王名扬

狄骥（Léon Duguit，1859—1928）是近代法著名法学家之一。他毕生都在波尔多大学担任宪法学教授和法学院院长。他的全部精力都在于建立一个实证主义社会法学学说。这个学说反对当时在法国法学界占支配地位的个人主义和形而上学方法，取消传统法学中的一些基本观念，例如主权、权利、法人等，企图以实证方法建立一个社会法学体系。这个学说对资产阶级公法理论，特别是法国的行政法学的发展曾经产生过巨大影响。现将狄骥学说要点分析如下。

（1）狄骥学说的时代背景。

狄骥的权威著作《国家、客观法和实证法》发表于 1901 年。这本书是狄骥全部思想的概要，这时，法国已经进入垄断资本主义阶段，但当时法国所实行的法律还是反映自由资本主义时期的思想，法国民法典是最显明的例子。同时，法国法学界中占主导地位的思想也是继承和发扬大革命时期的个人主义哲学。这种情况不能适应新时代的需要。在垄断资本时期，一方面，资本家要加强国家控制，抛弃自由资本主义时期的个人主义思想。另一方面，工人力量空前强大，共产主义思想已经广为传播，对资产阶级的统治构成强大威胁。资产阶级为了保持政权不得不在思想上对抗共产主义，同时在法律制度上作出一些让步，以缓和社会矛盾。这时已经出现一些社会立法，对传统的法律原则作出一些修正。例如在劳工立法方面允许工人和资本家签订集体协议，在损害赔偿方面出现了一些无过失赔偿责任，传统的契约自由和当事人的意志自治原则受到了一些限制。当时，由于资产阶级专政的加强

---

[1] 原文载于《法国研究》1986 年第 2 期。

以及政府职能的扩张，私人财产权的使用也受到了一些限制。在公法方面，自从 19 世纪末期开始，法国行政法院的判例树立并逐渐扩大国家对行政上的不法行为的损害赔偿责任，因而动摇绝对主权观念。法国当时的政治情况也对传统的主权观念给予极大的冲击。19 世纪末年的德雷福斯案件大为削弱资产阶级国家的威信。法国公务员中流行的工会运动和法国工人当中的工团主义都对国家主权提出挑战。

所有这些时代背景全部反映在狄骥的实证主义社会法学当中。

（2）思想渊源。

狄骥的实证主义和当时流行的英国分析学派实证主义以及维也纳学派的规范实证主义不一样。后两者都是从法律本身谈法律，不涉及法律以外的东西。他们分别以英国的功利主义和德国的新康德哲学为思想基础。狄骥与此不同，他反对把法律和社会事实割裂，企图替法律建立一个客观基础。狄骥的社会法学也和最有影响力的美国的社会法学不一样。美国的社会法学以美国的实用主义哲学作为思想渊源，狄骥的实证主义社会法学思想的直接渊源是法国奥·孔德的实证主义哲学和埃·杜尔克姆的社会学。

在法国，19 世纪初，首先提出用实证法和从社会观点研究人文科学的是圣西门。圣西门认为对政治社会和法律的研究不应从个人理性出发，而应从个人与其所属社会集团的关系出发，研究政治问题也必须采取和研究其他科学同样的方法和态度。奥·孔德采纳这个思想并将其发展成为实证主义哲学，提出"社会"这一名称作为实证主义哲学的最高峰。奥·孔德认为人类社会和思想的发展分为三个阶段：一是神学阶段。在这个阶段中，人们把一切现象看成超自然的神的活动的结果。二是形而上学阶段。在这个阶段中，人们用抽象的精神代替神去解释一切现象。三是科学阶段和实证阶段。在这个阶段中，人们用观察方法或实验方法去证实各种现象，找出其因果关系。研究社会现象的科学称"社会学"。法律科学和政治科学是社会学中的一个部门。法是一种社会现象，要用观察方法去发现，不能从理性的原则中推演出来。

埃·杜尔克姆是狄骥在波尔多大学的同事。他应用奥·孔德的理论来研究社会现象，提出社会连带学说，发展了奥·孔德的实证主义哲学。埃·杜尔克姆认为人必须生活于社会中，社会的结合以两个原则为根据：①人类有共同的需要，通过合作来满足这个需要。这就构成社会协作的一个基础，他称之为机械的社会连带关系或相依赖关系。这是同求关系。②人类有不同的能力和不同的需要。通过互相交换劳务或生产来满足这种需要。这就构成社会协作关系的另一个基础，他称之为有机的社会连带关系或互相依赖关系。这是分工关系。社会越发展，分工关系越重要，社会的结合也越密切。一个社会的法律是该社会成员相互结合的连带关系的表现。

奥·孔德和埃·杜尔克姆的上述理论是狄骥学说的核心思想。

（3）狄骥学说的主要内容。

狄骥学说从内容上说是社会学思想，从方法上说是实证的科学方法，反对形而上学的虚构。然而个人主义学说和形而上学观点却是 19 世纪末和 20 世纪初法国法学界中占主导地位的思想。因此狄骥必须批判传统的学说才能建立自己的学说。

法国的传统学说以大革命时期的理论为基础，法律建立在个人的主观权利之上。这个学说认为，一方面，人生而具有自主的意志，这个意志使人具有人的价值，权利是个人意志的一种支配力量，法律只是保护和规定个人权利行使的规则。个人的权利是先于国家并高于国家而存在的，以个人作为人的资格而享有的。另一方面，国家和个人一样也是一个权利主体（法人），有自己的意志。这个意志高于个人的意志，不受其他意志的约束，是一个绝对的发布命令的权力，称为主权。

从实证主义社会学的观点来看，这样一种学说是不能成立的。一方面，个人意志本身具有支配力量，是一种不能由观察证实的虚构。个人只有活在社会中，作为社会的人才可能有合法的力量，作为个人不可能有合法的力量。建筑在个人意志自主之上的权利不能成立。"权利"这个词要从实证法学中取消。另一方面，国家也不能是一个具有最高意志的权利主体。国家是一个民族的政治组织，包括该民族的全体成员。每一个成员都有一个独立人格，这是可以证实的。但各成员联合形成一个共同人格，这是不能证实的。尽管在各成员间可能有共同思想和感情存在，但并不因此就形成一个和各成员不同的人格。法人概念是一个不符合实际的虚构，在实证法学中没有地位。国家既然不具有独立人格，当然也不可能具有意志。所谓国家意志从实证观点来看，只是利用国家名义说话的人的意志，既然没有国家意志存在，作为国家意志的主权也就不存在了。

这种学说不能替公法建立一个基础。所谓的公法就是规定国家活动的法律，就是宪法学上或行政法上所谓法治国或依法进行统治的思想。既然国家意志是最高的意志，不受其他意志的限制，那么国家怎样能够受法的拘束呢？自卢梭以来的公法学家对此问题绞尽脑汁，但始终未能解决该问题。

狄骥的实证主义社会法学就是在上述批判传统学说的基础上建立的。下文分别说明他的法学说、国家学说、国家和法的关系的学说。

狄骥法学说的出发点是社会协作学说。他认为社会协作是一切社会赖以存在的客观事实。因为人必须生活于社会中，由此得出一个基本的社会规范，即每一个人的行为不得违反社会协作关系，他应当根据他的能力和地位来维持和促进社会协作关系。这个基本规范决定其他一切社会规范。每一个人不论其为统治者或被统治者，不论其能力大小如何，从事的职业如何，根据社会协作关系都负有上述两种义务：不得违反社会协作关系并促进社会协作关系的发展。但任何人不能由于他的意志作用而享有权利。每个人的法律地位根据其履行社会协作关系的职能而定，而其行为符合社会协作关系时受到法的保护，否则无效。

一切社会规范的基本目的相同，但其存在方式可以是多种多样的。根据狄骥的意见有三种主要的社会规范：经济规范、道德规范和法的规范。经济规范和道德规范的区别在于内容不同。经济规范支配人们关于财富的生产、分配和消费方面的行为。道德规范支配没有经济性质的人类行为和社会风习。法的规范没有固定的内容，经济规范和道德规范都可成为法的规范。法的规范和经济规范及道德规范的区别在于制裁的方式不同。违反经济规范和道德规范的制裁是自发的。违反经济规范时，经济规律自动地发生作用以恢复经济平衡。违反道德规范时，社会对不道德行为的责难就是一种制裁。违反法的规范的制裁就不是自发的，而是组成该社会集团的绝大多数人认为应由社会进行有组织的制裁来加以保障。一个原来的经济规范或道德规范，在其被违反时，如果组成该集团的绝大多数人认为应对违反者进行有组织的制裁，这个经济规范或道德规范就已转变成为法的规范。但是在 1921 年以后，狄骥在社会成员的"社会协作关系的感觉"以外，又加上了"正义的感觉"作为形成法的规范的推动力。一个经济规范或者一个道德规范要成为法的规范，不仅根据该社会集团绝大部分人的社会协作感觉，认为应由社会进行有组织的制裁来加以保障，而且必须根据他们的正义感觉认为进行有组织的制裁是正当时，才成为法的规范。为了不违背实证主义，狄骥声称，他所说的正义感觉不是一个形而上学的原则，而是一个可以证实的社会事实，随着时代和环境不同而变迁的社会事实。

法的规范由两部分规则组成：一是规范性规则；二是技术性规则。规范性规则直接产生于社会协作关系，它不是由立法者制定的，而是客观存在的法。立法者的作用在于确认和实施这种客观法。技术性规则是维护和执行规范性规则的规则，由立法者和法院制定，它的效力来源于规范性规则。大部分法的规范都属于技术性规则。规范性规则只涉及少数普遍性原则。例如狄骥认为拿破仑法典 2000 多条文，除亲属法以外，只有三个规范性规则——所有权的保障、契约的自由和对侵权行为的赔偿责任，其余都是技术性规则。由执政者制定的法称为实证法。实证法只是客观法的阐明或执行，它的效力不是来自统治者的意志而是由于它符合客观法的规范，符合组成社会集团的人的社会协作意识和正义意识。

应用实证主义来研究国家，狄骥认为国家是一定的领土内的一定社会，区分为统治阶级和被统治阶级，而统治阶级独占了这个社会里的强制力时才产生。因此国家不是一个超乎统治者及被统治者之外的独立人格。国家意志是统治者的意志。任何人的意志根据其本身的性质都不能产生权利，统治者的意志不可能作为主权而存在。统治者所掌握的力量只是一种事实的力量，往往不是合法产生的。但是这种事实的力量在其行使时，只有在其符合客观法的规范的范围内时，其才受到法的保护。

这样的国家学说为国家和法的关系问题，即国家受法的限制问题，开辟了一个新的视野。这是公法的根本问题。因为如果国家不受法的限制，全部公法体系都是一纸废文。传统的法学理论由于坚持国家主权观念，始终未能说明国家如何能受法的限制，因而不能替公法建立一个法的基础，作为一位宪法教授，狄骥不能不解决这个问题。实证主义社会法学由于取消了主权观念，建立了客观法的规范，国家受法的限制问题便迎刃而解。上文已经指出，法的规范产生于社会协作关系这个客观事实，完全独立于统治者之外。根据法的规范本身性质，它拘束社会中一切成员，包括统治者和被治者，公法和私法的区别没有意义。统治者所掌握的事实力量只是按照法的规范行使才成为法的力量。国家的行为实际上就是统治者的行为，既然统治者的行为必须受法的规范的拘束，因此，国家受法的限制问题，根据客观法的学说也就有了一个坚实的基础。法的规范为统治者规定两个基本任务：一是他们不能做任何事情妨碍个人活动的自由发展，因为个人活动的自由发展是促进社会分工所必要的。这样，统治者就必须尊重个人的基本自由。二是他们必须干预保障一切个人有自由发展其行动的手段。因此，统治者必须保障一切人享有某种程度的教育，保障公民的工作权利，享受社会生活安全的权利等。统治者为促进会协作关系而进行干预的各种活动，狄骥称之为公务，它是统治者行使权力的基础，也是全公法体系的基础。狄骥写道："近代公法体系的基本原则可以概括如下：那些事实上掌握权力的人没有作为主观权利的公共权力，但是他们有义务使用他们的权力去组织公务，去保障管理公务的发展……统治者的意志就其本身而言没有力量，它的价值和力量只在它组织实施公务的范围以内。因此，公务的观念代替了主权的观念。国家不再是一个发布命令的主权者，而只是一群掌握着力量的人，这些力量他们必须用来创设和管理公务，因此，公务观念成为近代公法的基本观念。"

评 价

狄骥的学说在西方国家法学界引起很大的反响。他对传统法学上的基本观念例如权利、法人、主权的批判引起学术界的广泛争论。他的著作已经被译成许多国家语言。在法国狄骥学说的影响是多方面的，特别表现在行政法学方面。许多著名的行政法学者，例如热兹、博纳尔、罗兰等都采纳狄骥的观点，形成所谓波尔多学派。尽管反对这个学派的著名学者，例如埃斯曼、伯特勒米、热尼等也不少，但是毫无疑问，波尔多学派从 20世纪初到 20 世纪 50 年代，在法国行政法学界占主要地位。直至今天，这个学派还有不小的影响力。

狄骥对法国行政法学的贡献是提出一个基本理论和一套法学技术。法国是一个区别公法和私法的国家，行政法属于公法，关于行政法的诉讼由行政法院管辖，普通法院不能受理。但行政机关的活动并不是全部都属于行政的范畴，也还有一些活动属于私法范畴，由普通法院管辖。究竟根据什么标准区别行政机关行为的公法性质或者私法性质？这个问题在法国特别重要，它不仅是一个理论问题，也是决定法院管辖权的实际问题。法国传统的学说认为行政机关行使公共权力的行为是公法行为，受行政法院管辖，非行使公共权力的事务管理行为属于私法行为，受普通法院管辖。这个学说的基础是主权观念，认为公法是规定主权行使的法律。但是这个学说和现代事实不相符，行政机关有很多活动，例如关于文教、卫生、交通、救济等的管理行为，显然不是行使公共权力的行为，但也属于行政法的范畴。因此，主权观念不能说明现代行政法的问题。狄骥的实证法学，我们在上面已经看到，主张以公务观念代替主权观念作为行政法的基础，这是行政法学理论上的一大创举。这个理论在 20 世纪 50 年代以前大致符合法国的实际情况，所以在政法学界得到很多人的赞同，形成一个很有影响力的波尔多学派。但是自从第二次世界大战后，由于政府的活动扩张，增加了许多新的公务，例如工商业公务、职业管理公务、社会公安公务等，主要受私法支配，所以公务观念显然超过行政法的范畴。狄骥的公务学说在行政法的基础理论方面受到很大的冲击。尽管如此，目前法国还有许多行政制度，如不用公务观念去解释就难以说明。公务观念在法国行政法学上仍然占有一定的地位。

尽管狄骥的行政法学基本理论现在受到冲击，但是他对行政法所提出的法学技术至今还享有盛誉。所谓法学技术是指在说明某一法学部门时所使用的基本概念。狄骥把法律行为（行政行为）分为规则行为、主观行为、条件行为，把法律地位分为客观地位、主观地位，把行政诉讼分为主观的诉讼和客观的诉讼。这些概念在波尔多学派以外也有人采用。甚至不赞成狄骥法学理论的人也不反对他的技术概念。

在国际法方面，同样看到狄骥学说的影响。法国著名的国际法学者塞尔认为一切法的实际渊源都是社会协作关系。国际社会不是由并列的国家所组成，各国人民之间的交往产生了互相依赖关系并形成国际社会。这种关系是国际社会的基础也是国际法存在的理由。

狄骥的学说也对扩张国家的赔偿责任、扩大执业团体和地方团体的自治权提供了一个理论基础。

但是，在人类的思想史上经常看到，一个学说影响的大小并不代表它的正确程度。17—18世纪的自然法学说和社会契约学说就是一个例证，狄骥学说也是一样。

批评狄骥学说的人有很多，有些批评不涉及理论问题，不必讨论。例如有人认为狄骥是无政府主义的鼓吹者，也有人认为他是极权主义的提倡者，都不是讨论学术问题。在学术方面批评狄骥的最主要的是这样一种见解：社会协作关系是一种事实关系，不是一个行为规则。前者属于"是"的范畴，后者属于"应当"的范畴，不能把两者等同起来。这种批评在"是"和"应当"之间划出一条不能逾越的鸿沟，是受康德学派的影响。但是他们没有看到"应当"问题是一个价值判断，是人们思想意识的一种内容。人们的思想意识不是先天存在的，是从经验中产生的。人们的社会存在决定人们的思想意识，不可能设想完全脱离事实的价值规范。狄骥对这个批评已经作了回答。他写道："根据法而行动是按照社会的标准而行动。……它（法）是一个规定我们符合事实的规则，不是其他东西。事实是法的规范的真正基础。"狄骥学说的错误不在于行为规则不能以社会事实为基础，而在于认定社会协作关系是一个基本的社会事实。这点以后再谈。现在先就狄骥对传统学说的批评谈谈个人的看法。

总的说来，可以认为狄骥是一个卓越的批评家，但是在法学理论的建设方面成就很少。他对于传统法学基本观念的批判能够发人深思，促使人们对一些传统观念重新估价。然而正是因为狄骥受到实证主义思想的限制，他的结论往往不够全面。狄骥指出权利作为个人意志的一种力量是形而上学的个人主义信念，这个批评是正确的。但是如果我们从另一种观点来看权利，认为权利是法所保护的利益，就不能说它是形而上学和个人主义思想了。因为在社会生活中确实有许多利益需要保护。这些利益可以是个人的、社会的或公共的。每个社会每个阶级都会根据自己的观点来调整这些利益。这里当然有阶级性存在，但不能说是形而上学的或完全个人主义的。狄骥自己也认为每个人要根据他的能力和社会地位履行一定的社会职能。但是要履行社会职能必须首先发展个人的才能，并且具备必要的条件和权力，这就需要法律给予保护，并且自己能够主张。这种保护和主张就构成他的权利。当然，这个保护只能在符合社会利益的限度以内存在，但毕竟是一种权利。不能因为反对个人主义就取消一切权利。权利是组织社会生活的一种手段，是法的一种技术，不是纯粹形而上学的东西。因此，波尔多学派的成员，在权利观念上并没有完全采纳狄骥的观点，而是在不同的解释下继续承认权利存在。

关于法人的观念也是如此，法人作为一个独立于成员之外的有自己独立意志的主体，当然是一个形而上学观念。但是每一个社会集团都有一些共同的利益和一个继续的存在，不会因为管理者的改变而消失。把这个共同性和继续性用一个概念统一起来，完全符合人类思想的规律。当然传统法学对于法人观念有时会出现一些偏差，不只把法人看作一种法的技术，还把它看成一个实体，并由此得出一些不正确的推论，妨害社会集团的利益。这些偏差必须纠正，但不能因此取消这个必要的技术概念。

主权问题是资产阶级法律和政治思想中争论最多而不能得出结论的问题。我们认为这个问题要从历史发展的角度来观察。主权观念随着近代民族国家的兴起而出现，在资产阶级反对封建主义争取民族独立的斗争中曾经起过有益的作用，它也将随着国家生活的改变和国际社会的发展而变化，最后必然伴随国家的消亡而消失。但是不能说在目前阶段主权观念已经完全失去作用。有些资产阶级学说认为主权是国家这个抽象人格者的主观权利，是一个无条件地发布命令的权力，当然是错误的。它掩盖了主权观念阶级内容。狄骥认为国家的权力实际上就是统治阶级的权力，这是完全正确的。狄骥的错误在于脱离历史背景否认主权的作用，并且认为取消主权就可以使国家服从法律。我们必须承认这个事实：只要在某个社会中还有阶级和国家存在，统治阶级就必然不能允许其他阶级在同一社会中和他一样享有最高权力，否则他的统治关系就不能建立。这就是说一切国家都只能有一个最高权力，才能维持社会内部的秩序和统一。至于这个最高权力的归属，则视乎这个社会发展的类型而定。另外，我们承认主权是国家内部的最高权力，不等于承认主权是一个可以不受任何制约而任意发布命令的权力。国家权力行使的方式随着国家制度的差别和阶级力量的变化而不同。一个不受任何制约的主权，在现代社会里必然归于消灭。从对外关系来说，主权这个概念是保障国家独立不受外国干涉不可或缺的界限，否则国际侵略者就会任意妄为、无所顾忌。狄骥否认主权的主张在目前阶段是不现实的。国家主权观念对内代表国家的最高权力，对外代表国家的独立自主。没有主权的国家是不存在的。

关于法治国的问题，即国家活动能否受法的制约问题，资产阶级学者曾提出过许多限制主权的理论，不论是天赋人权说还是主权自限学都不能说明问题。从法律上说，可以设想由于阶级力量对比的结果，有时在国家制度内部设置一些程序，使法律的制定要取得广泛的同意；而在一定情况下，国家活动也要依法办事，才能要求人民服从法律。但是这种制度能否成立、能否维持和采取何种形式都取决于阶级力量的对比。法律只是统治阶级意志的表现，本身不具备力量。只有统治阶级感觉依法办事才能有利于它所建立的社会秩序，法律才会得到遵守。否认国家主权，不能解决国家受法限制的问题。

最后，归结到社会协作关系问题，这是狄骥全部学说的基础。狄骥主张社会协作关系是一个客观事实，不是一个先验原则，所以他的学说是一个实证科学的理论。事实并不像狄骥所说的那样。人类社会的基本事实是阶级斗争，不是阶级合作。没有阶级斗争就不会有国家和法律，就不会由封建社会进入资本主义社会。阶级斗争是历史发展的动力。社会协作学说抹杀阶级斗争，它本身就是阶级斗争的产物，是资产阶级为了保持政权对抗无产阶级的一种理论，不是客观真理。因此，狄骥的学说不是一个实证科学的理论。狄骥强烈地攻击自然法学说，认为它是形而上学的理论。然而狄骥所提出的由社会协作关系所产生的客观法也不过是自然法的变种。他强烈地攻击主观主义，然而，他以社会成员的正义感作为形成客观法的一个渊源。实际上，正义感反映着个人和阶级的利益，不可能没有个人和阶级的主观成分存在。狄骥根据社会分工理论，主张加强包括劳资在内的职业团体的组合和职能，法西斯政权正是利用狄骥的社会协作、职业组合和取消个人权利等理论实行资产阶级独裁，这充分说明狄骥的学说是资产阶级唯心主义的理论。

狄骥看到国家是阶级分化的结果，是统治阶级独占强制力量的结果，但是他反对用阶级斗争，主张社会协作，妄想用假科学的客观法限制统治阶级的权力，这只是唯心主义者的空想。社会协作理论是狄骥学说的基础。这个理论不能成立，因而狄骥所建立的法学大厦亦随之崩溃。但正如一个大厦崩溃之后，仍可留有一些有用处的砖瓦木石。狄骥学说对于传统法的批判，在某些方面也有独创的见解，不愧为近代公法学大师。至低限度表明了资产阶级法学理论不符合实际情况，此外，他对行政法学提出的某些技术概念至今仍有参考价值。

参考书目

1. 国家、客观法和实证法，1901。
2. 国家、统治者和被统治者，1903。
3. 社会权利、个人权利和国家的变迁，1908。
4. 拿破仑法典以来私法的变迁（1920，有中译本）。
5. 公法的变迁（1919，有中译本）。
6. 公法讲义（1926，在开罗大学讲演）。
7. 宪法论（1927，第3版分五卷，前两卷有中译本）。

【论　文】articles

非洲国家政党宪法与法律制度研究

程　迈[*]

摘　要：政党对于非洲国家的宪法实施具有非常重要的作用，尤其体现在实现非洲国家宪法的价值目标、保证非洲国家宪法稳定实施以及落实宪法对国家政治生活的现实约束力三个方面。本文对非洲国家政党宪法与法律制度进行了普遍的研究并发现，非洲国家的宪法和法律都肯定了政党在国家民主法治建设中的积极作用，普遍通过政党公共资助制度以公共资源支持政党发展。在此基础上，非洲各国宪法和法律建立了许多鼓励政党宪法作用实现的制度，例如确立政党在选举活动中的核心组织角色、强化政党的内部纪律性并保护反对党的权利。通过研究清楚意识到非洲国家民主法治建设面临的各种问题，非洲国家的宪法和法律也存在许多防止政党组织和活动被滥用的措施，尤其是对于私人向政党提供的捐助，政党的纲领、组织和活动，公职人员参与政党活动的权利，都有许多限制规定。

关键词：政党　宪法实施　非洲　政党政治　民主政治

一国宪法要从纸面上的宪法落实为实践中的宪法，它需要各种行宪当事人积极推动宪法的实施。通过对非洲国家政党宪法与法律制度的研究我们可以发现，政党是在非洲国家宪法实施和民主法治建设中的重要当事人，非洲国家的立宪者们对政党寄予了很高的期望，希望政党在非洲国家的宪法实施

---

* 程迈，华东政法大学涉外法治研究院教授，北京大学法学博士，通信地址：上海市长宁区万航渡路 1575 号，邮编：200042，电子邮箱：cheng.mai@outlook.com。本文是国家社科基金 2016 年度青年项目"'一带一路'战略下非洲国家政党宪法作用研究"阶段性成果，项目编号：16CFX012。

过程中发挥出重要的推动作用。但是政党具有自身的政治利益诉求，这些利益诉求有可能不同于立宪者的价值观，有时两者甚至会处于相对立的状态，这也是为什么许多非洲国家宪法引入了自卫民主理论。从现代各国宪法实施的经验来看，政党对一国宪法的稳定实施的确有可能会发挥出双刃剑的作用：政党既有可能积极推动宪法的稳定实施，也有可能破坏宪法制度，使制宪者的立宪目的落空。或许是充分意识到政党的这种双刃剑作用，许多非洲国家的宪法文本对政党的宪法使命和组织原则，作出了明确的规定，相应地赋予了政党许多宪法权利，并施加了许多宪法义务。许多非洲国家的普通法律的立法者也跟进了许多制度规定。这些详细的规定，使得政党成了非洲国家宪法实施和民主法治建设中引人注目的行宪和守法主体。[1]

一、政党在非洲国家的宪法实施中具有重要作用

从文本上看，非洲国家的宪法具有强烈的价值倾向，例如在 54 个非洲国家中，有 44 个非洲国家的宪法文本承认国际社会的价值和精神原则，在其序言或者正文中提及了国际法对其宪法秩序的约束力，[2]将自己定位成全社会的价值共识基础，[3]并为国家的发展指明了方向。[4]出于对本国政治文化和国民素质的不信任，非洲国家宪法民主政治制度设计追求的更多是制

---

〔1〕 受到可利用资料的限制，本文对非洲国家政党、选举领域普通法律制度的分析，没有穷尽所有国家，只能在现有可利用资料的基础上进行。本文在讨论的过程中也会逐一特别说明。

〔2〕 10 个没有在宪法文本中提及国际文件约束力的非洲国家是博茨瓦纳、厄立特里亚、几内亚比绍、莱索托、利比里亚、毛里求斯、尼日利亚、塞拉利昂、坦桑尼亚和赞比亚。

〔3〕 例如，有 21 个非洲国家的宪法文本明确规定，宪法具有普遍适用力，可以适用于公民之间的关系，在私人主体之间也可以适用宪法条款，尤其是规定在宪法中的基本权利和自由。这 21 个非洲国家是阿尔及利亚、埃塞俄比亚、安哥拉、贝宁、赤道几内亚、佛得角、冈比亚、刚果民主共和国、几内亚、加纳、津巴布韦、利比亚、马拉维、摩洛哥、莫桑比克、南非、尼日尔、塞舌尔、圣多美和普林西比、斯威士兰和索马里。有 47 个国家的宪法文本规定了公民对国家的宪法义务，没有规定公民宪法义务的 7 个国家有博茨瓦纳、科摩罗、毛里求斯、马拉维、利比里亚、莱索托和南非。经典自由主义宪法思想认为宪法只适用于国家与公民之间的关系，而且非洲国家宪法的这些规定，否定了这种限制，实际上是将宪法转化成了整个国家的价值基础。

〔4〕 例如有 28 个非洲国家在其文本中明确规定了国家的发展目标，其中往往包括法制、政治、经济、经济、文化甚至国际关系方面的内容，为国家、社会的发展和建设指明了方向。这 28 个国家是马拉维、纳米比亚、安哥拉、埃塞俄比亚、尼日尔、摩洛哥、肯尼亚、卢旺达、斯威士兰、坦桑尼亚、埃及、南苏丹、津巴布韦、苏丹、加纳、几内亚比绍、南非、赤道几内亚、佛得角、圣多美和普林西比、莫桑比克、冈比亚、赞比亚、厄立特里亚、塞拉利昂、利比里亚、尼日利亚和莱索托。

度形式上的民主化，而不是国家政治生活的实质民主化。与此形成对照，各国的宪法设计高度重视国家的政治稳定，例如引入自卫民主理论，规定了行政机关的强势地位，[1]并设置了强势的中央政府。为了落实规定在宪法中的这些价值要求和目标，非洲各国宪法高度重视宪法的规范约束力，例如除去利比亚和卢旺达这2个国家，其他52个非洲国家都在宪法文本中规定了宪法审查制度。正是在这种制度设计背景考虑中，政党对于非洲国家宪法的成功实施才具有重要的作用，尤其体现了实现宪法价值目标、保证宪法稳定实施和落实宪法实效三个方面。

（一）政党对于宪法价值目标的实现具有重要作用

非洲国家的宪法与经典自由主义宪法在价值观上存在差异。经典自由主义宪法认为，宪法是公民权利的保证书，宪法的使命是保证国家不会侵扰人民。国家的使命主要是为人民提供必要的公共物品，例如国家内外的安全、交通基础设施、市场活动的基本法律框架。国家的发展，更多地需要通过公民自发活动的推动实现，国家并不承担主要的发展任务。自由放任的经济政策，或许就是这种经典自由主义宪法观在国家经济领域中的体现。

在第一次世界大战之后，经典自由主义的宪法观逐渐让步于新自由主义的思想，政府开始越来越多地介入国家经济生活。国家与社会的界限开始变得模糊。但是在欧美国家，国家对经济和社会生活的介入，始终是一个具有争议性的话题。经典自由主义的宪法思想，总是可以不时从对国家大政方针的争论中反映出来，欧美国家的政策运行，也总是在国家广泛介入——去管

---

〔1〕 例如36个非洲国家的宪法文本将对行政机关组织和权力配置问题，安排在了对立法机关的规定之前，从宪法的篇章安排上，就已经反映出了非洲国家的制宪者更重视行政机关的倾向。这36个国家是阿尔及利亚、安哥拉、贝宁、博茨瓦纳、布基纳法索、布隆迪、赤道几内亚、佛得角、冈比亚、刚果共和国、刚果民主共和国、吉布提、几内亚、加纳、加蓬、津巴布韦、喀麦隆、科摩罗、科特迪瓦、马达加斯加、马里、毛里求斯、毛里塔尼亚、莫桑比克、纳米比亚、尼日尔、塞拉利昂、塞内加尔、塞舌尔、圣多美和普林西比、斯威士兰、苏丹、坦桑尼亚、赞比亚、乍得和中非共和国。有41个非洲国家的宪法文本中规定了由公民直接选举产生总统，进一步反映出非洲国家的制宪者们偏爱强势的行政首脑。这41个非洲国家是阿尔及利亚、埃及、贝宁、布基纳法索、布隆迪、赤道几内亚、多哥、佛得角、冈比亚、刚果共和国、刚果民主共和国、吉布提、几内亚、加纳、加蓬、津巴布韦、喀麦隆、科摩罗、科特迪瓦、肯尼亚、利比里亚、马达加斯加、马拉维、马里、毛里塔尼亚、莫桑比克、纳米比亚、南苏丹、尼日尔、尼日利亚、塞拉利昂、塞内加尔、塞舌尔、圣多美和普林西比、苏丹、坦桑尼亚、突尼斯、乌干达、赞比亚、乍得和卢旺达。

制这两极间不断地摇摆。

与欧美国家不同，非洲国家的形成是殖民列强创造的产物。非洲国家基本上都未经历过欧美国家的资本主义原始积累阶段，历史上也不存在本国的资产阶级同封建王权斗争的过程。相反，非洲国家自成立起，就面临着从制度形式上看相对先进的宪法制度同本国落后的经济现实之间的强烈反差。非洲国家的独立宪法同样不是本国内生的经济、社会和政治形势变化的产物，而是殖民历史的遗产。从其后非洲国家的宪法制度发展史来看，精英的领导和推动，是非洲国家宪法实施的主要动力。

正是在这种背景条件下，非洲国家宪法的制定和实施，更多地表现为一种自上而下的国家改造过程。非洲国家的宪法文本既表现出了强烈的价值倾向，又反映出对本国政治文化的一定不信任态度，表现为相对于本土政治文化具有一定异质性的宪法文化。为了将这种具有一定异质性的宪法文化落到实处，在宪法实施的过程中势必需要一些忠实于宪法的价值目标，又对普通民众具有强大动员能力的中介组织，以组织民众参与到宪法框架内的政治过程中，并在这种政治参与的过程中，教育、改造民众，最终实现宪法规定从纸面到现实的转化过程。在这些中介组织中最重要的自然就是政党。

而且非洲国家的政治活动，至少从制度形式上看，实行的都是大众民主政治，例如各国宪法都确定了公民的普选权。人类民主政治的发展史表明，任何大众民主政治，都离不开政党在其中的组织和中介作用。政党已经成为现代大众民主政体中具有自身独立权利义务地位的关键当事人。相应地，现代大众民主政治也从过去的公民与政府的简单的二元关系，转化成了公民—政党—政府这种复杂的三方关系。[1]虽然在目前的欧美国家，伴随着公民教育水平的提高和现代网络媒体的兴盛，大众民主政治正在向后政党政治的状况过渡，政党的传统功能看起来正在衰弱，但是大部分非洲国家的网络基础设施，甚至普通交通基础设施的建设水平还不发达，这使得政党在国家大众民主政治过程中发挥的政治组织作用仍然非常重要。从这一意义上说，非洲

---

〔1〕 关于政党在现代民主政体中关键作用和独立地位的确定，以及宪法实施从过去的公民、政府两方关系向三方关系的嬗变，可以参见程迈：《欧美国家宪法中政党定位的变迁——以英美法德四国为例》，载《环球法律评论》2012 年第 3 期。

国家经济和社会发展水平的落后，也决定了国家民主政治发展水平的后发状态。政党在欧美国家20世纪民主政治活动中发挥的重要作用，正在今天的非洲国家上演。面对各国具有强烈价值倾向且与现实政治文化具有一定距离的宪法文本，政党对于这些宪法价值目标的认同以及积极的实践和推广活动，对于这些宪法价值目标的实现，将具有决定性的作用。

（二）政党是非洲宪法稳定实施的关键当事人

非洲国家高度重视国家政治生活的稳定。这种重视既有历史原因，也有现实考虑。从历史上看，绝大多数非洲国家在独立之后，都经历了诸如政变、内战甚至种族屠杀之类的严重影响国家稳定的事件，使得国家的发展长期以来处于停滞甚至倒退的局面。[1]非洲国家的稳定问题，有时甚至会上升到国家能不能作为一个实体存在的层面，例如早期的尼日利亚独立之后的血腥内战，近期的南苏丹的独立战争。在这些惨痛的历史教训中，维持稳定已经在一定程度上成为优先于实现发展的更重要的宪法目标。

从现实考虑来看，20世纪90年代之后，非洲国家都走上了民主化的道路，从宪法上确定了公民广泛参与政治过程的各种制度渠道。但是这种政治参与广泛化同样也给了一些具有政治野心并且不认同既有宪法制度的当事人、煽动民众、制造政治不稳定事件以从中浑水摸鱼的机会。在非洲国家普遍经历过的军政府或者专制政府统治年代，统治者利用暴力手段来压制民众的政治参与以维持国家稳定。在目前的大众民主政治年代，政府的合法性来自民众的参与和认同。但是更多的参与既有可能意味着更多的认同、更高的合法性，也有可能意味着更容易失控的风险。而且历史上曾经使得国家陷入严重动荡的各种因素，例如族群对立、宗教冲突，虽然随着非洲国家的历史反省和现实警惕，其破坏性有所下降，但是这些因素依然存在。大众民主政治形式的引入，可能会为这些因素的破坏性作用重新上升提供新的机会。

在这种对历史和现实的考虑中，政党对宪法稳定实施的重要性自然就凸

---

[1] 有大约60%的非洲国家在独立后经历了军事政变，对于非洲国家军事政变的性质及其原因的详细分析，参见［英］阿莱克斯·汤普森：《非洲政治导论》，周玉渊、马正义译，民主与建设出版社2015年版，第223~241页；另外，对于发生过军事政变的国家的政变时间和国别的详细统计表，可以参见李安山主编：《世界现代化历程 非洲卷》，江苏人民出版社2013年版，第76页。

显出来。这种重要性首先来自我们刚刚已经讨论过的政党的特殊宪法作用：它们是非洲国家民主政治活动的主要组织者，是人民与政府的关键中介人。在发挥这些宪法作用时，政党对国家稳定的重视程度，也会反映到受到政党组织和引导的普通民众对国家稳定问题的立场上。

其次，政党在维护宪法稳定实施中的作用，又通过政党的组织和活动的基本特征反映出来。在大众民主政治活动中，政党之间通过各种具有竞争性的政治活动来吸引民众的支持，扩大自己的政治基础，以最终获取国家权力。政党的这种基本行为模式就决定了，政党的活动不可避免地会在民众之间创造一定的紧张关系。当然，这种紧张关系，本是大众民主政治的题中应有之义。只有不同的候选人、不同的政党之间存在一定的不同，并将这种不同以竞争性的方式展现给民众，由民众选择时，这样的政治过程才能真正反映出民众的意愿，最终实现当权的个人与政党对民众负责的宪法期待。但是，如果政党的竞争活动恶性发展，突破宪法允许的界限，在民众之间造成了难以消弭的分裂，甚至与国家内部已经存在的其他分裂因素，例如种族、财富、文化和宗教分裂因素相叠加，那么政党活动不仅不能实现民众对政治活动的有效参与，反而会破坏国家的政治稳定，腐蚀国家大众民主政治良性运作的根基。

正是由于非洲国家宪法实施的特殊要求以及政党在大众民主政治中的这种双刃剑性质的作用，政党在非洲国家宪法能否稳定实施的问题上也将发挥关键作用。这也是非洲国家宪法强烈的价值观中，对国家稳定的高度重视，投射到政党组织和活动上的体现。

（三）政党对于落实非洲国家宪法的现实约束力具有重要作用

非洲国家宪法高度重视如何实现自身约束力的问题，例如普遍建立了宪法审查制度，赋予公民从制度形式上看便利的寻求宪法救济的宪法渠道，并赋予宪法审查机关解决政治争议的权力。在此之外，许多国家的宪法还建立有各种专门的监督宪法实施的机关，例如人权委员会。[1]这是一种从个案到

---

〔1〕 有24个非洲国家在宪法文本中规定了这样的专门机构，这24个国家是刚果民主共和国、南非、坦桑尼亚、肯尼亚、刚果共和国、津巴布韦、赞比亚、马拉维、加纳、毛里塔尼亚、马达加斯加、乌干达、尼日尔、索马里、布隆迪、冈比亚、斯威士兰、摩洛哥、多哥、几内亚、南苏丹、苏丹、卢旺达和突尼斯。

制度、从法律制度到社会文化的全面落实宪法约束力的制度设计。这些制度设计的目的，显然不仅仅是在制度形式上凸显宪法的规范约束力，更是希望借助这些制度和机构，将宪法的价值观、蓝图目标和规则要求，落实到国家政治和社会生活的方方面面，使得纸面上的宪法真正成为非洲人民生活中的宪法。这反映出非洲国家的制宪者们高度重视宪法的现实约束力。

非洲国家制宪者对宪法现实约束力的高度重视态度，同样具有深远的历史渊源。非洲国家的独立宪法具有高度的理想色彩，它们更多是以殖民宗主国宪法制度为模板制定。但是这些从制度形式上看具有比较强烈现代化色彩的宪法，在非洲国家独立初期的实施过程中，却显示出了强烈的水土不服的现象，很快被新的具有强烈威权性的宪法取代，或者被束之高阁。宪法的规定是一套，国家的现实政治生活又是另一套，从而出现了"有宪法无宪政"的现象。[1]20世纪90年代之后，随着"冷战"的结束，绝大多数非洲国家走上了民主化的道路。但是与独立宪法的制定背景相类似，非洲国家在20世纪90年代之后的新一轮制宪、修宪运动，其直接原因也是国家外部的国际环境的变化，而不是非洲国家内部的政治和社会生活中出现了要求质变的诉求。这种更多受到外因决定的宪法变革，同样会带来宪法制度与国家现实需要脱节的风险。

宪法的实际约束力，最终需要体现为各种作为具体个人的当事人，会切实按照宪法的要求采取相应的行为模式：议员会认真倾听选民的诉求、行政官员会严格依法办事、政治领导人会根据宪法价值要求作出政治决策，等等。一个国家内部的不同政党作为一个整体，它们将决定整个国家最重要的公职岗位的人事安排。如果政党在自己的内部活动和组织文化中，都始终以宪法的要求作为准绳，这种组织文化也将在很大程度上反映到它们推荐的候选人的政治思维和行为模式上。一个尊重宪法要求、致力于落实宪法要求的政党，自然也会推举出积极实践宪法要求的候选人。

政党对宪法实施实效的影响，不仅体现在这种对候选人的筛选功能上，

---

〔1〕 非洲学者对非洲国家有宪法无宪政现象的讨论，可以参见 Okoth-Ogendo, H. W. O, "Constitutions without constitutionalism: reflections on an African political paradox", in Shivji, I. G. （ed）（1991）: *State and constitutionalism: an African debate on democracy*, Harare Zimbabwe: SAPES Trust, 1991, pp. 3-25。

也体现在它自己的行为模式上。在现代大众民主政治过程中，政党是宪法实施过程中在组织形态上最重要的当事人。组织选举、政治决策过程中的博弈、对国家重要政治决定和司法判决的表态，政党以自己名义作出的决定等，凡此种种政党行为，它们对国家政治生活的走向和风气，都具有重要的影响。政党是否能够按照宪法的价值和规则要求采取行动，是否在处于一时的不利境况时，还能保持对宪法的忠诚，政党在这些问题上的立场，不仅是影响宪法稳定实施、宪法的要求能否落到实处的因素，还会对普通民众形成强烈的示范效应，最终决定能否在整个社会真正建立一种尊重宪法、落实宪法的宪法文化。

二、非洲国家宪法和法律肯定政党的积极作用

在政党对非洲国家的宪法实施具有如此重要作用的情况下，非洲国家的制宪者们也多在宪法文本中对政党作出了明文规定，肯定了政党对于国家民主法治建设的积极作用。在 54 个非洲国家中，有 51 个（94.4%）国家的宪法文本中存在支持或鼓励政党发展的条款。在其他 3 个国家中，毛里求斯宪法也在多处提到了政党，只是没有对是否要支持或者限制政党发展作出明确的表态，也没有明确规定公民的政党活动自由或者政党的权利。这样，只有厄立特里亚和斯威士兰这两个国家宪法文本中没有提及"政党"一词。不过厄立特里亚制定了统一的政党法，并建立了对政党提供公共资助的制度，实际上在政党法治化的问题上，也已经大有推进。因此目前在非洲国家中，只有斯威士兰这个君主立宪小国，在政党法治化问题上付出的努力很少。

一个值得注意的现象是，作为非洲国家民主法治建设的排头兵，博茨瓦纳和毛里求斯这两个国家拥有非洲大陆历史最悠久的两部宪法，这使得这两国的宪法制度设计在很多地方显示出传统宪法制度的特点。但是在政党问题上，这两个国家的宪法没有完全受到传统的限制。相较还是对政党抱有一定警惕的毛里求斯宪法，博茨瓦纳宪法在一定程度上肯定了政党在国家组织活动中的独立权利。[1]这说明，非洲国家的制宪者们普遍意识到

---

〔1〕 例如博茨瓦纳宪法第 65A 条规定，"全体政党大会"在决定独立选举委员会成员的过程中行使一部分决策权。

了政党问题对于本国宪法制度设计和实施的重要作用。非洲国家的普通法律也作出了许多跟进规定，尤其通过非洲各国普遍建立的政党公共资助制度表现出来。

（一）非洲国家的宪法和法律对政党组织和活动有许多肯定性规定

非洲国家宪法对政党组织和活动的肯定，主要通过三种方式表现出来：承认公民参与和组建政党的权利、承认政党在民主政治制度中的重要作用、确认政党制度在国家宪法制度中的特殊地位。

有28个[1]（51.9%）国家的宪法文本对公民从事政党活动的权利作出了明确规定，主要表现为组建和参与政党活动的权利。有些国家的宪法还会进一步规定，国家不得基于公民的政党归属关系背景，对公民作出歧视性的规定，[2]为公民平等权增加了新的内涵。不过需要注意的是，从公民权利的角度出发承认政党的重要作用，这种规定的重心还是放在公民与政府两者之间的关系上，政党本身不具有独立的权利主体地位。政党相应的不具有自身的独立权利，政党的权利充其量只是公民权利的派生品。此时，政党在认为自身权利受到侵犯时，只能从党员权利出发来连带保护政党自身的利益。不过专门规定公民的政党权利的做法，相较于过去只宽泛地承认公民的结社权的情况，已经开始凸显出政党的特殊地位。有的国家的宪法索性将公民的政党权利视作结社权的必要组成部分。[3]

但是在前文的讨论中我们已经看到，政党已经成为大众民主政体中具有独立功能和作用的关键当事人，仅仅从作为个人的公民的角度出发讨论政党的宪法地位，将政党的宪法权利附属于公民个人权利之上，这种规定方式无法充分凸显政党独特的宪法作用。所以，在对公民参与和组建政党的权利的

---

［1］ 这28个国家是埃及、乌干达、津巴布韦、圣多美和普林西比、刚果民主共和国、安哥拉、卢旺达、莫桑比克、阿尔及利亚、马拉维、苏丹、尼日利亚、肯尼亚、突尼斯、佛得角、冈比亚、南苏丹、塞舌尔、加纳、赞比亚、南非、纳米比亚、索马里、莱索托、利比亚、马达加斯加、中非共和国和加蓬。

［2］ 例如安哥拉宪法第69.2条规定，禁止基于歧视的目的收集有关政党或者工会组织的成员身份的信息。佛得角宪法第263.3条规定，公立机构中的工作人员，不能因为其政党倾向而受到不利对待。

［3］ 例如索马里宪法第16条规定，作为结社权的一部分，公民具有组建与加入政党的自由。

肯定之外，更多的非洲国家宪法明确肯定了政党自身的独立权利。有 30 个[1]
(55.6%) 非洲国家的宪法文本明确提及了政党自身的宪法权利，不再以公
民而是以政党作为权利主体，承认其组织和活动自由。这些政党宪法权利主
要包括组建活动的权利、禁止国家干涉其活动的权利、获得公共机构平等对
待的权利。[2]不过这些对政党自身权利的肯定，很多时候只是反映了对政党
在实现宪法价值的过程中，一种工具价值的承认。这种工具价值主要体现在
两个方面：第一，有助于公民行使其选举权，参与到人民意志的形成过程中
来，以更好地形成人民的意志。[3]第二，政党的组织和活动对于实现宪法价
值目标具有重要促进作用，例如有利于建立多元主义政治制度、[4]服务于国
家政治结构的构造以及加强对公民的政治教育。[5]在这两种工具价值中，第
二种价值已经在很大程度上摆脱了对公民权利的依附，即不仅帮助公民更好
地参与国家政治生活，更服务于整个宪法价值秩序体现，从中体现出了政党
自身独立的宪法作用。

　　就像保护公民宪法权利不仅是一种规则，也可以体现为宪法的基本原则
和价值一样，对政党权利的承认，也同样可以上升到宪法原则的高度，使得
有关政党组织和制度的基本规定，成为一项宪法基本原则。此时，宪法对政
党问题的处理，就已经不再是对民主政治活动中的一类特殊当事人的权利义
务的规定，而是涉及宪法基本框架的原则问题了。有 19 个[6](35.2%) 非
洲国家的宪法承认了政党制度在本国宪法体系中的特殊地位。在这些规定

---

　　〔1〕 这 30 个国家是佛得角、赤道几内亚、尼日尔、布隆迪、莫桑比克、摩洛哥、多哥、博茨
瓦纳、刚果民主共和国、吉布提、加蓬、科摩罗、刚果共和国、贝宁、几内亚比绍、塞内加尔、乍
得、塞拉利昂、几内亚、喀麦隆、马里、中非共和国、津巴布韦、安哥拉、坦桑尼亚、马达加斯加、
科特迪瓦、布基纳法索、毛里塔尼亚和肯尼亚。

　　〔2〕 例如安哥拉宪法第 17.4 条规定，"国有媒体应当不偏私地对待各个政党"。

　　〔3〕 例如赤道几内亚宪法第 9.1 条规定，政党是政治多元主义和民主的表现形式，它们参与人
民意志的形成，是政治参与的基本形式；几内亚比绍宪法第 4 条规定，政党促进人民意志和政治多
元主义的实现。

　　〔4〕 例如几内亚比绍宪法第 4 条、赤道几内亚宪法第 9.1 条、莫桑比克宪法第 94 条。

　　〔5〕 例如摩洛哥宪法第 7 条。

　　〔6〕 这 19 个国家是莫桑比克、布隆迪、利比里亚、刚果民主共和国、乌干达、突尼斯、圣多
美和普林西比、卢旺达、埃塞俄比亚、埃及、肯尼亚、利比亚、坦桑尼亚、津巴布韦、安哥拉、阿
尔及利亚、冈比亚、南非和索马里。

中，价值倾向最明显的规定是将多党政治定义为国家的根本原则。有的国家只提及多党政治是国家的根本原则，但是没有作出自卫民主性的规定。还有一些国家没有明文规定多党政治原则，但是规定了议会对政党制度的排他立法权，或者政党法律制度属于组织法这样的特殊法律，[1]相应地提高了政党法律制度的宪法地位。

在这种对政党权利和政党制度的普遍宪法肯定中，非洲国家的立法者也积极跟进了各种针对政党问题的立法活动。根据可以获得的资料，[2]目前有29个[3]（53.7%）非洲国家制定了统一的政党法，另有8个[4]（14.8%）国家虽然查阅不到该国的统一政党法，但是制定有针对政党公共资助的特别政党法，这样，在本文可以获得的资料范围内，共有37个[5]（66.7%）非洲国家已经制定有统一和专门的政党法律文件。还有一些国家也许尚未制定这些政党法律文件，但是在其有关选举、政治参与的法律文件中，也会对政党的组织、制度和活动作出一定的规定。这种现象再次说明，政党是在非洲国家受到制宪者和立法者高度关注的问题。

非洲国家的宪法和法律对政党的定义，可以解释这些国家的制宪者和立法者对政党的高度关注态度。在宪法文本中对政党作出明确的定义，这一方面会使得宪法文本显得非常冗长，另一方面当政党组织和活动出现了创新发

---

〔1〕 例如突尼斯宪法第65条、阿尔及利亚宪法第123条都规定，政党法律制度属于组织法。

〔2〕 相关法律文件，来自"非洲选举知识网"网站，http://aceproject.org/ero-en/regions/africa，最后访问时间：2018年7月16日；以及IDEA的"政治公共资助数据库"，https://www.idea.int/data-tools/data/political-finance-database，最后访问时间：2018年7月17日。虽然有这两个数据库的帮助，但是本文在写作过程中还是不能确定已经穷尽收集了所有国家的相关法律文件。因此本文的讨论，也只是基于可得材料。

〔3〕 这29个国家是卢旺达、布隆迪、埃塞俄比亚、厄立特里亚、乌干达、刚果民主共和国、马里、乍得、几内亚、贝宁、肯尼亚、南苏丹、塞舌尔、马达加斯加、尼日尔、苏丹、刚果共和国、安哥拉、塞拉利昂、坦桑尼亚、加纳、阿尔及利亚、多哥、几内亚比绍、埃及、加蓬、毛里塔尼亚、摩洛哥和塞内加尔。

〔4〕 这8个国家是布基纳法索、冈比亚、津巴布韦、喀麦隆、科特迪瓦、利比里亚、南非、圣多美和普林西比。

〔5〕 这37个国家是卢旺达、布隆迪、埃塞俄比亚、厄立特里亚、乌干达、刚果民主共和国、马里、乍得、几内亚、贝宁、肯尼亚、南苏丹、塞舌尔、马达加斯加、尼日尔、苏丹、刚果共和国、安哥拉、塞拉利昂、坦桑尼亚、加纳、阿尔及利亚、多哥、几内亚比绍、埃及、加蓬、毛里塔尼亚、摩洛哥、塞内加尔、布基纳法索、冈比亚、津巴布韦、喀麦隆、科特迪瓦、利比里亚、南非、圣多美和普林西比。

展的时候，这种宪法规定反而会对政党产生宪法限制，所以非洲国家的宪法文本，在基本上都提及了"政党"一词的同时，却很少对政党给出明确的定义。目前只有布隆迪宪法对政党给出了明确的定义，其第 77 条规定："政党是不以营利为目的，建立在国家团结的基础上，具有明确的政治主张，服务于公共利益与所有公民的发展的组织。"这种定义，显然是对政党的工具价值的定义，只不过政党不是仅仅服务于公民的利益，而是服务于整个国家宪法制度的运作和宪法价值的实现。一些国家的统一和特别政党法会对政党给出更详细的定义，展开说明宪法规定的政党作用，即帮助公民更好地参与国家生活，使得公民在政治参与的过程中接受符合宪法价值要求的公民教育，同时支持宪法规定的民主制度框架的运作，例如为各类国家领导人提供候选人，并协调国家决策过程。[1]从这些定义中我们可以清晰地看到，非洲国家的立法者的确是对政党寄予了厚望，希望政党在宪法实施的方方面面，从促进公民个人发展到推动制度运作，直至营造符合宪法价值要求的政治和社会文化，承担起推动宪法实施、落实宪法实效的重担。

（二）非洲国家普遍建立了政党公共资助制度以支持政党发展

就像有宪法文本不一定就会有宪法实施一样，并不是仅仅在宪法文本上对政党组织和制度进行肯定，就会实现政党在现实中的积极作用。非洲国家经济社会发展水平普遍不高，许多国家的公民连温饱都成问题，在这种情况下，要让政党发挥出宪法期待的积极作用，一个非常现实的问题是政党组织和活动的经济资源从何而来？如果国家对政党的经济生存问题不管不顾，要

---

〔1〕 安哥拉政党法第 1 条、第 2 条或许给出了本文研究过程中可以发现的最详细的对政党及其使命的定义：安哥拉政党法第 1 条（概念）规定，政党是由公民组建的组织，它具有永久和自治的性质，其建立目的是实现以下基本目标：对国家政治生活的民主参与；在形成和表示人民意志的过程中的自由竞争；根据宪法，以及其自身章程和纲领来组织政治权力。政党通过提名或者支持候选人以干预选举过程。安哥拉党法第 2 条（目标）规定，为了实现政党的目标，政党应当投身于以下活动：（1）参与国家机关的活动；（2）服务于国家政策的决策过程，即通过参与选举和民主途径；（3）为公民行使政治权利做贡献；（4）服务于公共意见和国家与政治意识的形成；（5）鼓励公民对公共生活的参与；（6）提高公民的能力，使得他们能够拥有承担起国家机关职责的能力；（7）服务于对公民的爱国教育和公民教育，并提高他们对维护公共秩序时的尊重与合作态度；（8）为行使国家权力确定政府和行政机关的政策；（9）在议会和政府中影响国家政策；（10）为国家政治组织的发展作出贡献。

么会使政党组织奄奄一息，无力发挥自己的宪法作用，要么会让政党被个别财大气粗的企业甚至个人收买，成为这些财阀操控政局的工具，丧失引导公民积极参与政治生活、构造良性大众民主政治环境的作用。但是如果允许国家对政党提供经济扶助，此时人们需要意识到的一个重要问题是，国家的预算权力在很大程度上掌握在执政党的手中，如果国家的法治和政党民主政治制度建设还不够完善，就很容易赋予执政党自肥的机会，使得处于反对地位的政党处于不利地位，结果扭曲了政党民主政治。[1]

考虑到政党财政问题，尤其是资金来源问题对政党制度健康运作的特殊作用，有20个[2]（37.0%）非洲国家的宪法对政党财政问题作出了明确规定。其中埃及宪法第2条规定，禁止利用公共资金、公共设施从事有政治目的的活动或者竞选活动，实际上否定了政府利用公共资金资助政党的权力。13个[3]（24.1%）国家的宪法明确授权国家向政党提供资助，不过这些公共资助不一定是直接的资金支持，也可以表现为免费利用媒体的便利。根据尼日利亚、南非、加纳、卢旺达、刚果共和国、莫桑比克、佛得角和马拉维这8个国家的宪法，国家甚至有义务向政党提供资助。

如果说非洲国家的立宪者在政党资助问题，尤其是国家是否要资助政党的问题上，态度还不明朗的话，非洲国家的立法者在这些问题上的倾向性就比较明显了。据统计，目前至少有41个[4]（75.9%）非洲国家根据宪法或者普通法律，建立了对政党的公共资助制度。当然，不同国家的资助方式和

---

〔1〕 对政党公共资助制度的发展史及其存在的问题的讨论，可以参见程迈：《政党公共资助法律制度研究》，载《人大法律评论》编辑委员会组编：《人大法律评论 2014年卷 第2辑 总第17辑》，法律出版社2015年版，第282~312页。

〔2〕 这20个国家是埃及、利比亚、刚果民主共和国、尼日利亚、肯尼亚、布隆迪、南非、加纳、卢旺达、刚果共和国、莫桑比克、佛得角、马拉维、安哥拉、马达加斯加、塞舌尔、索马里、苏丹、南苏丹和摩洛哥。

〔3〕 这13个国家是刚果民主共和国、尼日利亚、肯尼亚、布隆迪、南非、加纳、卢旺达、刚果共和国、莫桑比克、佛得角、马拉维、马达加斯加和塞舌尔。

〔4〕 这41个国家是布基纳法索、佛得角、南非、埃及、卢旺达、埃塞俄比亚、布隆迪、几内亚、多哥、马达加斯加、尼日尔、刚果民主共和国、马里、摩洛哥、塞舌尔、加蓬、毛里塔尼亚、坦桑尼亚、肯尼亚、津巴布韦、贝宁、中非共和国、几内亚比绍、莫桑比克、喀麦隆、马拉维、圣多美和普林西比、突尼斯、赤道几内亚、莱索托、科特迪瓦、乌干达、阿尔及利亚、安哥拉、厄立特里亚、冈比亚、刚果共和国、加纳、尼日利亚、塞拉利昂和苏丹。

资助强度存在不同。有的国家是简单的一般资助，即只要是符合条件的政党，就可以获得国家预算支持。有的国家则区分一般资助和竞选资助。竞选资助是指对政党在竞选活动中的开支提供事后补偿性的支持，国家不对政党的其他日常活动提供资助。一般资助就没有这个限制了，国家在提供一般资助时，通常不会对政党使用资助的方式和用途作出限制性的规定。在实践中，这种区分的现实意义有限，因为政党很容易将自己的许多活动与选举活动关联起来。还有一些国家不直接向政党提供资源支持，而是规定政党的一些特定活动，例如进口竞选材料、从事非营利活动，可以免除缴纳税费的要求，或者可以免费利用国家的公共媒体。此时，国家虽然没有直接向政党提供物质资源帮助，但是免除其向国家缴纳税费，或者向政党提供免费的公共服务，显然也已经构成了国家对政党的变相资助。

非洲国家普遍存在政党公共资助制度的情况表明，这些国家的立法者认为，没有来自国家财政的支持，本国的政党制度和活动是无法健康发展的。虽然政党的公共资助制度有可能会成为执政党自肥的手段，但是权衡利弊，非洲国家的立法者还是认为，为了将宪法期待的政党作用，尤其是组织公民有序参与政治过程的作用落到实处，有必要向政党提供这些财政支持。

这种制宪者和立法者对政党的宪法期待，同样从这些建立有政党公共资助制度的国家对政党获得公共资助的资格规定上表现出来。不同非洲国家的立法者对政党可以获得资助的资格条件规定有所不同，从宽松到严格来看，分为合法注册以获得资助、参与选举、在选举中获得一定比例的选票到在议会中获得一定比例的席位。从整体上看，政党对选举过程的实质参与并且取得了有意义的结果，是获得公共资助的重要条件。从现有的资料来看，目前只有布隆迪、马达加斯加和塞舌尔这三个国家规定，只要是合法注册的政党都可以获得公共资助，其他国家都对政党在选举中的表现与其是否能够接受资助相挂钩。中非共和国选举法第 77 条甚至规定，只有获得议会选举中10% 以上选票的政党才可以获得公共资助，这就对政党，尤其是小党获得公共资助，施加了很高的门槛。虽然这种高门槛会抑制那些没有严肃政治意义的小党的发展，避免国家政治生活过于碎片化，提高国家政党政治活动的稳定性，但是其代价是提高了执政党、大党中饱私囊的风险。各国对政党公共资助金额的分配原则有许多技术上的不同，虽然在有的国家会有一些有利于小党的规定，例如将一定比例的资助金额在所有政党间，不论各党规模和所占议会席位比例平均分配，[1]但是基本原则都是根据各党获得的席位比例来相应地计算分配比例。在这种分配方式下，前述执政党、大党自肥的风险只会进一步加强。另外值得一提的是，多哥、埃塞俄比亚、佛得角和马里这四国在向政党提供公共资助时，将政党提名女性候选人的情况考虑在内。这样，宪法的价值目标通过政党公共资助制度，渗透到了党内政治生活中。这也从一个侧面反映出政府的确可以利用经济手段来影响政党的内部组织和生活。

或许正是出于对这些风险的担忧，埃及宪法明令禁止对政党的公共资助。在利比里亚宪法没有明令禁止政党公共资助的情况下，利比里亚竞选资助法禁止国家向政党提供任何财政支持。南苏丹宪法只是规定对政党的资助应当公开，没有对国家是否可以向政党提供公共资助明确表态，目前也查阅不到官方资料表明该国是否已经建立政党公共资助制度。

三、非洲国家宪法和法律关于鼓励政党宪法作用实现的规定

肯定政党的宪法地位、利用公共资助来支持政党组织和活动的发展，其目的都是希望政党能够发挥出宪法对其期待的作用。在给予了政党一定的经济资助之后，非洲国家的制宪者和立法者又设计了许多有利于政党发挥其宪法作用的制度，这些制度主要通过确立政党在选举活动中的核心组织者角色以提高其权威、强调政党的内部纪律性以保证其团结以及保护反对党的权利以实现多党民主政治原则这三个方面的制度设计体现出来。

（一）确立政党在选举活动中的核心组织者角色[2]

非洲国家宪法对政党在选举活动中的核心组织作用的承认，首先从宪法在规定国家的选举制度时，将政党定义为核心甚至具有垄断地位的组织者的

---

〔1〕 例如尼日尔政党法第31条规定，15%的公共资助在所有参与各级选举的政党间分配；圣多美和普林西比政党资助法第18条规定，竞选资助的20%金额在各政党间平均分配。

〔2〕 有关非洲国家选举制度情况的信息，除去前文提及的各种研究资料来源外，还有来自IDEA网站的"世界各国中央立法机关选举制度数据库"：https://www.idea.int/data-tools/question-countries-view/130355/Africa/cnt，最后访问时间：2024年5月27日。

规定中表现出来。在 29 个 [1]（53.7%）非洲国家的宪法文本中，有这种对政党选举核心作用的肯定承认。其中强度最高的规定是，只有成为政党成员且由政党提名，才有资格竞选总统或者议会成员。[2] 这类规定已经赋予了政党垄断政治参与渠道的地位。有的国家的宪法虽然没有对总统或者议员候选人的党员身份作出强制性的规定，但是规定了只有政党才可以提出候选人名单的特权，其实际效果显然是基本相同的。[3] 有的国家没有明确提及政党对候选人的垄断提名权，但是规定国家议会选举采取比例代表制。由于比例代表制离不开政党的事先组织和运作，这种对比例代表制选举制度的规定，实际上也赋予了政党在提名候选人名单中的垄断地位。

在这些对政党的垄断性规定之外，其他国家的宪法虽然没有赋予政党这些特权地位，但是也在规定其选举制度时赋予了政党一定的特殊地位。这些特殊地位规定，首先还是通过在国家选举制度中引入比例代表制的规定中表现出来。例如肯尼亚宪法第 97 条、第 98 条对中央议会两院的选举都规定了混合代表制，即既有选区代表，又有比例代表，而且明确规定只有政党才有权提出比例代表候选人名单。

选举活动的目的不仅仅是选举出重要的国家领导人，更是为了让政府可以有效运作。选举后的政府组建活动能否顺利进行，将反过来决定选举活动的有效性。在这种情况下，政府组建活动可以被视作选举活动的必然延伸。许多非洲国家在规定组织政府的程序时，都明确要求行使相关权力的当事人，需要将政党因素考虑在内。例如毛里求斯宪法特别规定了在议会中需有 8 个"平衡议席"，以使议会具有更大的代表性，对于这 8 个议席的分配，

---

〔1〕　这 29 个国家是毛里求斯、赞比亚、埃塞俄比亚、坦桑尼亚、塞拉利昂、马拉维、埃及、尼日利亚、冈比亚、尼日尔、马达加斯加、肯尼亚、塞舌尔、莱索托、苏丹、几内亚、津巴布韦、南苏丹、突尼斯、圣多美和普林西比、卢旺达、摩洛哥、佛得角、莫桑比克、纳米比亚、安哥拉、布隆迪、赤道几内亚和南非。

〔2〕　例如赞比亚宪法第 34 条规定，总统候选人应当是政党成员且受政党提名。坦桑尼亚宪法第 39.1.d/39.2 条规定，总统候选人应当是政党的成员并受政党提名；第 67.1.b 条规定，竞选国民会议成员应当是政党的成员且由政党推选。尼日利亚宪法规定，只有成为某个政党的成员且受到该党的支持，才可以竞选各级代议机关的成员或者总统。

〔3〕　例如安哥拉宪法第 111 条规定，只有政党才能提名总统候选人人选。第 146 条规定，全国议会的候选人名单必须由政党准备和提出。

毛里求斯宪法明确规定需要将政党的因素考虑在内。更常见的规定就是要求对像议会委员会、主席团这些议会内专门委员会或者办事机构的席位分配，需要将议会内各政党的席位比例考虑在内。另外，许多国家的宪法将政党明确规定为在组建政府的过程中，其意见应当被倾听的当事人。[1]虽然政党主导议会内的政治活动以及政府组建过程，这早已是现代民主政治的实践和许多国家的宪法惯例，但是从宪法上肯定政党的这些作用，无疑还是将政党的宪法地位提升了一个台阶。

非洲国家宪法对政党这种选举核心组织者作用的重视，进一步被非洲国家的普通法律补强。对于国家中央议会的选举，目前至少有 30 个[2]（55.6%）非洲国家采用了纯粹比例代表制，或者包含比例代表制因素在内的混合代表制。在这 30 个非洲国家中，有些国家的宪法没有提及政党在选举制度运作中的作用，比例代表制的引入，实际上是在普通法律层面肯定了政党在选举制度中的核心组织者作用。有些国家虽然对于各级国家公职人员的选举，都采取的是地区代表制，但是却对候选人的身份规定了严格的政党从属关系条件，即需要是某个政党的成员。有的时候这些要求甚至来自宪法规定本身，例如尼日利亚宪法规定，只有成为政党的成员才可以竞选各级公职人员。在这样的国家，政党在选举活动中发挥的作用同样非常重要。将这两类从宪法或法律层面肯定政党选举核心作用的国家合并统计，目前至少有 42 个[3]（77.8%）非洲国家，以不同的强度肯定了政党的这种核心组织作用。这一比例与目前已知的建立有政党公共资助制度的非洲国家比例非常接近，这或许也在一定程度上反映出，非洲国家的制宪者与立法者建立政党公

---

〔1〕 例如莫桑比克宪法第 192 条规定，议会内最大的政党从其成员中选举产生副议长。佛得角宪法第 206.1 条规定，总统在与议会中的政党磋商后任命总理。

〔2〕 这 30 个国家是尼日尔、马达加斯加、塞舌尔、莱索托、苏丹、几内亚、津巴布韦、南苏丹、喀麦隆、乍得、刚果民主共和国、利比亚、马里、毛里塔尼亚、塞内加尔、突尼斯、圣多美和普林西比、卢旺达、摩洛哥、佛得角、莫桑比克、纳米比亚、安哥拉、阿尔及利亚、贝宁、布基纳法索、布隆迪、赤道几内亚、几内亚比绍和南非。

〔3〕 这 42 个国家是毛里求斯、赞比亚、埃塞俄比亚、坦桑尼亚、塞拉利昂、马拉维、埃及、尼日利亚、冈比亚、尼日尔、马达加斯加、肯尼亚、塞舌尔、莱索托、苏丹、几内亚、津巴布韦、南苏丹、喀麦隆、乍得、刚果民主共和国、吉布提、利比亚、马里、毛里塔尼亚、塞内加尔、突尼斯、圣多美和普林西比、卢旺达、摩洛哥、佛得角、莫桑比克、纳米比亚、安哥拉、阿尔及利亚、贝宁、布基纳法索、布隆迪、赤道几内亚、几内亚比绍、南非和多哥。

共资助制度的目的之一，就是希望政党能够实现其选举活动核心组织者的宪法作用。

如果政党在选举活动中始终表现不佳，其政治生命力将很快萎缩，最终将消失在国家政治生活的舞台上。这种政党政治活动中优胜劣汰机制的存在，本身就可以激励政党积极参与选举活动并取得佳绩。不过非洲国家的决策者显然不满足于这种自然的淘汰机制，从目前可以获得的资料来看，至少有 5 个非洲国家（埃塞俄比亚、尼日利亚、安哥拉、南非和厄立特里亚）的制宪者和立法者想更加强化政党对其在选举活动中重要使命的认同，规定了如果政党持续在选举活动中表现不佳的话，将会面临被强制解散的严重后果。需要指出的是，在这 5 个国家中，厄立特里亚不属于前述 42 个通过宪法或者普通法律，正面承认政党的选举核心组织者作用的国家。

（二）强化政党的内部纪律性

政党在选举活动中的核心组织者功能的成功实现，其前提是政党有能力扮演这种组织者的角色。如果政党自身组织建设涣散，作出的政治决策、推选的候选人，在政党组织内部都得不到坚定的支持，这样的政党也很难在选举过程中发挥出凝聚民意的作用。但是在非洲国家规定的多党民主政治模式中，政党又无法强迫党员服从政党领导机关的决策，甚至党员加入或者退出政党组织都应当是自由的，否则，公民参与政党活动的政治权利将受到侵犯。面对这种两难的局面，非洲国家的制宪者在政党纪律问题上，没有对普通党员的行为作出什么规定，重点是从政党活动中的关键人，即那些有意担任公职的政党候选人入手，对这些候选人所在政党的忠诚态度，作出了一些强制性的规定。有 25 个[1]（46.3%）非洲国家宪法作出了这样的规定。

这种强制性的规定基本上表现为，受到政党支持当选的候选人，相应地

---

[1] 这 25 个国家是刚果共和国、加纳、冈比亚、苏丹、尼日尔、布基纳法索、乌干达、塞舌尔、卢旺达、塞拉利昂、马达加斯加、赞比亚、坦桑尼亚、尼日利亚、马拉维、南苏丹、摩洛哥、纳米比亚、佛得角、莫桑比克、安哥拉、津巴布韦、刚果民主共和国、肯尼亚和南非。例如纳米比亚宪法第 48.1.b 条规定，如果提名议员的政党通知议长，某议员不再是该党的成员，该议员将失去国民会议的议席。

也具有了对该党忠诚的宪法义务。如果候选人在当选后与其所在的政党断绝了政治联系，例如退出了该政党，则该当选候选人也将付出失去议席的代价。在议会选举采取比例代表制的国家中，从某政党的候选人名单上当选的候选人，如果在任职期间与原有的政党断绝关系，这会使得选民产生该候选人存在政治投机甚至政治欺骗的疑问，剥夺该当选候选人的职位，的确可以在一定程度上起到提高这些选举产生的公职人员政治诚信度的作用。不过需要注意的是，这种与所在政党断绝关系即失去代表资格的规定，不仅存在于通过比例代表制选举产生公职人员的国家，在一些实行选区代表制的国家中，也存在这种惩罚性规定。例如乌干达实行的是地区代表制，在宪法中也没有明确规定政党在国家选举活动中的核心组织者作用。但是该国宪法第83条规定，以某政党候选人当选的议员，如果他在当选后退出该政党，或者加入其他的政党，将失去议席。甚至对于那些以独立候选人，即没有明确政党归属关系的候选人身份当选的代表，如果在任职后加入了某个政党，也将失去议席。这些规定实际上已经将政党塑造成了一个相对封闭的政治团体。需要注意的是，这些宪法规定基本上都不区分议员失去政党组织关系是其自愿退党还是政党纪律处分这两者具有本质区别的情况。这就使得政党可以通过剥夺议员的党籍来取消其任职资格，从而赋予了政党约束本党议员的一个相当有力的武器。

在实行选区代表制的国家，选民直接选举的是作为个人存在的候选人而不是政党，选民在投出自己的选票时，是否会重点考虑候选人的政党身份，这一点是不得而知的。相应地，候选人在当选后首先要考虑的，很有可能是自己所在选区的选民，而不是自己所在政党的利益。这也造成了在许多实行纯粹选区代表制的国家，例如美国，政党对当选公职人员的约束力不强的现象。像乌干达宪法的这种规定，实际上压缩了当选公职人员的独立性，并为政党加强对所属当选公职人员的约束力，提供了一种重要的制度手段，从而大大提高了政党的向心力，但是其可能付出的代价就是削弱了当选代表对其选民的回应性：当选代表将更多地向政党而不是选民负责。在宪法已经肯定了政党在国家选举活动中的核心组织者的角色后，这种进一步加强政党纪律的规定，很有可能会使这种代价更大。

其他实行纯粹选区代表制，但是也有这种加强政党纪律的宪法规定的非洲国家有赞比亚、坦桑尼亚、尼日利亚、马拉维、塞拉利昂、冈比亚、刚果共和国和加纳。其中加纳和刚果共和国也属于没有在宪法中肯定政党的选举核心组织者作用的国家。

（三）保护反对党的权利

非洲国家的制宪者基本上都承认国际社会的价值理念，以建立一个开放、民主的社会为目的。基于这些理念和目的，非洲国家制宪者眼中的政党制度，只会是一个鼓励政治竞争和博弈的政党制度，政党组织和活动的目的，是更好地服务于民众对国家政治活动的参与，最终塑造一个多元主义的政治文化。20 世纪 90 年代以后非洲国家新的制宪运动本身就带有与过去决裂的色彩。在这种背景下，非洲国家对政党制度的重视，更多地表现为对多党民主政治的肯定。多党民主政治能否成功运作，关键在于反对党的权利能否得到切实的保护。正是基于对这种风险的考虑，有 21 个〔1〕（38.9%） 非洲国家的宪法专门针对反对党的权利，提供了各种宪法保护。

实际上，宪法文本中对公民政党权利、政党自身权利和政党制度特殊宪法地位的各种规定，已经可以被用作保护反对党权利的宪法理由。例如要求政府不得歧视不同政党、政党有权平等利用公共媒体、禁止修改国家的政党制度，在这些规定中已经包含了对反对党的保护。但是非洲国家的制宪者显然认为这些针对所有公民、所有政党的一般保护是不够的，需要对反对党提供特别的宪法保护。

在非洲国家宪法设置的代议民主政治制度中，议会是政党活动的一个核心舞台，所以这 21 个非洲国家宪法对反对党提供的保护主要体现在承认反对党参与议会活动，尤其是在组建议会内办事机构时的人事任命权。第一类规定是肯尼亚宪法，其第 127 条规定，在确定议会秘书处成员时，反对党有权任命 3 名成员。这是对反对党人事任命权最明确的规定。其他国家的宪法则没有作出这种有明确数量要求的刚性规定，例如布隆迪宪法第 173 条只是

---

〔1〕 这 21 个国家是安哥拉、布隆迪、佛得角、刚果民主共和国、吉布提、几内亚、加纳、津巴布韦、肯尼亚、莱索托、马达加斯加、毛里求斯、摩洛哥、莫桑比克、南非、南苏丹、尼日尔、塞内加尔、塞舌尔、突尼斯和乌干达。

作出了原则性的规定，议会内的反对党有权参与议会内的各种委员会。有 14 个非洲国家的宪法规定了反对派的这种人事任命权。此外，马达加斯加、毛里求斯、南非、塞舌尔、南苏丹和乌干达这 5 个国家的宪法中还在议会内设置了 1 名反对派领袖，其中非洲大陆最年轻的南苏丹宪法第 71 条规定，反对派领袖在议会活动中，排在总统、副总统、议长之后，位列第四。塞舌尔宪法第 84 条规定，反对派领袖的待遇从国家预算中支出。这样，在这 5 个国家，反对派已经具有了明确的宪法地位和相应的保障。

第二类规定是肯定反对党参与国家政治活动的权利。此类规定一般不如前一类规定明确，在实践中表现为要求在作出重大政治或人事决策时，需要与反对派磋商，或者只是简单地规定需要保护反对党政治参与的权利。

第三类规定是将对反对党权利的保护，上升到宪法基本原则的层面。例如佛得角宪法第 313.g 条规定，修宪不能涉及反对派的权利；莫桑比克宪法第 187.3 条规定，有关反对派事项的法案，应当获得国会成员三分之二多数的支持。不过这两类规定，相较于第一类规定来说，数量较少。

四、非洲国家宪法和法律积极防止政党组织和活动被滥用

政党是政治过程中的竞争组织，就政党本身而言，其存在和活动的最终目标是获得国家权力。对国家权力的渴望，也是将政党区别于其他社会组织的一个根本标准。为了实现这一最终目标，政党既有可能认同国家宪法的价值原则，也有可能不认同。在竞争国家权力的过程中，政党也有可能会采取一些宪法不认同的手段、方式，例如行贿官员、传播虚假信息甚至煽动和使用暴力。这些冲突可能性的存在，同样是与政党对大众民主政治过程的工具价值相关：政党的使命是组织民众参与政治过程，参与的方式、参与的目的是否符合宪法的要求，人们事先并不能确定。这就像火既可以用来取暖、烹饪，也可以用来烧屋、焚林一样，关键在于使用该工具的主体究竟带有怎样的目的。

非洲国家的宪法不仅具有强烈的价值倾向，制宪者更对宪法价值与当地传统政治文化之间的潜在冲突带有警觉。在这种情况下，如果制宪者放任政党自由活动，让民众完全不受拘束地在政党的引导下参与政治活动，最终的

结果有可能不符合制宪者的预期，甚至出现制宪者完全不希望看到的结局。在非洲国家普遍建立有政党公共资助制度的情况下，如果出现了国家利用本已拮据的预算来支持破坏宪法实施的政党的局面，这将会是一个非常讽刺的现象。非洲国家宪法普遍采取自卫民主理论，这种现象已经揭示出非洲国家宪法对此问题的警惕。

或许正是基于对这些问题的考虑，非洲国家的宪法和法律制度，在作出了许多肯定政党宪法地位、鼓励政党宪法作用实现的规定的同时，又对防止政党组织和活动被滥用作出了许多规定。这些规定主要表现为对政党获得私人捐助的、政党组织和活动方式的限制性规定以及以公职人员的政党政治中立要求。

（一）政党私人捐助制度方面的限制

政党组织和活动的顺利进行，离不开经济资源的支持。政党可以获得充分的资助，无论这些资助是采用公共预算还是私人捐助的方式，都是支撑政党健康运作的前提。但是如果这些资助是在诱使政党背离其宪法期待的作用，制宪者和立法者完全有理由禁止政党接受这些资助。

在政党资助制度的实践中，有两类资助极易引发争议：外国资助与法人资助。所谓外国资助是指非本国公民或者组织的资助。所谓法人资助是指自然人以外的其他主体，尤其是营利性企业的资助。在面对这两种资助形式时，非洲国家的决策者有时会面对一种两难的局面：如果禁止这两种政党资助形式，在非洲国家的国民普遍贫穷的情况下，为了支撑政党活动，国家需要以公共资助的形式来弥补政党受到的相应损失。但是在非洲国家的公共财政也不富裕的情况下，对政党的公共资助会进一步加重公共财政的负担，有可能会影响到国家的经济发展。而且在非洲国家政党民主政治法治化程度还不高的情况下，公共资助很有可能会被执政党利用，用来自肥或者打击反对党。在这种情况下，是否允许这两种资助形式，是非洲国家的决策者需要作出取舍判断的问题。

非洲国家的大众民主政治，都是国内民主政治。目前大部分非洲国家的国际影响力都很有限，无论是从政治决策针对的事项，还是从国内人口的流动程度来看，都表现出很强的本地性。而且大部分非洲国家财政实力有限，一些财大气粗的国际组织、国际财团甚至外国政府，完全有可能通过各种经济行为，影响到这些非洲国家的国内政治决策倾向，例如在提供贷款、援助时附加各种政治和经济要求。在这种情况下，如果允许外国组织和个人向政党捐款，这些外部势力很有可能会借助政党影响到非洲国家的国内政治过程，甚至损害这些国家的主权。面对这些风险，非洲国家的决策者往往需要对是否允许政党接受外国捐款作出明确的回答。

在目前可以利用的资料范围内，笔者发现至少有 38 个[1]（70.4%）非洲国家的宪法或者相关法律制度，对外国资助问题作出了明确的规定。有 28 个[2]（51.9%）非洲国家的宪法和法律制度禁止本国政党接受外国组织和个人的任何资助，莫桑比克选举法、马拉维总统和议会选举法禁止本国政党接受外国官方组织捐款，圣多美和普林西比政党资助法禁止政党接受外国法人捐款。在 7 个[3]（13.0%）明文允许政党接受外国资助的国家中，坦桑尼亚和纳米比亚这两个国家对政党特别规定了公开外国资助信息的义务。从整体上看，非洲国家倾向于禁止政党接受外国资助，以减少外国势力对国内政治活动的影响。这说明非洲国家的决策者非常重视国家主权和国家政治过程独立性的问题。

是否允许法人对政党提供资助，是另一个会影响国内民主政治活动走向的重要问题。非洲国家宪法确立的大众民主政治，是基于公民个人亲身参与的民主政治。在允许公民以捐款或提供实物资源的方式向政党提供资助的情况下，本身已经存在因为公民之间财产状况存在贫富差别导致不同公民对政党，并且最终是对整个政治过程形成不同影响力的局面。如果国家还允许法

---

〔1〕 这 38 个国家是卢旺达、埃塞俄比亚、塞内加尔、肯尼亚、马达加斯加、阿尔及利亚、摩洛哥、尼日尔、加蓬、几内亚、刚果民主共和国、几内亚比绍、南苏丹、毛里塔尼亚、苏丹、埃及、塞拉利昂、津巴布韦、突尼斯、索马里、喀麦隆、佛得角、尼日利亚、布隆迪、安哥拉、利比里亚、科特迪瓦、加纳、乍得、多哥、贝宁、坦桑尼亚、乌干达、纳米比亚、莱索托、马拉维、圣多美和普林西比，以及莫桑比克。

〔2〕 这 28 个国家是阿尔及利亚、埃及、埃塞俄比亚、安哥拉、布隆迪、佛得角、刚果民主共和国、几内亚、几内亚比绍、加纳、加蓬、津巴布韦、喀麦隆、科特迪瓦、肯尼亚、利比里亚、卢旺达、马达加斯加、毛里塔尼亚、摩洛哥、南苏丹、尼日尔、尼日利亚、塞拉利昂、塞内加尔、苏丹、索马里和突尼斯。

〔3〕 这 7 个国家是莱索托、纳米比亚、乌干达、坦桑尼亚、贝宁、多哥和乍得。

人向政党提供资助，在法人最终还是控制在自然人，并且是富人手中的情况下，这会给予富人更强的政治影响力。此外，愿意向政党提供资助的法人，往往是那些具备一定经济实力的大公司、大企业。在允许法人资助的情况下，这些大经济组织不可避免地会利用自己的经济实力来影响政党活动，使得政党的政治决策服务于这些大公司、大企业的利益，产生扭曲政治过程的风险，破坏"一人一票"原则的实施。

从可以获得的资料的统计显示，至少有 27 个[1]（50.0%）非洲国家的宪法和法律对法人捐助的问题作出了明确规定，这说明非洲国家的决策者显然意识到了该问题的重要性。但是在其中，只有 8 个[2]（14.8%）非洲国家明确禁止法人向政党提供捐助，其他 19 个（35.2%）非洲国家明确允许法人向政党提供捐助。同样是会对政党民主政治产生扭曲效应的捐助形式，非洲国家的决策者对于法人捐助却表现出了明显的容忍态度。这或许可以在一定程度上说明，在促进国内民主政治健康发展方面，非洲国家的决策者更多地是考虑国家的主权独立，至于民主政治中的形式平等问题，还没有得到他们的重点考虑。而且在非洲国家的国民生活水平普遍不高的情况下，禁止法人向政党捐款，也的确会在很大程度上影响到政党的收入来源。

在多党民主政治中，公民很少会同时支持不同政党。公民在选择自己认同的政党时，政党的纲领、政治倾向以及与特定社会群体的联系紧密程度，都会影响到公民的判断。政党获得的私人捐助来源情况，尤其是捐助人的背景，是判断政党政治倾向性的一个重要指标。而且，公开政党获得的私人捐助的信息，也可以对那些有腐败倾向的政党和政客施加更大的压力。但是从捐助人的角度来说，公开捐助人信息会使得捐助人担心自己的政治倾向被他人知晓。在政治宽容度不高的社会里，公开此类信息，有可能会对捐助人的捐助意愿产生抑制作用。不幸的是，目前许多非洲国家在政治宽容文化的培养方

---

〔1〕 这 27 个国家是阿尔及利亚、埃及、埃塞俄比亚、安哥拉、贝宁、布隆迪、佛得角、刚果民主共和国、几内亚比绍、加纳、科特迪瓦、肯尼亚、莱索托、利比里亚、卢旺达、马达加斯加、马拉维、马里、莫桑比克、南苏丹、尼日尔、尼日利亚、塞拉利昂、圣多美和普林西比、苏丹、突尼斯和乍得。

〔2〕 这 8 个国家是阿尔及利亚、埃及、利比里亚、马达加斯加、马里、塞拉利昂、圣多美和普林西比、突尼斯。

面，的确还存在一定问题。在可获得资料的范围内，有 25 个[1]（46.3%）非洲国家的相关法律制度，对是否需要公开捐助人身份信息的问题作出了明确规定。虽然相对于外国捐助、法人捐助的问题，作出规定的非洲国家的比例进一步下降，但是非洲国家的立法者在这个问题上的态度却比例统一。在这 25 个国家中，只有塞舌尔一个国家允许政党对其收入来源保密，莱索托和卢旺达这两个国家要求政党公开提供高于一定额度的捐助的捐助人信息。其他 22 个（40.7%）非洲国家明确禁止政党接受匿名捐助。目前在非洲国家的政治生活中，腐败现象还比较严重，在这种情况下，非洲国家的决策者们显然觉得提高政党民主政治的透明度是更迫切的需要。

另外值得一提的是，有 11 个[2]（20.4%）非洲国家的宪法或者相关法律制度对政党可以从每位捐助人处获得的捐助额作出了限制。这些限制或者表现为总额限制，即每位捐助人在一定的时间期限内，通常是一年，捐助额不得超过一定的货币金额，或者是一定的比例限制，即一位捐助人的捐助额不得超过政党收入的一定比例。限制单个捐助人的捐助额度，可以在一定程度上阻止经济因素对政党政治的过度介入，实现公民之间排除社会地位、财产状况差异的形式平等。虽然目前作出此类规定的非洲国家还不多，不过随着非洲国家政党民主政治的巩固以及经济和社会发展水平的提高，显然会有越来越多的非洲国家认真考虑这一问题。

（二）对政党纲领、组织和活动的宪法与法律限制

针对私人捐助的各种限制规定，更多地还是从保护政党民主政治的良性运作这一目的出发，抑制有可能会对政党组织和活动产生消极作用的外部经济影响。但是影响政党组织和活动的因素不仅仅限于经济领域，即使摆脱了这些经济因素的影响，政党的纲领和活动依然并不一定总会与制宪者的期待相吻合。如果某个政党的目标和行动是以推翻宪法秩序为最终目的，该政党

---

[1] 这 25 个国家是阿尔及利亚、埃塞俄比亚、贝宁、布隆迪、多哥、佛得角、刚果共和国、刚果民主共和国、几内亚、加纳、科特迪瓦、肯尼亚、莱索托、利比里亚、卢旺达、毛里塔尼亚、尼日尔、尼日利亚、塞拉利昂、塞舌尔、圣多美和普林西比、苏丹、坦桑尼亚、突尼斯和乌干达。

[2] 这 11 个国家是阿尔及利亚、贝宁、刚果共和国、肯尼亚、毛里塔尼亚、摩洛哥、尼日尔、尼日利亚、圣多美和普林西比、突尼斯和乌干达。

的存在和活动，很有可能不仅不会促进宪法实施，反而会严重损害既有的宪法秩序。在这种情况下，国家的决策者似乎有理由采取一切必要的措施，其中包括宪法与法律上的限制措施，来阻止这些政党兴风作浪。

但是，政府的各种权力，尤其是立法权和行政权，最终还是掌握在控制这些权力的政治家和政党的手中。在非洲国家的制宪者高度肯定了政党的宪法作用后，政府的权力一般都是掌握在某个政党或者政党联盟的手中。那些在政治纲领或者活动上表现出一定的敌视宪法价值、具有违宪嫌疑的政党，都是政治上的反对派。赋予政府限制具有违宪嫌疑的政党的权力，就是赋予那些已经在政治生活中具有优势地位的执政党合宪或合法的权利，去限制某些反对党，并且往往是政治纲领与执政党相去最远的反对党。在缺乏政治和法治监督，或者国家的法治建设还不完善的情况下，执政党很可能会滥用这些权力，反而会损害民主政党政治的公平性和开放性。正是因为这种权力滥用可能的存在，在宪法或普遍法律中对政党的组织和活动作出限制性规定，这将是一个具有风险的决定。[1]

面对这种风险，非洲国家的制宪者们明显倾向于赋予政府限制政党的权力。有 39 个[2] (72.2%) 非洲国家的宪法文本中，存在对政党的纲领、组织和活动的限制性规定。由于政党纲领是决定一个政党政治存在的最基础的文件，因此这些宪法限制中，最常见的是对政党纲领的限制。共有 35 个国家的宪法对政党纲领作出了限制性规定。[3]其中最概括的规定是要求政党遵守宪法的精神和规则，例如南苏丹宪法第 25.3 条规定，政党纲领不能抵触宪法条款，这样就将宪法的效力置于政党章程之上。其他比较常见的规定，

---

〔1〕 对于利用宪法和法律手段来遏制违宪、违法政党，这些做法存在的问题的讨论，可参见程迈：《民主的边界——德国〈基本法〉政党取缔条款研究》，载《德国研究》2013 年第 4 期。

〔2〕 这 39 个国家是阿尔及利亚、埃及、安哥拉、贝宁、布基纳法索、布隆迪、赤道几内亚、多哥、佛得角、冈比亚、刚果共和国、刚果民主共和国、吉布提、几内亚、几内亚比绍、加纳、加蓬、津巴布韦、喀麦隆、科摩罗、科特迪瓦、肯尼亚、利比里亚、卢旺达、马达加斯加、马里、毛里塔尼亚、摩洛哥、莫桑比克、南苏丹、尼日尔、尼日利亚、塞拉利昂、苏丹、坦桑尼亚、突尼斯、乌干达、乍得和中非共和国。

〔3〕 这 35 个国家是肯尼亚、赤道几内亚、尼日尔、利比里亚、布隆迪、莫桑比克、埃及、多哥、摩洛哥、冈比亚、科摩罗、刚果民主共和国、吉布提、卢旺达、加纳、刚果共和国、贝宁、阿尔及利亚、苏丹、几内亚比绍、乍得、塞拉利昂、喀麦隆、几内亚、南苏丹、马里、尼日利亚、中非共和国、坦桑尼亚、安哥拉、马达加斯加、布基纳法索、科特迪瓦、佛得角和毛里塔尼亚。

是要求政党需要遵守各种宪法原则，例如民主国家、保护人权等。不过绝大多数国家不满足于这种含糊的规定，而是明确了政党的纲领有哪些不得触碰或者违反的禁令。其中比较常见的规定，是禁止政党纲领中具有分裂倾向的内容。19个[1]国家的宪法明确规定，政党纲领中不得具有煽动种族、地区、族群或者宗教分裂因素的内容，另有3个国家（毛里塔尼亚、安哥拉和马里）的宪法文本要求，政党不得损害国家的团结。这样，共有22个（40.7%）非洲国家的宪法针对防止政党为分裂活动所利用作出了限制性的规定。在大众民主政治过程中，政党是最重要的政治竞争组织。绝大多数非洲国家在历史上都存在过，或者依然存在严重的内部分裂倾向和活动。从这些对政党纲领的宪法限制中人们可以看到，非洲国家的制宪者们显然非常担心政党会滥用自己的宪法自由，尤其是利用国家内部的这些分裂倾向来攫取政治利益。

这种政党组织和活动会对国家内部的分裂倾向火上浇油的担忧，也反映在许多国家的宪法对政党内部组织原则的规定上。有17个[2]（31.5%）非洲国家的宪法对政党的内部组织原则和方式作出了规定。除去比较抽象的要求政党内部组织"应当符合民主原则"这类规定外，许多国家的宪法对政党内部组织提出了应当具有"全国色彩"或者"联邦主义色彩"，成员身份应当向全国人民开放之类的规定。有的国家的宪法进一步对政党的领导人员组成情况作出了明确的规定。例如尼日利亚宪法第223条规定，政党的执行委员会应当反映联邦主义的色彩，其成员应当来自三分之二以上的州。加纳宪法第55条规定，政党应当在全国所有的地区都有分支机构，且在每个地区的三分之二的区中都有组织。政党的全国执行委员会的成员应当从加纳所有的地区挑选。

在对政党的纲领和组织原则作出规定后，政党的活动空间实际上已经受到了很大的限制：政党只能根据合宪的纲领、合宪的组织方式行动。在此基

---

〔1〕 这19个国家是佛得角、科特迪瓦、马达加斯加、坦桑尼亚、尼日利亚、几内亚、塞拉利昂、几内亚比绍、阿尔及利亚、刚果共和国、加纳、吉布提、冈比亚、摩洛哥、多哥、莫桑比克、布隆迪、利比里亚和尼日尔。

〔2〕 这17个国家是肯尼亚、利比里亚、布隆迪、乌干达、冈比亚、卢旺达、加纳、莫桑比克、苏丹、几内亚比绍、塞拉利昂、南苏丹、尼日利亚、坦桑尼亚、安哥拉、佛得角和津巴布韦。

础上，还有 11 个[1]（20.4%）非洲国家的宪法进一步对政党的活动方式作出了规定。不过这些规定多是重复宪法的前两类限制性规定，例如政党的活动应当符合宪法、不得从事破坏国家统一和团结的活动，等等。突尼斯宪法第 35 条和莫桑比克宪法第 77 条进一步规定，禁止政党使用武力手段参与政治活动。

一个值得注意的现象是，虽然有这些从纲领、组织到活动的层层深入的限制性规定，许多非洲国家的宪法也引入了自卫民主理论，但是只有非常少的非洲国家的宪法文本，对于政党违宪的后果作出了明确的规定：只有 12 个[2]（22.2%）非洲国家的宪法有此类明确规定，而且后果形式各有不同，可以表现为被禁止、被取缔、被解散或者被取消注册。有 8 个（14.8%）非洲国家的宪法规定了对政党作出禁止性规定的机关。除去卢旺达宪法第 58 条规定由参议院作出取消对政党的注册决定，其他 7 个（13.0%）非洲国家都授权宪法审查机关或者司法机关作出此类决定。至于受到处罚后，由该党推举产生的公职人员的去留问题，只有卢旺达宪法第 58 条规定，在代表院中通过该政治组织（其中含政党——作者注）获得席位的议员的席位也自动失效。

虽然从整体上看，非洲国家的宪法在政党取缔制度上的规定还比较单薄，但是需要意识到的问题是，宪法规定的单薄并不意味着普通法律实践的稀少。非洲国家的政党普遍需要在选举委员会之类的政府机关注册后，才能合法活动，例如参与选举。在申请注册的过程中，当宪法已经对政党规定了诸多宪法义务的情况下，注册机关完全有合宪的理由拒绝在纲领、组织结构或者活动倾向上具有违宪嫌疑的政党的注册申请，甚至对一些有违宪嫌疑的政党作出限制其政治活动，直至取消其注册资格的决定。这些决定其实也是变相的政党取缔决定，但是却没有正式的政党取缔决定那么引人注目，形成的政治冲击力也会小很多。

---

〔1〕 这 11 个国家是利比里亚、多哥、布隆迪、莫桑比克、埃及、刚果共和国、阿尔及利亚、突尼斯、安哥拉、中非共和国、加蓬。

〔2〕 这 12 个国家是埃及、布基纳法索、佛得角、刚果共和国、加蓬、利比里亚、卢旺达、马达加斯加、莫桑比克、塞拉利昂、乍得、中非共和国。

这些在宪法规定之外法律上的进一步限制性规定，可以通过在非洲国家普遍存在的政党财务报告义务反映出来。目前只有6个[1]（11.1%）非洲国家的宪法对政党规定了报告其内部财政状况的宪法义务，但是在可以获得的材料范围内，据统计，至少有41个[2]（75.9%）非洲国家在普通法律层面规定了政党向政府报告其内部财政状况的义务。像加纳宪法第21条、埃及宪法第12条甚至规定，由政府机关审计政党财务资料。这种强烈的反差显示出在获得宪法抽象授权的情况下，非洲国家的立法者对政党法治问题的高度重视。

（三）宪法对政党中立文化的提倡与公职人员政党权利的限制

从非洲国家的宪法制度设计来看，政党的作用主要体现在组织选民参与选举、提高政府的组建效率方面。但是在政府已经组建完成，掌握国家权力的各种公职人员需要按照既有的宪法和法律框架来行使权力时，如果这些公职人员还是主要按照考虑自己所在党派的利益，甚至将党派利益置于国家整体利益之上，当两者的利益存在一定冲突的时候，这种过强的政党归属感，有可能会影响到宪法的稳定实施。在非洲国家的制宪者高度重视国家统一和团结，并且对政党也施加了维护国家团结的宪法义务的情况下，制宪者和立法者有理由要求担任国家公职人员者能以一定的政党政治超然性来履行自己的职责。为了防止政党政治倾向对国家活动的过分侵入，许多非洲国家的宪法还对特定公职人员的政党活动权利作出了限制。

有43个[3]（79.6%）非洲国家的宪法文本中具有这些限制性规定。从

----

〔1〕 这6个国家是加纳、利比里亚、尼日利亚、苏丹、突尼斯和乌干达。

〔2〕 这41个国家是卢旺达、圣多美和普林西比、布基纳法索、埃塞俄比亚、贝宁、马里、刚果民主共和国、喀麦隆、塞内加尔、马达加斯加、摩洛哥、刚果共和国、尼日尔、阿尔及利亚、肯尼亚、加蓬、几内亚比绍、毛里塔尼亚、几内亚、南苏丹、坦桑尼亚、苏丹、乌干达、布隆迪、塞舌尔、塞拉利昂、多哥、安哥拉、尼日利亚、博茨瓦纳、莫桑比克、佛得角、利比里亚、莱索托、科特迪瓦、南非、突尼斯、厄立特里亚、加纳、埃及和冈比亚。

〔3〕 这43个国家是刚果民主共和国、毛里求斯、布隆迪、马拉维、肯尼亚、坦桑尼亚、刚果共和国、莱索托、索马里、乌干达、卢旺达、科特迪瓦、马达加斯加、尼日尔、几内亚、毛里塔尼亚、佛得角、津巴布韦、安哥拉、冈比亚、加纳、科摩罗、尼日利亚、埃及、南苏丹、赞比亚、塞舌尔、摩洛哥、圣多美和普林西比、莫桑比克、布基纳法索、贝宁、塞内加尔、马里、埃塞俄比亚、多哥、吉布提、加蓬、厄立特里亚、乍得、赤道几内亚、突尼斯和喀麦隆。

这些存在于大多数非洲国家宪法文本的规定中人们可以看到，非洲国家的制宪者们希望政党将自己的活动限制于政府组建之前。在选举结束、政府已经开始运作后，这些制宪者们不再希望政党太积极介入宪法实施，或者在国家权力的行使过程中，体现出太强的政党政治的色彩了。

非洲国家宪法对公职人员的政党政治中立的要求，首先体现在整体人民观的规定上，即规定代议机关的当选代表应当是整个人民的代表，而不能考虑其所在选区或者政党的利益，议员所在的选区或者政党也不得对议员提出具有强制性的投票指令。需要指出的是，这种整体人民观思想不是非洲国家宪法的独创，在欧美国家宪法的发展过程中，整体人民观思想一度具有很强的影响力。[1]即使在明确承认政党宪法地位和作用的德国，其基本法第38条也明确规定，"德国联邦议院的议员……是整体人民的代表，不受各种委托与命令的约束，只对其良知负责"。非洲国家宪法中具有整体人民观色彩的规定，仅仅从文字上看，就可以看出它们受到了欧美国家宪法相关条款的深刻影响，[2]只不过在许多非洲国家还存在比较严峻的内部族群对立、地区分裂倾向严重的问题，这种整体人民观思想对非洲国家显示出了更重要的政治现实意义。还有一些国家的宪法进一步对部分机关，例如警察、武装力量，[3]利益集团，例如工会、职业组织，[4]甚至一些具有重要政治活动组织职能的机关，例如议长，[5]规定了政党政治中立的义务。有的国家的宪法甚至在国民教育制度中规定了教育内容应当做到政党政治中立的要求。[6]

仅仅从思想上要求相关公职人员保持政治中立性，这些规定的实现，在很大程度上还取决于当事人的自觉和自愿，这些公职人员是否执行、执行到

---

〔1〕 对欧美国家宪法发展历程中，整体人民观思想在各种宪法制度实践中体现的讨论，可以参见程迈：《党内治理法治化初探：国家化的路径》，载姜明安主编：《行政法论丛　第20卷》，法律出版社2017年版，第46~67页。

〔2〕 例如圣多美和普林西比宪法第93.2条规定，国民会议的成员代表所有的人民，而不只是其当选的选区；尼日尔宪法第87条规定，每位国民会议代表都是国家的代表。禁止强制委托。代表的投票权是个人的。

〔3〕 例如莫桑比克宪法第254.2条、第266.2条。

〔4〕 例如莫桑比克宪法第86.3条，佛得角宪法第61.5条。

〔5〕 例如马拉维宪法第53.6条规定，两院议长当选后，即使其是作为政党成员当选的，在当选后履职时也不再受该政党的操控。

〔6〕 例如赤道几内亚宪法第24条规定，官方教育内容中不能包含意识形态或者党派性的内容。

什么程度，最终的结果是很难确定的。在非洲国家宪法确定的多党民主政治中，政党的主要目的之一是获取国家公职职位。如果能够在两者的人事联系之间设立一定限制，这也可以在一定程度上限制政党活动对国家政治的过度侵入。或许正是基于这些考虑，非洲国家宪法进一步对公职人员与特定政党的人事联系进行了限制，并且主要表现为不允许政府高级领导人在政党内部担任领导职务。[1]

不过在政党主导了国家政治活动的情况下，这些禁止性规定在实践中没有太大意义。因为即使形式上这些国家高级领导人不担任党内领导职务，其凭借在国家政治生活中的重要影响力，还是可以反过来决定党内组织和活动的走向。对于这一点，美国总统对其所在政党的影响力，或许就是一个非常好的证据。所以大部分其他国家还是将政府与政党人事联系之间的限制措施，主要集中在一些需要具有一定政治中立性的国家机关，如法院、[2]选举委员会，[3]或者需要警惕不被个别党派利用的国家机关上。[4]

如果说对政党的私人捐助的限制是在政党外，对公民政党权利的限制，对政党纲领、组织和活动的限制是以政党为主体进行规制，那么对政党中立文化和公职人员政党权利的限制，就是对政府内的政党的规制了。到了这里，非洲国家政党宪法与法律制度对政党的规制实现了全方位的覆盖。

结　语

在对非洲国家政党宪法与法律制度进行了一个比较初步的分析之后，人们或许可以说，非洲国家制宪和立法者们对政党的信任，更多地表现为对政党在其理想状态下可以发挥的宪法作用的信任，但是对于政治现实中的政党，这些决策者们又表现出了一定的不信任。其实非洲国家的决策者们这种

---

〔1〕　例如刚果民主共和国宪法第96条规定，总统一职与任何政党内部的领导职责不兼容；第97条进一步规定了政府成员的职责。肯尼亚宪法第77.2条规定，任何通过任命产生的官员不可在政党中担任职务。

〔2〕　例如肯尼亚宪法第113A条规定，任何级别的法官都不可加入任何政党。

〔3〕　例如肯尼亚宪法第88.2条规定，选举委员会的成员不能担任议会及政党领导职务。

〔4〕　例如布隆迪宪法第82条规定，军队、安全部队成员与法官不可与政党发生关联。第224条规定，国防和安全部队成员不可成为政党的成员。

在理想与现实之间态度上的反差，同样反映在这些制宪者们对宪法本身看似有些矛盾的态度上。非洲国家的制宪者们志存高远，为国家的发展设计了一份份宏伟的蓝图，但是与此同时，他们又深深意识到非洲国家政治文化和经济社会发展落后的局面，所以又建立了许多实践自卫民主理论和保护政治稳定的制度，并只寄希望于实现国家政治生活的形式民主化。这种反差同样也投射到了非洲国家的政党法治建设中。

在肯定政党的宪法作用，为政党发展提供了各种财政和法律帮助之后，非洲国家又对不利于宪法实施的一些政党实践作出了各种规制。通过这两个方面的规定我们可以看出，非洲国家制宪者眼中的政党，应当是一些按照宪法的价值和精神，引导公民有序参与国家的政治过程，使得公民在这些政治参与中获得民主教育的中介组织，是宪法实施的制度和组织工具。而且非洲国家的制宪者们希望政党具有履行其宪法作用的有效组织和行动能力，不过这种作用，只能限制在人民与政府的交流过程中。在政府已经组建完成后，非洲国家制宪者们对国家稳定和统一的重视，又再次体现出来，此时，制宪者对政党又表现出了相当的不信任，甚至一定程度上的排斥态度。所以，非洲国家宪法期待的政党作用，是止步于政府前的作用，是政党在人民、在社会中的传递宪法价值的作用。

当非洲国家的政党背负了宪法这么厚重的期待，同时又面临着诸多限制的时候，一个需要正视的问题是，在受到这么多的约束之后，政党是否还能够大展拳脚，还能够在充满竞争精神的多党民主政治过程中，充分发挥出其政治组织和中介功能。例如许多国家都要求政党的内部组织需要体现出"全国色彩"，禁止政党将自己的政治基础建立在国家的某一地区或者族群的基础上。但是政党在大众民主政治过程中的一个核心功能，是将分散、自发的公民个人政治观点，汇聚提炼成集中、自觉的团体政治诉求，以提高政治对话的效率和组织化程度。在这一汇聚提炼的过程中，一些具有区分意义的社会现象，例如不同地区、不同族群甚至不同宗教团体之间的分歧，如果能够通过政党组织和活动体现出来，其实可以更好地让决策者意识到国家内部存在的各种问题，并相应地作出回应。

当然，允许政党根据这些因素进行组织，这有可能会对国家的政治稳定带来潜在的风险。但是即使不允许政党的组织和活动涵盖这些因素，这些因素也依然会以其他形式表现出来，有时候甚至可能是非法的方式，例如恐怖主义组织，或者从地上转为地下。将这些因素吸收入政党制度中，国家就能利用政党法治手段引导和调控这些因素。其实在非洲国家宪法规定的多党民主政治中，政党之间的博弈本身也可以起到制衡这些极端政党活动的作用，国家只需要保证政党活动不暴力化、不逾越宪法底线，将政治压力分散到不同的政党上，而不需要集中在政府或者说掌握政权的执政党身上。从反方面来说，强制性地要求政党体现出全国色彩，成为国家内部不同族群的大杂烩，这也会使得政党内部的同质性下降，对政党内部的有效组织和纪律维持提出难题，结果反而损害了宪法加强政党组织和活动能力的期待。

国家宪法对政党内部组织和活动的这些限制，归根结底是想将宪法秩序和党内治理秩序同一起来的考虑，存在未充分重视国家政治活动和政党内部治理活动差异的风险，相应地会带来使政党内部治理功能紊乱的问题。但是这些潜在问题的存在，毕竟还可以说是非洲国家的制宪者基于良好的愿望无意或不得以造成的。但是在政党受到了国家权力这么多的规制之后，当任何权力都有可能被滥用的时候，政府同样可能滥用这些规制政党的权力。尤其是对于政党法治问题，政党既是这种法治的作用对象，又是这种法治的治理主体，既是运动员，又是裁判员。如果执政党滥用这些规制权，扭曲了本应开放公平的政党政治博弈程序，这样不仅不会保证国家政党政治活动的有序进行，甚至有可能成为破坏国家政治稳定的导火索。不幸的是，目前许多非洲国家的政党政治活动，的确反映出了这些问题。

政治监督：一种权力监督的新范式

周睿志[*]

摘　要： 政治监督是中国监督事业发展史上的关键概念。它的出场意味着中国监督体系开始与党和国家治理体系直接匹配，也意味着中国监督事业进入新的发展阶段。政治监督以组织单元为监督对象，力图保障组织单元的价值导向明确、组织机体健康和组织行为合理正当。在实践中，以组织单元的"神""身""行"和"关节要点"为抓手，可以避免政治监督的失焦和泛化。

关键词： 政治监督　组织单元　认识论　价值论　方法论

党的十八大以来，中国监督事业取得了重大发展，监督制度和监督体系得到了有效的优化提升。从总体格局来看，监督体系和领导体系、组织体系、立法体系、行政体系、司法体系一起，构成了功能完备的中国现代政治体系。监督体系的发展是近十年来中国政治体系发展的重大成果。

在中国监督体系发展过程中，政治监督的出场有着标志性的意义。它意味着立足于中国本土实践的监督事业逐步形成了自己的路径。政治监督的展开表明中国监督事业开始和中国政治体系在战略层面相互匹配，也意味着中国政治体系在自身演进发展过程中逐渐摸索到了解决权力监督难题的新路径和新方案。

政治监督作为一种新机制，一方面具有一种"范式"层面的创新意义，另一方面由于它展开的时间较短，正处于需要不断探索、不断试错的发展初

　＊ 周睿志，讲师，法学博士、政治学博士后，担任北方工业大学"反腐败法治研究中心"执行主任。本文为北方工业大学科研启动基金项目"党和国家监督体系的哲学基础"的阶段性成果；北京市教委基本科研项目"当代中国腐败治理的逻辑与经验研究"的阶段性成果。

期，为此，它也在理论和实践层面存在一系列需要探索和澄清的地方。这些地方包括：首先是对政治监督的概念理解不清晰，其次是对政治监督的目标把握不明确，最后是对政治监督的方法使用不系统。这三个方面的薄弱导致实践中的政治监督出现了监督主题不聚焦、监督范围窄化或泛化、监督手段不匹配、监督效果没有达到预期水平等问题。本文从认知论、价值论、方法论三个层面对政治监督展开系统阐释，以求澄清政治监督的内涵，推进政治监督的发展。

一、认识论：从中国监督事业发展大势中理解政治监督

政治监督的展开是中国监督事业发展过程中的一个重要节点。它意味着中国监督事业形成了一种与政治体系匹配度更高的、监督效能更好的机制。

从纵向的历史演进过程出发，能很好地透视出政治监督的内涵。

首先，它意味着监督对象发生了从人员到组织单元的变化。在监督事业发展过程中，最先出现的是对公职人员的监督。通过检视《中国共产党纪律处分条例》《行政机关公务员处分条例》《刑法》[1]等法律法规，我们可以发现，当代中国在进行监督探索的时候，对公职人员的监督逐步形成了一个完备的体系。在这个体系中，着眼于公职人员本身，对其政治立场、责任意识、工作态度、生活作风、廉洁状况以及与群众关系的好坏等进行了全方位的监督与规制。可以说，这个体系是公共组织内部的人力资源管理与监督的严密体系。它发端于中国政治与法治实践，且在较长时间内致力于维持中国政治体系健康、保障社会经济秩序。当代中国在急剧转型的时期能实现反腐败局面的可控、实现转型时期基本秩序的总体安宁，这个体系发挥了重大作用。[2]

然而，政治和法律的上层建筑要适应于社会经济基础的变化。党的十八大以来，中国社会经济逐渐从高速发展转向高质量发展。社会经济层面的变化，对政治和法律范畴内的监督体系提出了更高要求。它要求通过更加科

---

〔1〕 为表述方便，本书中涉及的我国法律、法规等统一使用简称，省去"中华人民共和国"字样，例如《中华人民共和国刑法》简称为《刑法》，全书统一，不再——说明。

〔2〕 参见蒋来用：《新时代廉政建设策略研究》，中国社会科学出版社2019年版，第18~23页。

学、更加严格、更加有效的监督来提升国家治理水平。在这样的语境下，政治监督机制出场了。它把监督的着眼点转移到组织单元上来。曾经的管党治党、权力监督是以公职人员为主要抓手，但在政治监督机制中，就转化为以公权力组织单元为抓手。着眼公职人员的监督，是抓"元素"、抓"树木"；而着眼组织单元的监督，则是抓"组织体系"、抓"森林"。党和国家治理体系是一个组织体，它由大大小小的组织单元构成。政治监督以组织单元为抓手意味着管党治党、权力监督在思路上有了调整变革，它聚焦整个治理体系的运作状况，聚焦制度和组织的内部协调，聚焦从中央到地方的政令畅通。

其次，它意味着监督方式发生了从底线式监督向引领式监督的变化。在着眼于人员的监督机制中，主要实施的是底线式监督。被监督者个体在政治生活、组织生活、职能履行、生活作风、廉洁状况等方面是否存在逾越法律法规底线的行为是监督的重点所在。这种底线式监督包含着"赏—罚"二分的理念。监督主要处理"罚"的事务，通过处罚来实现警示与威慑；"赏"的事务则交给了其他体系——如组织部门——去处理。恰恰是因为底线式监督包含的机理，人们对于监督的认知就集中在了"罚"这个概念上。

政治监督则把监督的内涵和形象改变了。在政治监督中，对违法违纪行为的"罚"依然保留着。或者说，政治监督将底线式监督作为手段吸纳进自己的模式中。但是，政治监督不停留于底线监督的层面，而是致力于去积极引领监督对象。在政治监督中，被监督的组织单元是党和国家治理体系的有机部分。监督的目的则在于使这些有机的单元能够变成整个治理体系的和谐的、高效的环节。因为要使整体的治理体系实现治理目标，需要它内部各个单元不仅机体健康，而且服从于中央的战略和上级的部署，履行好所担当的自我单元的职能。政治监督始终强调讲政治、讲大局、维护中央权威、严格落实中央决策和上级部署，其根本原因就在于，政治监督是一种以大局为观念视域、以中央号令为基本导向的监督。通过这种引领式监督，能将具体的组织单元有效纳入党和国家治理大体系中来，纳入国家发展大局中来。

形象说来，政治监督是锚定组织矩阵中具体单元航向的手段。它通过具体监督措施使各个组织单元不偏离矩阵位置，始终跟着中央的令旗前行。

这种引领式监督模式是当代中国特色社会主义大一统政治发展的产物，

也是党的集中统一领导原则在监督领域的"落地生根"。对于规模宏大的中国治理体系来说，通过"管人"去监督是非常必要的；通过管"组织"去监督更是必要的。后者更能体现中国监督事业的本土气质，也更能体现中国监督体系发展的有机性。

最后，它意味着监督形态发生了从"目"到"纲"的变化。当监督着眼于人员的时候，监督呈现的是监督者和被监督人员二元对立的局面。监督者需要通过对被监督人员的管束和处罚实现监督目标。在这种监督模式中，为了加强监督力度，经常得扩大监督范围。在这方面，中国监督事业取得了巨大的成果。如果我们审视一下《中国共产党纪律处分条例》的历次修订，或者是从《行政机关公务员处分条例》到《公职人员政务处分法》的修订，抑或《刑法》中关于公职人员渎职犯罪的条文修正，就会发现，中国逐渐发展出了一套覆盖面极广的监督体系。这套监督体系把现阶段该管的方面大体都涉及了，公职人员在各层面都有了行为规范。然而，我们不可能通过监督范围的无限扩展来实现监督的优化升级。量的扩展总是有其边界的，一旦超过了边界，监督就会泛化，监督机制就会疲敝失能。

政治监督从另外的维度开辟了监督空间。具体说来，政治监督通过锚定组织单元的政治航行、维护组织单元的机体健康、促使组织单元与整体的治理体系有机协同，以实现监督目标。这种"管组织"的监督方法把监督力量施加在组织身上，直接对组织体进行调控。组织中的人员是组织的构成要素，他们是镶嵌在组织中的。抓住了组织单元，其实就是抓住了"牛鼻子"；管好了组织单元，基本就能管好组织中的大部分成员。在监督体系中，可以把一般的"管人""管事"看作"目"，而把"管组织"看作"纲"。从组织入手进行监督，把组织单元管好，能为一般监督中的"管人""管事"奠定基础，进而起到"纲举目张"的效应。

从"目"到"纲"的跨域，其实是中国监督领域从"人事监督"到"组织监督"的跃升。构成党和国家治理体系的各个组织单元在监督过程中变成了明确的监督对象。组织单元本身被赋予了监督层面的政治责任和法律责任。政治监督的出场为监督事业找到了一个强有力的抓手，使当代中国的监督体系更加立体化。

二、价值论：政治监督的目标

政治监督具有特定的价值目标。深刻理解这些价值目标有利于我们更加清晰地把握政治监督的内涵，也有利于我们探索科学有效的政治监督途径。具体说来，政治监督的价值目标主要表现在三个方面，首先是被监督组织的价值导向方面。政治监督致力于使被监督组织的价值导向更加明确。其次是被监督组织的体系机能方面。政治监督致力于维护被监督组织的体系机能健康，防止其紊乱和衰败。最后是党和国家治理体系方面。政治监督致力于促进党和国家治理体系上下贯通、令行禁止，有效落实党和国家战略规划和决策部署。

确保组织单元价值导向明确是政治监督的首要目标。党和国家治理体系中的每一个组织单元均是体系的有机组成部分，它通过自己的功能发挥推进治理任务的落实。然而，在具体实践中，并不是每一个组织单元都能以中央的信念为信念，以中央的使命为使命，以中央和上级的决策部署为自己的行动依据。有的组织单元因为其主要领导干部违法乱纪，导致组织单元的导向出现了严重问题。习近平总书记曾指出："有的（领导干部）政治野心膨胀，为了一己私利或者小团体的利益，背着党组织搞政治阴谋活动，搞破坏分裂党的政治勾当！有的领导干部把自己凌驾于组织之上，老子天下第一，把党派他去主政的地方当成了自己的'独立王国'，用干部、作决策不按规定向中央报告，搞小山头、小团伙、小圈子。他们热衷干的事目的都是包装自己，找人抬轿子、吹喇叭，为个人营造声势，政治野心很大。有的人发展到目空一切的地步，对中央工作部署搞软抵制，甚至冲着党的理论和路线方针政策大放厥词，散布对中央领导同志的恶毒谣言，压制、打击同自己意见不合的同志。"[1]出现这类状况的组织单元，已经丧失了应有的价值导向，偏离了自己在党和国家治理体系中的本然位置。政治监督的展开，就在于使具体的组织单元能够在党和国家治理体系这个规模宏大的有机组织中，以整体体系的理念为理念，以整体体系的使命为使命，以中央和上级的决策部署为行动指南。整体是由部分构成的，整体反过来也塑造和规定着部分的内涵。

---

〔1〕 习近平：《习近平谈治国理政　第二卷》，外文出版社 2017 年版，第 155~156 页。

只有合理地放置于整个治理体系中，作为部分的组织单元才能获得自己的存在价值，也才能发挥自己的应有功效。中国自秦代以来就形成了大一统政治模式。这个模式是在中国特定的地理和人文环境中生长起来的，基本匹配于中国的这种超大规模的国家治理任务。到了近代，社会政治革命为大一统模式注入了新的、现代的内涵，使之升级为当代的社会主义大一统模式。在当代中国特色社会主义大一统政治中，共同的理念、统一的价值和集中高效的中央权威是维持和运行治理体系的核心要素。具体的组织单元只有遵循着共同的理念和价值，积极维护和服从中央权威，才能正确地履行职务、实现单元治理目标。政治监督的首要价值，就在于促使具体的组织单元保持这种价值导向的明确性，在大一统体系中找准站位，在功能发挥中坚持理念和原则。用实践中的话语来说，政治监督着力解决监督对象的政治路线、政策导向和原则立场层面的问题。

维护组织单元体系机能健全是政治监督的另一层目标。党和国家治理体系是一个大的体系，在这个大体系中又包含一系列的小体系。政治监督通过维护小体系的机能健全，来维护大体系的整体健康。在具体的实践中，作为小体系的各个组织单元，分散在不同的领域、不同的层级和不同的空间中。监督实践中出现的诸如系统性腐败现象，其实就是小体系组织衰败、机能紊乱的典型。有学者指出，系统性腐败意味着非正式组织取代了正式组织："在系统性腐败中，由于贪腐主体之间存在错综复杂的关系，他们形成了庞大的利益链条，若一个人受到检举，便会牵涉出纵横交错的利益链群体。他们可能是工作原因形成的由相关职务成员组成的关系圈，也可能是同学、朋友或者志趣相投的人员组成的非正式的利益网，从而使系统性腐败呈现出紧密的关联性。"[1]系统性腐败还意味着非正式规则取代了正式规则："在系统性腐的背景下，腐败变成了一种隐形规则。这个规则在领导干部的暗示下制定，形成了一种非正式制度。这种非正式制度在大多数情况下都旨在纵容腐败。"[2]当组织和规则都异化了之后，它的功能也就随之异化了："在这

---

〔1〕 梁冰倩、杨柠聪：《系统性腐败的生成逻辑、特点透视与防范机制建构》，载《领导科学》2020年第8期。

〔2〕 梁冰倩、杨柠聪：《系统性腐败的生成逻辑、特点透视与防范机制建构》，载《领导科学》2020年第8期。

种腐败中，主要贪腐人员凭借权力掌握着较大话语权，在资源的连接和交换中起到了至关重要的作用，甚至会拉拢其他领导干部进入他们形成的利益圈，以便获得更大的利益。在大多数贪腐案件中，我们可以发现领导干部之间存在官商勾结和权力寻租的现象。他们会利用自己手中的权力大肆进行权钱交易、权色交易，甚至买官卖官，用手中的权力再生权力。"〔1〕除了系统性腐败、塌方式腐败这类极端情形，一些组织单元出现的决策不民主、程序不规范、政治风气和政治生态不理想等，均属于体系机能不健全的范畴。

组织单元的健康运转包含着一系列的制度和机制。比如，组织制度、编制制度、领导机制、决策机制、分工协作机制、程序机制、责任机制等。政治监督致力于发现这些层面的问题并着力去解决它们。在实践中发展起来并不断完善的纪检监察的监督专门责任和党委的监督主体责任，二者在政治监督中可形成一种有效协同的机制。对于那些严重损害组织单元机体健康、严重破坏组织单元正常机能的情形，不仅可以采用"四种形态"范畴内的教育惩戒措施，还可以采用岗位调整、职务变动等措施。政治监督的这种对衰败组织展开"手术式"疗救的能力以党对监督事业的集中统一领导为基础。恰恰是党的统一领导机制为政治监督机制进行了强大的赋能。

实现党和国家治理体系的上下贯通是政治监督的第三层目标。经过改革开放以来40多年的建设与发展，中国进入了工业化和城市化的阶段。社会经济领域的工业化与城市化要求政治领域国家治理的现代化。从特征上看，治理现代化最重要的一个方面就是系统化和协同化。它要求把整个治理体系当作一个上下贯通的有机组织，把整个治理任务当作"一盘棋"。组织单元要服从整体体系，局部治理要考虑全国大局。只有这样，才能实现高质量的社会经济发展，也才能实现国家治理的内在均衡与公平。事实上，党的十八大以来，"顶层设计"被强调，治理体系和治理能力现代化被突出，实质就是政治领域对社会经济发展新阶段的一种灵敏反应。

政治监督致力于通过减少和消除部分组织单元的自行其是、号令不从的情形，以实现党和国家治理体系的贯通。在监督的领域，要求监督机关站在

---

〔1〕 梁冰倩、杨柠聪：《系统性腐败的生成逻辑、特点透视与防范机制建构》，载《领导科学》2020年第8期。

中央的立场上，引导和督促地方各级、各部门贯彻落实中央的战略规划和决策部署，消除各种"中梗阻"。中国幅员辽阔，行政层级和行业领域众多。站在具体的组织单元立场上，确实能够看到每个组织单元都有自己的特殊性，每个地方都有自己的独特发展诉求。但是，当代中国新的发展阶段决定着只有全局利益得到了保障，局部利益才能更好实现。现代化程度越高、城市化水平越提升，整个国家就越紧密地关联在一起。政治监督致力于党和国家治理体系的上下贯通，不仅是中国监督水平和监督能力的提升，也是中国监督领域与中国社会政治协同演进、匹配发展的一种表现。

三、方法论：锁定监督对象的"三面一点"

政治监督的对象主要是组织单元。这为政治监督的具体实施带来了一定的困难。探索科学有效的监督方法是今后一段时间实务部门和理论界的共同任务。

本文认为，为了准确实现政治监督目标，避免政治监督中出现主题泛化、外延模糊、发力点不准的情形，首先应当从监督视域上下功夫。对于监督者来说，需要把监督对象看作一个有机实体。这个实体有着自己的精神、机体和法定职能。换句话说，以组织单元的形式存在的监督对象是一个生命体。只有看到这个生命体本身，而不仅仅是它的组成要素，才能真正地监督好它。很多研究者利用"森林"和"树木"的关系来说明这里的关系，是非常有道理的。组织单元是"森林"，其内部的组成人员是"树木"，在展开政治监督时需要能够超越"树木"、把握"森林"。

在具体方法层面，需要从"三面一点"出发来锁定监督对象。所谓"三面一点"，是指组织单元的"神"、组织单元的"身"、组织单元的"行"，以及组织单元的"关节要点"。锁定了监督对象的"三面一点"，就找到了政治监督的有力抓手。

锁定监督对象的"神"。监督对象的"神"是指被监督机构政治信念、政治定力和部门作风。首先，应当审视被监督机构是否表现出坚定的政治信念。着重观察被监督机构是否存在封建迷信、拜金主义、历史虚无主义方面的表现。其次，应当审视被监督机构是否对民族复兴保持清醒头脑、具有政治定力，是否对中央的政治路线有正确的领会。着重观察被监督机构是否存在违背、歪曲、否定党的政治路线与国家基本政策的情形。最后，应当审视被监督机构是否具有良好的部门作风。着重观察被监督机构是否存在公私不分、是非不明、作风庸俗、厚黑权术盛行等现象。

这里的"神"其实是被监督机构的精神状态，也是被监督机构的"软件"。精神状态属于组织文化的范畴，它对组织的运行起着重要的作用。一个组织要出现问题，首先就会出现在精神状态、风气文化等方面。从政治信念、政治定力和部门作风几个方面着手，可以对相关组织单元的"软件"状况进行有效核查。

锁定监督对象的"身"。监督对象的"身"，包含被监督机构的组织体系和运作机制。首先，应当审视被监督机构是否在组织运行中坚持党的领导，是否具有良好的组织性和纪律性。着重观察被监督机构是否存在领导无方、组织不力、软弱涣散的情形。其次，应当审视被监督机构是否坚持民主集中制，部门的领导干部是否善于用民主方式汇集意见，善于用协商方式促进共识，善于集中，敢于担当。着重观察部门中是否存在领导干部"一言堂"、蛮横专断、胡乱拍板的现象。最后，应当审视被监督机构是否善于用法治思维处理问题。着重观察具体工作中是否存在混淆职能、逾越权限、不讲程序的现象。

这里的"身"主要涉及被监督机构的体制机制。只有体制机制健全，被监督机构才能具备良好的"硬件"基础。党的领导、民主集中和法治，是中国政治体系演进过程中积累起来的重要制度资源，也是中国政治中形成的宝贵经验。只有善于使用它们，充分发挥其应有功能，才能维护组织单元在"硬件"方面的品质。就此而言，政治监督对于被监督机构发挥着一种"保健医师"的功能。

锁定监督对象的"行"。"行"是指被监督机构履行职能的活动。如果说"神"和"身"涉及的是监督对象的内部状态，"行"涉及的则是监督对象向外发挥作用的情形。首先，应当审视被监督机构是否能在组织运行过程中维护中央权威，严格贯彻落实中央和上级的决策部署。着重观察被监督机构是否存在对中央和上级的决策部署有令不行、有禁不止、阳奉阴违、消极怠慢甚至抵制对抗的现象。其次，应当审视国家机关和其他职能部门在运转过程中是否彰显了机关的政治属性，是否在具体工作中贯彻落实中央和上级的意志。着重观察被监督机构是否存在将政治与业务对立，只算业务账不算政治账、不考虑社会效应和社会影响的情形。

这里的"行"是指组织单元承担治理任务、行使公共权力的过程。组织单元作为整个治理体系的组成部分，应当以中央和上级的部署为行为导向，在整体体系的脉络中行使权力。如果偏离了整体体系的脉络，权力行使往往会产生消极效应。另外，如果组织单元不会算政治账，不考虑实际的治理效果，往往会走入过分强调业务的死胡同，轻则事倍功半，重则缘木求鱼，给民众和社会带来重大损失。总之，政治监督要着力矫正被监督机构不作为、不会作为、乱作为的情形，敦促和保障被监督机构按中央和上级要求积极作为、科学作为、规范作为。

锁定监督对象的"关节要点"。对于一个组织来说，一旦把握了组织体系的枢纽节点就能把握住整体。在政治监督中，应当注意的"关节要点"包含两种类型。一是领导干部岗位上的人员；二是管人管钱管物管项目的岗位上的人员。首先，对于领导干部岗位上的人员，应当审视其是否忠诚担当、干净自律。着重观察"一把手"的政治品格、工作能力和道德品质，审视其是否存在"伪忠诚""两面派"、不担当不作为、家风不正、生活奢靡、贪污受贿等情形。其次，对于掌握重大资源的人员，应当审视其是否清正廉洁、公道正派。着重观察其是否存在损公肥私、假公济私、监守自盗、贪污受贿等情形。

组织单元的"关节要点"是组织体系的重要、敏感的部位。一个组织单元要出问题，经常就出在这些节点上。实施政治监督的时候，需要主次分明，盯紧这些节点。它是抓"关键少数"在政治监督机制中的具体运用。

和其他类型的权力监督不一样，政治监督具有组织建设的功能和属性。其他类型的监督大都属于上文提到的"底线式监督"。在这类监督中，主要是通过对组织中的越轨人员实施处罚，形成威慑，从而减少和避免进一步的个体越轨行为。这类监督由于直接作用于组织中的人力资源要素，为此，它可以看作公共部门人力资源管理的范畴。然而，政治监督却着眼于组织本身，监督所施加的影响，也主要是在组织这个实体上，它的目的是发现组织实体的问题、诊断组织实体的问题并解决这些问题，最终达到应对组织畸变、优化组织状态的目的。据此，我们可以把政治监督归入组织建设的范畴。监督的目的已经不再是实现报应与惩罚，而是维护和提升组织品质。

长期以来，在当代中国政治发展史上，组织和监督分属两个系统。组织部门更多的是负责积极的建设，而监督部门更多的是负责对逾越底线的行为实施惩罚。一个唱的是"红脸"，另一个唱的是"黑脸"。然而，当政治监督出场之后，组织和监督两个系统开始了更高层次的融合。监督中包含了组织手段和组织建设目标，组织建设中借重监督措施和教育惩戒手段。明白这一个道理对于我们把握政治监督的方法论是大有裨益的。具体说来，一旦意识到政治监督的实质目的是建设和优化组织单元的自身体系，意识到教育惩戒手段的使用只是服务于这个目标，在监督过程中就不会把对个人越轨行为的惩罚当作中心，就不会始终盯着具体的人和事，从而也就不会把政治监督和一般监督相混淆。

在锁定"三面一点"的时候，需要始终把握"纲"和"目"的关系，要先抓"纲"，抓"纲"而举"目"，从组织建设的视角去处理组织中存在的个体违法乱纪行为。

结　语

如何对权力进行有效监督是各国政治生活中的重大议题。然而，各个国家的政治语境和政治体系往往有所不同。在探索权力监督方式方法的时候，需要结合具体国家的政治语境。政治监督是一个具有鲜明中国特色的概念，它依托当代中国政治体系，在当代中国政治发展中孕育和成长。在理解政治监督概念时，需要结合中国共产党的机制、当代国家治理机制和当代中国政治发展机制，才能把握政治监督的完整内涵。中国的政治监督处在不断完善发展过程中，本文构成了对政治监督的一种初步阐释，笔者期待这些阐释能够为政治监督的概念明确和机制完善提供理论支持。

自由世俗国家的悖论

——博肯福德与他的时代

田　伟[*]

"自由的、世俗化的国家的存续依赖于一些前提条件，但这些条件却无法由国家自身保障。"[1] 这句德国政治界、宗教界和知识界在过去半个世纪最广为传颂的格言，出自一位宪法学者笔下。而在 2019 年 2 月 24 日，这位宪法学者辞世之时，这句格言又反复出现在联邦总统的唁函、联邦宪法法院院长的悼词和不计其数的纪念文章中。

格言的作者恩斯特-沃尔夫冈·博肯福德（Ernst-Wolfgang Böckenförde）1930 年出生于德国中部小城卡塞尔的一个天主教家庭。他的父亲是一位林务官，祖父曾担任州法院法官，这个普鲁士公务员家庭共养育了八名子女，博肯福德排行第三。[2] 1949 年，也就是《德国基本法》制定、德意志联邦共和国成立的那一年，博肯福德进入大学学习法律和历史，并最终在两个专业都获得了博士学位。1964 年完成教授资格论文后，[3] 博肯福德先后在海德堡大学（1964—1969）、比勒费尔德大学（1969—1977）和弗莱堡大学（1977—1995）担任公法、宪法史、法律史和法哲学教授，并曾任联邦宪法法院法官。

---

[*] 田伟，中国人民大学法学院助理教授，法学博士。本文草就于 2019 年 3 月，后于 2020 年 12 月根据新出版的文献略作增订，文章回顾了博肯福德教授的人生与事功，以缅怀先辈大家。

[1] Ernst-Wolfgang Böckenförde, Die Entstehung des Staates als Vorgang der Säkularisation (1967), in: ders. , Recht, Staat, Freiheit, Frankfurt am Main: Suhrkamp, Erweiterte Ausgabe 2006, S. 92 (112).

[2] 博肯福德家族的八兄妹中，共产生了三名法学博士：博肯福德，他的哥哥维纳·博肯福德（Werner Böckenförde）和弟弟克里斯托夫·博肯福德（Christoph Böckenförde）。其中，维纳·博肯福德同时也是神学博士，后来成为神学家，他比博肯福德年长两岁，两人在大学一起学习，关系最为亲近。

[3] Ernst-Wolfgang Böckenförde, Die Organisationsgewalt im Bereich der Regierung. Eine Untersuchung zum Staatsrecht der Bundesrepublik Deutschland, Berlin: Duncker & Humblot, 1964, 2. Aufl. 1998.

作为宪法学者、天主教徒、社会民主党人，博肯福德的一生，可谓非常成功。他是德国最有影响力的法学家之一，在他还在世之时，博肯福德的学说就已经成为德国国家法学的经典，他创造的"民主正当性链条""框架秩序""宪法法院司法国""兼容开放型中立"等术语，〔1〕也早已是今天宪法学研究绕不开的内容。博肯福德先后被五所大学授予荣誉博士学位，其中三个是法学博士，两个是神学博士。2004 年，博肯福德荣获汉娜·阿伦特奖，2012 年，又获西格蒙德·弗洛伊德奖，他还曾被教宗和德国联邦总统授勋。但博肯福德的人生之所以具有深远的时代意义，最根本的原因在于一点，在他身上，在他的作品中，存在诸多充满张力的元素：一个信仰天主教的社会民主党人，一个坚守国家之显著意义的自由主义者。〔2〕

回首百年前的魏玛共和，正是这些因素诱发了共同体的分裂，造成魏玛宪法的悲剧；但在基本法时代，这些彼此矛盾的倾向，却被博肯福德集于一身，进而又以一种协调整合的方式融为一体。只有在基本法秩序之下，这才是可能的。在很大程度上，第二次世界大战后建立的联邦共和国之所以能成为德国历史上第一个成功的民主政体，正要感谢这些思想的聚集整合，正是源自这些元素的共同作用。在这个意义上，博肯福德被视为联邦共和国国家法学者理想类型的化身。〔3〕也许我们可以说，博肯福德人生的成功，实际上是一个更为宏大广阔的成功故事的缩影，他代表了基本法的成功，联邦共和国的成功，自由民主基本秩序的成功。

一、"政治教授"的人生

在 2000 年为博肯福德七秩寿辰举行的学术研讨会上，时任联邦宪法法院院长林巴赫（Jutta Limbach）发表赞词，对这位同事作出了颇有深意的评价：

---

〔1〕 国家对待宗教的"兼容开放型中立"（übergreifende offene Neutralität）是博肯福德对德国政教分离模式的概括，对此的讨论参见田伟：《德国宗教宪法研究》，中国人民大学 2019 年博士学位论文。

〔2〕 Matthias Jestaedt, Ernst-Wolfgang Böckenförde zum 80. Geburtstag, JZ 2010, S. 890（891）.

〔3〕 Matthias Jestaedt, Ernst-Wolfgang Böckenförde zum 80. Geburtstag, JZ 2010, S. 890（891）. 需要注意的是，Jestaedt 虽然在此将博肯福德视为联邦共和国国家法学者理想类型的化身，但同时也明确指出，这适用于"旧"联邦共和国，即两德统一前的西德。

博肯福德的一生，是一个非典型但又恰恰因此而成为典范的法学家人生。之所以这么说，是因为在德国，许多法律学者都推崇一种"非政治的技术专家"式的职业定位，期待着在人生终了之时，能被称赞是一位"中立的、无涉政治的法的忠实仆人"，而博肯福德的人生志趣则与此相反。[1] 毋宁，与韦伯（Max Weber）、阿伦特（Hannah Arendt）、哈贝马斯（Jürgen Habermas）等其他学科的大学者一样，他承继了德国历史上的"政治教授"传统。[2]

所谓政治教授，并不是说学者必须投身政坛，而是指大学教授应当充分认识到自身研究和教学对整个社会的意义，主动将其学术观点传播给普罗大众，启迪助益公共讨论。正是在这个意义上，博肯福德经常在《法兰克福汇报》《新苏黎世报》等报刊上撰文。从涉及两德关系的"东方政策"、因"红军旅"等左翼恐怖组织引发的紧急状态问题，到大学和法学教育改革、堕胎规制，再到胚胎和基因技术伦理、欧盟扩张，对于德国社会过去半个世纪经历的诸多重大争议，博肯福德都旗帜鲜明地表达了自己的观点，他因而也被视为联邦德国迄今70余年历史中最重要的公共知识分子之一。

甚至博肯福德最广为人知的宪法学著作，也并非由法学学术出版机构发行，而是他的五本苏尔坎普论文集。苏尔坎普（Suhrkamp）出版社编行的"苏尔坎普学术口袋书丛书"，囊括了哈贝马斯、卢曼（Niklas Luhmann）、赫费（Otfried Höffe）等德国思想大师的著作以及罗尔斯（John Rawls）、福柯（Michel Foucault）等外国学者作品的德语译本，在德国代表了人文社会科学研究的最高水准。法学著作通常受众狭窄，因而作品能入选苏尔坎普这一丛书的法学家，迄今只寥寥数人，而博肯福德先后在该系列出版了五本文集，[3] 由此超越法学领域，深刻地影响了德国知识界乃至整个德国社会的

〔1〕 Jutta Limbach, Laudatio zum 70. Geburtstag für Ernst-Wolfgang Böckenförde, in: Rainer Wahl/Joachim Wieland (Hrsg.), Das Recht des Menschen in der Welt. Kolloquium aus Anlaß des 70. Geburtstags von Ernst-Wolfgang Böckenförde, Berlin: Duncker & Humblot, 2002, S. 9 (9 f.).

〔2〕 Rolf Grawert, Ernst-Wolfgang Böckenförde zum 75. Geburtstag, AöR 130 (2005), S. 345 (346).

〔3〕 分别是1976年的《国家、社会、自由》（Staat, Gesellschaft, Freiheit. Studien zur Staatstheorie und zum Verfassungsrecht）、1991年的《法、国家、自由》（Recht, Staat, Freiheit. Studien zu Rechtsphilosophie, Staatstheorie und Verfassungsgeschichte, 2006年出版增订版）和《国家、宪法、民主》（Staat, Verfassung, Demokratie. Studien zur Verfassungstheorie und zum Verfassungsrecht），1999年的《国家、民族、欧洲》（Staat, Nation, Europa. Studien zur Staatslehre, Verfassungstheorie und Rechtsphilosophie）以及2011

精神生活。

作为政治教授，博肯福德积极参与推进国家的政治和宪法生活。1973年，他作为专家成员参加了联邦议院的宪法改革调查委员会，正是这一委员会的结论，改变了《德国基本法》的命运。《德国基本法》原本是第二次世界大战后两德分裂局势下作为权宜之计制定的"过渡宪法"，也正因此未被冠以宪法之名，对其的批评和修改建议亦一直不绝于耳，并最终促使议会成立调查委员会，审查《德国基本法》是否还适应政治现实和发展的需要。但经过三年的研究讨论，委员会却得出了相反的结论：在施行 25 年后，《德国基本法》的条文，要么已是最佳选择，要么尽管带有缺陷却并无更好的替代。[1] 批评转变为了赞美。三年后，在《德国基本法》制定 30 周年之际，斯登贝格（Dolf Sternberger）在《法兰克福汇报》上发表纪念文章，首次提出了"宪法爱国主义"的口号。他写道："尽管民族感情仍然受到伤害，尽管德国仍然分裂，但我们生活在一个完整的宪法之中，一个完整的宪法国家之中，而这本身就是一种祖国。"[2] 由此，宪法成为新的国家认同。

当然，博肯福德政治教授生涯最重要的部分，还是其 12 年的"教授法官"经历。1983 年 12 月，博肯福德出任联邦宪法法院第二庭法官，执掌庇护法、财政宪法和预算法领域的案件。任职法官期间，他参与作出了许多重大裁判，例如引发巨大社会关注的"第二次堕胎判决"和开启欧盟的"马斯特里赫特条约判决"等。[3] 尤其是在关涉民主原则的案件中，博肯福德得以将他提出的"民主正当性链条"理论贯彻落实到宪法法院的裁判之

（接上页）年的《学术、政治、宪法法院》（Wissenschaft, Politik, Verfassungsgericht）。这五本文集辑录了博肯福德历年来在国家学、宪法学、宪法史和法哲学等领域发表的多篇重要论文，在学界引用率非常高。五本文集中编选的篇目亦有重复的部分，其中 2011 年最后一本还收录了由 Dieter Gosewinkel 对博肯福德所做的长篇学术传记访谈。

〔1〕 Schlussbericht der Enquete-Kommission Verfassungsreform, Deutscher Bundestag Drucksache 7/5924, 09. 12. 1976, S. 3.

〔2〕 Dolf Sternberger, Verfassungspatriotismus, Frankfurter Allgemeine Zeitung, 23. 05. 1979, S. 1; 此处引用重印版，ders., Schriften, Band X: Verfassungspatriotismus, Frankfurt am Main: Insel, 1990, S. 13 (13).

〔3〕 BVerfGE 88, 203-Schwangerschaftsabbruch II（1993）; BVerfGE 89, 155-Maastricht（1993）.

中。[1]值得一提的是，博肯福德还是宪法法院历史上著名的"异议者"，共撰写了 11 份不同意见书，而他在政党资助、税法半数原则等问题上的反对意见后来成了法院的多数意见。

博肯福德参加宪法改革调查委员会和担任宪法法院法官，都是由社会民主党提名的，他于 1967 年加入社会民主党。从他的天主教信仰和家庭背景来看，基督教民主联盟似乎才是更顺理成章的选择，但博肯福德最终选择加入社会民主党。这既是出于对当时天主教会通过牧函要求信徒为基督教民主联盟投票的不满，在他看来，这是宗教对政治的不当干预；也是基于他对社会国理念的认同，博肯福德深切地认识到社会条件对个人实现自由的重大意义。加入社会民主党后，博肯福德在一些重大政治问题上发挥了影响，其中最重要的当属 20 世纪 70 年代中期的"基本价值辩论"（Grundwertedebatte）。当时，执政的社会民主党—自由民主党联盟在婚姻家庭法和刑法领域，尤其是堕胎规制上推行自由化措施，招致了德国社会的巨大争议，天主教会指责这将动摇公民道德，造成价值崩坏。最终，这些争论凝结成了一个根本性的问题：国家是否应当为社会塑造共同的价值、向公民提供共享的精神？时任联邦总理施密特（Helmut Schmidt）在 1976 年发表的演讲中，对此作出了明确回应：民主国家并不建立世界观与伦理基础，毋宁，价值应在个体和社会中形成，而国家的行为则必须与此连接。[2]施密特的这篇演讲，相当部分正是出自博肯福德之手。[3]

---

〔1〕 博肯福德从人民主权原则出发，主张民主作为一种国家和治理形式，要求所有国家行为都必须具有民主正当性，并进一步区分了"功能和机构""组织和人员"以及"事项和内容"这三种民主正当性的具体形式；而组织和人员的民主正当性意味着，在人民与被委托以国家职权的公职担当者之间，必须存在一条不间断的正当性链条，这就是著名的"民主正当性链条"（demokratische Legitimationskette）理论。参见 Ernst-Wolfgang Böckenförde, Demokratie als Verfassungsprinzip（1987）, in: Josef Isensee/Paul Kirchhof（Hrsg.）, Handbuch des Staatsrechts, Band II, Heidelberg: C. F. Müller, 3. Aufl. 2004, § 24 Rn. 14 ff。博肯福德参与作出的相关判决参见 BVerfGE 83, 37-Ausländerwahlrecht I（1990）；BVerfGE 83, 60-Ausländerwahlrecht II（1990）。

〔2〕 Helmut Schmidt, Ethos und Recht in Staat und Gesellschaft（1976）, in: Günter Gorschenek（Hrsg.）, Grundwerte in Staat und Gesellschaft, München: C. H. Beck, 1977, S. 13（20）.

〔3〕 Ernst-Wolfgang Böckenförde, Biographisches Interview von Dieter Gosewinkel, in: ders., Wissenschaft, Politik, Verfassungsgericht, Berlin: Suhrkamp, 2011, S. 350.

二、博肯福德与施米特

对博肯福德来说，政治教授这一人生志趣的形成，既是天性使然，也与家庭环境以及时代背景不无关联，但其中最重要的影响因素，还源自他的学术训练。回顾博肯福德的学术成长轨迹，他受到了多位名师提点培雍，可谓博采众长。首先是行政法学家沃尔夫（Hans Julius Wolff）[1]和历史学家施纳贝尔（Franz Schnabel），在两位的指导下，博肯福德撰写了两篇博士论文，分别在明斯特大学和慕尼黑大学获得法学和历史学博士学位。[2]进而，在明斯特大学学习期间，博肯福德又结识了哲学家里德（Joachim Ritter），受邀加入里德创立的哲学小组。在此，博肯福德受到了哲学训练，尤其是对黑格尔及其国家观产生了兴趣，[3]并成为著名的"里德学派"的一员。[4]大约同一时期，博肯福德还参加了公法学家福斯特霍夫（Ernst Forsthoff）每年在巴伐利亚小城艾布拉赫举办的假期研讨会。[5]文章开篇引述的博肯福德格言，就源自他1964年在艾布拉赫研讨会上所作的报告。在这两个对战后

---

〔1〕 在沃尔夫奠基的三卷本《行政法》教科书中，博肯福德参与了第一卷（1956年出版）的撰写工作，涉及行政在宪法秩序中的地位、行政的历史类型、行政法的法律渊源等部分。该书后续修订版中译本参见 ［德］汉斯·J.沃尔夫、奥托·巴霍夫、罗尔夫·施托贝尔：《行政法（第一卷）》，高家伟译，商务印书馆2002年版。

〔2〕 Ernst-Wolfgang Böckenförde, Gesetz und gesetzgebende Gewalt. Von den Anfängen der deutschen Staatsrechtslehre bis zur Höhe des staatsrechtlichen Positivismus, Berlin: Duncker & Humblot, 1958, 2. Aufl. 1981; ders., Die deutsche verfassungsgeschichtliche Forschung im 19. Jahrhundert. Zeitgebundene Fragestellungen und Leitbilder, Berlin: Duncker & Humblot, 1961, 2. Aufl. 1995. 博肯福德的两本博士论文，分别开创了 Duncker & Humblot 出版社 "公法文集"（Schriften zum Öffentlichen Recht）和 "宪法史文集"（Schriften zur Verfassungsgeschichte）这两个德国学界非常知名的学术系列。

〔3〕 Klaus Große Kracht, Unterwegs zum Staat. Ernst-Wolfgang Böckenförde auf dem Weg durch die intellektuelle Topographie der frühen Bundesrepublik, 1949-1964, in: Hermann-Josef Große Kracht/ders. (Hrsg.), Religion - Recht - Republik. Studien zu Ernst - Wolfgang Böckenförde, Paderborn: Ferdinand Schöningh, 2014, S. 11 (26 ff.).

〔4〕 关于里德学派以及博肯福德与其关系的中文资料，可参见 ［德］瓦尔特·施瓦德勒：《形而上学与政治：当前哲学讨论中的 "里德学派"（Ritter Schule）》，贺念译，载黄裕生主编：《清华西方哲学研究　第三卷　第二期（二零一七年冬季卷）》，中国社会科学出版社2018年版，第489~502页。

〔5〕 Florian Meinel, Der Jurist in der industriellen Gesellschaft. Ernst Forsthoff und seine Zeit, Berlin: Akademie Verlag, 2. Aufl. 2012, S. 3 f.

德国思想界产生巨大影响的学术组织中，博肯福德汲取了丰富的智识资源，也结识了哲学家施佩曼（Robert Spaemann）和吕伯（Hermann Lübbe）、历史学家科塞雷克（Reinhart Koselleck）等终生的对话伙伴。[1]

但博肯福德学术生涯最重要的导师，则是一个充满争议的人物：卡尔·施米特（Carl Schmitt）。1953年，正在准备法律国家考试的博肯福德阅读了施米特的《宪法学说》，[2]用他的话说，这本书为他"打开了一个新的世界"。而彼时的施米特，则因纳粹经历被剥夺教职，隐居于小城普莱滕贝格。于是，博肯福德和他的哥哥维纳·博肯福德一起前往拜访，并由此开始了他与施米特长达三十多年的交往。博肯福德与施米特的个人关系无疑是非常密切的，他的两篇博士论文均得益于施米特指点，甚至教授资格论文的选题都是源自施米特的启发，参加艾布拉赫研讨会亦是经由施米特推荐。反过来，博肯福德也为与大学隔绝的施米特提供文献资料，并帮助施米特编辑校对晚年的作品。1963年《政治的概念》修订再版时，正是在博肯福德的建议下，施米特撰写了新的长篇序言。《游击队理论》一书的副标题"'政治的概念'附识"，亦是博肯福德的创意。从1953年两人结识到1985年施米特逝世，30余年间，施米特先后给博肯福德寄去了约120封信件和明信片。[3]

彼时的德国宪法学界，正处于尖锐的学派对立之中。第二次世界大战后，魏玛四大家中，凯尔森（Hans Kelsen）流落美国、黑勒（Hermann Heller）客死异乡，国家法大师只剩下施米特和斯门德（Rudolf Smend）。

[1] 博肯福德的历史学训练以及他与科塞雷克的密切交往，直接体现在他最为人称道的宪法概念史研究上。他的两本博士论文分别探讨了"法律"和"宪法"两个概念在19世纪的形成和变迁过程，此后又分别撰文厘清"法""法治国""宪法""宪法国家"等概念的历史流变，其中关于法治国的一篇已有中译，参见［德］恩斯特-沃夫冈·伯肯弗尔德：《法治国家概念的形成与发展》，王银宏译，载［奥］汉斯·凯尔森等：《德意志公法的历史理论与实践》，王银宏译，法律出版社2019年版，第119~139页。在科塞雷克主编的概念史巨著中，博肯福德撰写了关于机关和组织的篇目，参见 Ernst-Wolfgang Böckenförde, Organ, Organismus, Organisation, politischer Körper, VII-IX, in: Otto Brunner/Werner Conze/Reinhart Koselleck（Hrsg.）, Geschichtliche Grundbegriffe. Historisches Lexikon zur politisch-sozialen Sprache in Deutschland, Band 4, Stuttgart: Klett-Cotta, 1978, Studienausgabe 2004, S. 561-622。

[2] Carl Schmitt, Verfassungslehre（1928）, Berlin: Duncker & Humblot, 11. Aufl. 2017; 中译本参见［德］卡尔·施米特：《宪法学说》，刘锋译，上海人民出版社2016年版。

[3] Ernst-Wolfgang Böckenförde, Biographisches Interview von Dieter Gosewinkel, in: ders., Wissenschaft, Politik, Verfassungsgericht, Berlin: Suhrkamp, 2011, S. 359-362。

而在战后学界"施米特学派"与"斯门德学派"的对立中，后者占据了上风：斯门德的理论主导了宪法法院对基本法的解释，斯门德学派在学界也有更大的影响力；而施米特则被逐出大学，施米特——甚至其同样带有纳粹污点的弟子福斯特霍夫——都无法在学界的重要期刊上发表文章。但即便在这种情形下，博肯福德也从不讳言其与施米特的关系。他是 1968 年施米特八秩祝寿文集的编辑，〔1〕十年后，又将自己在弗莱堡大学的就职演讲献给施米特九十寿辰。〔2〕他甚至一度被施米特任命为学术遗产执行人，只是后来因为施米特担心这会对博肯福德的宪法法官任命造成负面影响，才又撤回。〔3〕

而博肯福德之所以比较晚才成为宪法法院法官，也确实与此不无关系。〔4〕1975 年，博肯福德即已被考虑为宪法法官人选，但最终社会民主党提名了他后来在弗莱堡大学的同事黑塞（Konrad Hesse）。黑塞比博肯福德年长十岁，这一选择首先是出于对资深学者的礼让，但同时也不无学派对立的考量，黑塞师从斯门德，是斯门德学派的核心成员。20 世纪 70 年代的宪法法院，虽已度过初创期，但仍羽翼未丰，无法与今天的显赫地位同日而语，自然也就不那么欢迎施米特学派对宪法法院作为宪法守护者的质疑，而更加青睐支持宪法法院制度的斯门德弟子。〔5〕黑塞担任联邦宪法法院法官后，负责的是言论和媒体自由、广播电视自由等最为重要的基本权利案件，考虑

---

〔1〕 Hans Barion/Ernst‑Wolfgang Böckenförde/Ernst Forsthoff/Werner Weber（Hrsg.），Epirrhosis. Festgabe für Carl Schmitt zum 80. Geburtstag, Berlin：Duncker & Humblot, 1968, 2. Aufl. 2002.

〔2〕 Ernst‑Wolfgang Böckenförde, Der verdrängte Ausnahmezustand. Zum Handeln der Staatsgewalt in außergewöhnlichen Lagen, NJW 1978, S. 1881–1890.

〔3〕 Ernst‑Wolfgang Böckenförde, Biographisches Interview von Dieter Gosewinkel, in：ders.，Wissenschaft, Politik, Verfassungsgericht, Berlin：Suhrkamp, 2011, S. 378.

〔4〕 Christoph Schönberger, Der Indian Summer eines liberalen Etatismus, in：Hermann‑Josef Große Kracht/Klaus Große Kracht（Hrsg.），Religion‑Recht‑Republik. Studien zu Ernst‑Wolfgang Böckenförde, Paderborn：Ferdinand Schöningh, 2014, S. 121（124）.

〔5〕 博肯福德的同辈学者、斯门德学派重要成员 Wilhelm Hennis 曾如此评论道：战后德国法学界对纳粹的清算，在大学内部或有松有紧，但有一条非常明确，施米特派的成员不能担任宪法法院法官，一直到 1983 年提名博肯福德，这一"学派禁令"才被取消，参见 Wilhelm Hennis, Integration durch Verfassung? Rudolf Smend und die Zugänge zum Verfassungsproblem nach 50 Jahren unter dem Grundgesetz, JZ 1999, S. 485（486），Fn. 4。

到博肯福德对宪法法院基本权利案件裁判见解的猛烈批判，[1] 让人不禁联想，如果当年真的提名了博肯福德，德国宪法学今天的基本权利理论会不会是另一幅图景？历史是有趣的，黑塞在宪法法院的法官席位，历经格林（Dieter Grimm）和霍夫曼-利姆（Wolfgang Hoffmann-Riem）两位，后来又传到了博肯福德的学生曼辛（Johannes Masing）手中。只是白云苍狗，世事变幻，30 多年后，德国宪法学界的学派对立却早已烟消云散了。

德国宪法学界学派对立的淡化消解，既是学科发展的大势所趋，也是战后一辈学者努力的成果，在这方面博肯福德亦堪称表率。博肯福德个人的学术之路深受名师加持，成为教授后，他也广栽桃李，从其门下走出了当今德国公法学界和司法界多位响当当的大人物。[2] 尽管启迪有方，泽被学林，但今天的德国学界并不存在"博肯福德学派"。实际上，博肯福德的弟子们和老师之间以及各位弟子之间，在学术观点和风格上有时存在很大的差异。这是因为博肯福德从未试图建立任何学派，相反，他注重让学生形成独立的见解，在对施米特的评价上也完全交由学生自行判断。[3] 博肯福德非常鼓

〔1〕 博肯福德的基本权利理论主要体现为对主流观点——尤其是宪法法院裁判见解——的批判，大致包括三个层面。第一，反对各种基于特定政治观念的基本权利理论，主张一种"符合宪法的基本权利理论"，亦即兼顾《德国基本法》规定的自由权、社会国和民主原则三者来解释基本权利；第二，与其宪法"框架秩序"（Rahmenordnung）理论相结合，博肯福德批判斯门德学派，反对将法立基于价值，反对宪法法院自"吕特判决"以来将基本权利理解为价值决定而辐射至整个法秩序，主张回归基本权利主要作为防御权的古典意涵；第三，批判通行的基本权利三阶层分析框架，主张用更为狭窄确切的"保障内容"（Gewährleistungsinhalt）取代宽泛的"保护范围"（Schutzbereich）。Siehe Ernst-Wolfgang Böckenförde, Grundrechtstheorie und Grundrechtsinterpretation, NJW 1974, S. 1529-1538; ders., Grundrechte als Grundsatznormen. Zur gegenwärtigen Lage der Grundrechtsdogmatik, Der Staat 29（1990），S. 1-31; ders., Schutzbereich, Eingriff, verfassungsimmanente Schranken. Zur Kritik gegenwärtiger Grundrechtsdogmatik, Der Staat 42（2003），S. 165-192.

〔2〕 首先，有八位学者在博肯福德指导下撰写了教授资格论文，这在德国法学界是一个非常高的数字，这些弟子都已成为知名公法学者，各自开宗立派，诸如弗莱堡大学 Rainer Wahl 教授、柏林洪堡大学 Bernhard Schlink 教授、施派尔德国行政学大学 Joachim Wieland 教授、莱比锡大学 Christoph Enders 教授以及曾任联邦宪法法院法官的弗莱堡大学 Johannes Masing 教授。其次，是博肯福德教出的众多博士生，其中的佼佼者有法兰克福大学 Ute Sacksofsky 教授、联邦行政法院前任院长 Klaus Rennert 等。最后，还有博肯福德任职联邦宪法法院法官期间的助理们，例如联邦最高法院现任院长 Bettina Limperg。

〔3〕 Ernst-Wolfgang Böckenförde, Biographisches Interview von Dieter Gosewinkel, in: ders., Wissenschaft, Politik, Verfassungsgericht, Berlin: Suhrkamp, 2011, S. 424 f.

励学生讨论、提出批评意见，而在这些讨论中，博肯福德继承了他的导师沃尔夫当年对待他的态度，"只看论证，而不论身份等级"。[1] 博肯福德的多位学生，后来都对此非常感怀。

三、从国家开始思考

施米特对博肯福德最深远的影响，是一种"从国家开始思考"的思维方式。[2] 同施米特一样，博肯福德的国家观深受霍布斯影响，可以概括为三个关键词：和平统一体、决策统一体和权力统一体（Friedenseinheit, Entscheidungseinheit, Machteinheit）。国家最重要的功能在于维持和平，正是国家的出现，使共同体之内的冲突对立能以和平的方式解决，而不必恶化为敌我关系甚至诉诸暴力；而要维持和平，国家就必须被赋予权威，能够对共同体生活进行规制并作出最终决策；而要贯彻其作出的决策，国家就又必须享有权力。[3] 但同时，博肯福德也将自由主义的元素融入了他的国家理论中，他指出，国家亦是为了保障自由而存在的，国家被赋予权威恰恰是自由的前提。进而，在宪法与国家的关系问题上，博肯福德也继承了施米特的观点，认为国家先于宪法，而非宪法创造了国家。[4]

这种"从国家开始思考"的思维方式，贯穿了博肯福德一生。[5] 即便后来在许多学者都哀叹主权消亡、国家终结之时，他的国家理论也没有发生

---

〔1〕 Ernst-Wolfgang Böckenförde, Biographisches Interview von Dieter Gosewinkel, in: ders. , Wissenschaft, Politik, Verfassungsgericht, Berlin: Suhrkamp, 2011, S. 343.

〔2〕 Vgl. Frieder Günther, Denken vom Staat her. Die bundesdeutsche Staatsrechtslehre zwischen Dezision und Integration 1949-1970, München: Oldenbourg, 2004, S. 151-153.

〔3〕 Ernst-Wolfgang Böckenförde, Der Staat als sittlicher Staat, Berlin: Duncker & Humblot, 1978, S. 12 ff.

〔4〕 Ernst-Wolfgang Böckenförde, Der Begriff des Politischen als Schlüssel zum staatsrechtlichen Werk Carl Schmitts (1988), in: ders. , Recht, Staat, Freiheit, Frankfurt am Main: Suhrkamp, Erweiterte Ausgabe 2006, S. 344 (351 f.).

〔5〕 Ernst-Wolfgang Böckenförde, Begriff und Probleme des Verfassungsstaates (1997), in: ders. , Staat, Nation, Europa, Frankfurt am Main: Suhrkamp, 1999, S. 127 (135 ff.); ders. , Die Zukunft politischer Autonomie. Demokratie und Staatlichkeit im Zeichen von Globalisierung, Europäisierung und Individualisierung (1998), in: ders. , Staat, Nation, Europa, Frankfurt am Main: Suhrkamp, 1999, S. 103 (108).

变化。[1]也正是在这一背景下，博肯福德实现了其学术人生的另一项重要成就：1962年，博肯福德与福斯特霍夫的弟子施努尔（Roman Schnur）——两位还在撰写教授资格论文的年轻人——共同创立了《国家》（DER STAAT）季刊。期刊名称中全大写的"国家"一词，以及副标题"国家学、公法和宪法史期刊"，[2]都鲜明地展现了创办者的愿景：建立一个以"国家"为主要研究对象的平台，邀请法学、哲学、神学、历史学、政治学、社会学等多个学科的学者，从各自学科的视角和方法出发，对关于国家的基础问题进行深入探讨。彼时，国家权力的无限扩张已经引发了学界反思，国家权威的政治和法律意义遭受质疑，许多人甚至对自黑格尔以来关于国家的无休止的讨论感到厌倦，而创办《国家》期刊，就是为了反对此种风潮，以求接续德国国家学之传统，重振国家——尤其是在保障个人和政治自由方面——的重要价值。[3]

《国家》创刊之初，正值德国宪法学界学派对立的顶点，施米特及其多位战前弟子都因纳粹历史而无法在当时最重要的国家法学刊物《公法学档案》（*Archiv des öffentlichen Rechts*）上发表文章。而《国家》期刊的两位创办人以及主编之一韦伯（Werner Weber）都与施米特有着密切关联，施米特本

---

〔1〕 这也正是德国年轻一代学者在继受博肯福德学说时有所批判之处，Schönberger 将博肯福德任职宪法法官的经历称为"自由国家主义的印第安夏天"，所谓"印第安夏天"（Indian Summer）就是我们说的"秋老虎"，国家主义的盛夏本已过去，但博肯福德又将它带回了宪法法院，这多少显得有些不合时宜。Möllers 也曾颇有些揶揄地评价道：在《德国基本法》生效40多年后，在欧盟成立、欧元引入、国家主权大量让渡的20世纪90年代末期，国家对博肯福德来说，竟然还是一个和平统一体、决策统一体和权力统一体。Siehe Christoph Schönberger, Der Indian Summer eines liberalen Etatismus, in: Hermann-Josef Große Kracht/Klaus Große Kracht（Hrsg.）, Religion-Recht-Republik. Studien zu Ernst-Wolfgang Böckenförde, Paderborn: Ferdinand Schöningh, 2014, S. 121-136; Christoph Möllers, Römischer Konziliarismus und politische Reform. Ernst-Wolfgang Böckenförde zum 80. Geburtstag, Zeitschrift für Ideengeschichte IV/3（2010）, S. 107（110）.

〔2〕《国家：国家学、公法和宪法史期刊》（DER STAAT. Zeitschrift für Staatslehre, öffentliches Recht und Verfassungsgeschichte）。此后，为因应欧洲化与国际化的趋势，期刊副标题修改为"国家学、宪法史、德国和欧洲公法学期刊"（Zeitschrift für Staatslehre und Verfassungsgeschichte, deutsches und europäisches öffentliches Recht）。

〔3〕 Zum Geleit, Der Staat 1（1962）, S. 1-2. 这份发刊词由期刊的三位主编 Gerhard Oestreich, Werner Weber 和 Hans Julius Wolff 署名，但实际上由博肯福德和施努尔执笔。当时两人还未获得教职，只能担当期刊编辑，主编一职，则由两人延揽上述三位教授担任。

人也确实很快在《国家》上发表了文章，[1] 所以《国家》一度被称为"施米特期刊"。[2] 但实际上，博肯福德创办《国家》主要不是出于学派之争，而是因为他认为《公法学档案》只关注对宪法问题的教义学分析，缺乏更为宏大的国家理论关怀。[3] 从 1962 年到 1984 年，博肯福德一直承担《国家》期刊的编辑工作，此后又改任主编，直至 2019 年逝世。[4] 回顾《国家》创办 60 年来的历史，应该说，博肯福德当年的愿景已完全实现。今天，《国家》和《公法学档案》齐名，成为德国宪法学界最有分量的两份学术期刊，在国际学界也享有崇高声誉；而且，它也确实成了一个重要的对"国家"的跨学科研究阵地，哈贝马斯、卢曼、科塞雷克、莱因哈德（Wolfgang Reinhard）等知名哲学、社会学和历史学学者，都曾在此刊文。

除了"从国家开始思考"，同样受教于施米特，博肯福德希望"穿透实定法的表面，探寻背后真正的秩序实质"，[5] 因而，他注重在政治、经济和文化的语境中理解法，反对将法立基于价值。[6] 在这个意义上，确如刘刚所言，博肯福德"承接了一条学脉的心法"。而对施米特的宪法理论，博肯福德也有深刻的见解，他将《政治的概念》作为理解施米特宪法理论的关键，其同名文章如今已成为施米特研究的名篇。[7] 也正是因此，施米特权

---

[1] Carl Schmitt, Die vollendete Reformation. Bemerkungen und Hinweise zu neuen Leviathan-Interpretationen, Der Staat 4 (1965), S. 51-69.

[2] Vgl. Stefan Korioth, Wider das Zerreden des Staates. Ernst-Wolfgang Böckenförde und das Entstehen der Zeitschrift „ Der Staat ", in: Reinhard Mehring/Martin Otto (Hrsg.), Voraussetzungen und Garantien des Staates. Ernst Wolfgang Böckenfördes Staatsverständnis, Baden-Baden: Nomos, 2014, S. 30 (35 ff.).

[3] Ernst-Wolfgang Böckenförde, Biographisches Interview von Dieter Gosewinkel, in: ders., Wissenschaft, Politik, Verfassungsgericht, Berlin: Suhrkamp, 2011, S. 385.

[4] 博肯福德本人先后在《国家》上发表了 9 篇论文、30 篇书评（Buchrezensionen）以及 64 篇更为简短的书讯（Buchanzeigen），相关文章列表参见 Mirjam Künkler/Tine Stein (Hrsg.), Die Rezeption der Werke Ernst-Wolfgang Böckenfördes in international vergleichender Perspektive, Der Staat Beiheft 24, Berlin: Duncker & Humblot, 2020, S. 255-261。

[5] Ernst-Wolfgang Böckenförde, Biographisches Interview von Dieter Gosewinkel, in: ders., Wissenschaft, Politik, Verfassungsgericht, Berlin: Suhrkamp, 2011, S. 359.

[6] Vgl. Mirjam Künkler/Tine Stein, Staat, Recht und Verfassung. Ernst-Wolfgang Böckenfördes politisches und verfassungstheoretisches Denken im Kontext, JöR 65 (2017), S. 573 (588).

[7] Ernst-Wolfgang Böckenförde, Der Begriff des Politischen als Schlüssel zum staatsrechtlichen Werk Carl Schmitts (1988), in: ders., Recht, Staat, Freiheit, Frankfurt am Main: Suhrkamp, Erweiterte Ausgabe 2006, S. 344-366; 中译本参见 ［德］恩斯特-沃尔夫冈·伯肯弗尔德：《政治的概念——理解卡尔·

威传记的作者梅林（Reinhard Mehring）将博肯福德视为施米特战后最重要的传人。[1]

但博肯福德之所以成为施米特战后最重要的传人，更重要的原因恐怕还在于，他作为一位独立的弟子，对施米特的宪法理论进行了一种"自由主义的继受"。[2] 例如，博肯福德虽然将《政治的概念》视为施米特最重要的作品，认为其中充满洞见，但却明确指出，敌我区分是在一种现象描述与分析的意义上——而非作为一种规范理论——提出的。正如博肯福德自己反复申明的，他并不是施米特的圣徒传记作者，对施米特的思想，他只是有选择地吸收了自己能够认同的部分，在他的作品中，找不到施米特对民主和议会制的批评。[3] 就施米特个人的历史，博肯福德尽管并未直言批判，但他的态度是明确的。在反犹问题上，他对施米特的所作所为表示"十分无语"，后来还专门撰写了《对犹太人的迫害作为公民背叛》一文来表明立场。[4] 也许，博肯福德对施米特的一句评价，最为充分地展现了其作为弟子对这位带有污点、充满争议的老师的复杂情感："施米特写下了一套他自己并不信奉的（法治国）教义学，但与神学家不同，对法学家来说，这并不是必须的。"[5]

也正是因此，老师要感谢学生，如果说施米特的理论还能在今天的自由民主宪法秩序中得以安放，那主要应当归功于博肯福德对其的自由主义解读和继受。"9·11"事件之后，伴随着反恐战争的到来，一时之间，敌我区

（接上页）施米特宪法理论的一个关键》，邹益民译，载吴彦编：《20世纪法哲学发微——德意志法哲学文选（三）》，刘鹏等译，知识产权出版社2015年版，第129~149页。

〔1〕 Reinhard Mehring, Carl Schmitt. Aufstieg und Fall. Eine Biografie, München：C. H. Beck, 2009, S. 513.

〔2〕 Reinhard Mehring, Carl Schmitt. Aufstieg und Fall. Eine Biografie, München：C. H. Beck, 2009, S. 513, 555；ders. , Zu den neu gesammelten Schriften und Studien Ernst-Wolfgang Böckenfördes, AöR 117 (1992), S. 449 (450).

〔3〕 Ernst-Wolfgang Böckenförde, Biographisches Interview von Dieter Gosewinkel, in：ders. , Wissenschaft, Politik, Verfassungsgericht, Berlin：Suhrkamp, 2011, S. 361 f.

〔4〕 Ernst-Wolfgang Böckenförde, Die Verfolgung der deutschen Juden als Bürgerverrat (1997), in：ders. , Staat, Nation, Europa, Frankfurt am Main：Suhrkamp, 1999, S. 276-286.

〔5〕 Ernst-Wolfgang Böckenförde, Biographisches Interview von Dieter Gosewinkel, in：ders. , Wissenschaft, Politik, Verfassungsgericht, Berlin：Suhrkamp, 2011, S. 363.

分、紧急状态成为政治的时髦话语，施米特在英美学界变得炙手可热；面对此情此景，德国学者提醒那些施米特的新拥趸们——诸如哈佛大学法学教授弗缪勒（Adrian Vermeule）[1]——他们也许应该再读读施米特的学生博肯福德。这一劝诫，可谓意味深长。

但博肯福德也绝不仅仅只是一个"自由主义的施米特派"。这是因为，在同等重要的程度上，他的思想还受到了黑勒——这位施米特在魏玛时期的论敌——的影响。在博肯福德关于国家作为行动统一体、国家与社会之区分的著作中，他多次援引黑勒。而在"同质性"这个对施米特、黑勒和博肯福德三人都具有重大意义的问题上，博肯福德的"相对同质性"概念，显然更接近黑勒的"社会同质性"，而区别于施米特的"实质同质性"。[2]

四、自由世俗国家的悖论

回到"博肯福德格言"（Böckenförde-Diktum），这句话出自博肯福德1967年发表的雄文《国家之产生作为世俗化的进程》。[3] 正如文章题目所揭示的那样，论文的主要内容是提出了"世俗化命题"，即认为现代国家是世俗化的产物，为了终结宗教战争、实现和平，政治逐渐脱离神圣秩序而成为一个独立领域，个人自由取代宗教使命成为新的统治正当性基础，最终从政教一体的"基督共和国"转变为现代主权国家。世俗化命题是施米特学派的核心主张，但博肯福德写作这篇文章的目的，并非阐释世俗化的历史过程本身，而在于指明世俗化所引发的后果。

世俗化将国家从传统的宗教权威中解放出来，从此，国家秩序不再被视

---

〔1〕 Adrian Vermeule, Our Schmittian Administrative Law, 122 Harvard Law Review 1095 (2009).

〔2〕 Mirjam Künkler/Tine Stein, Staat, Recht und Verfassung. Ernst-Wolfgang Böckenfördes politisches und verfassungstheoretisches Denken im Kontext, JöR 65 (2017), S. 573 (583 ff.). 即便如此，仍有学者批评博肯福德对同质性概念的坚持：无论如何"相对"，同质性本身都是一个充满争议甚至是负面联想的术语，因而建议将此替换为一种德沃金式的伙伴民主概念，或者直接称为"互相尊重与宽容"，参见 Jan-Werner Müller, What the Dictum Really Meant-and What It Could Mean for Us, Constellations, Vol. 25 No. 2 (2018), p. 202。

〔3〕 Ernst-Wolfgang Böckenförde, Die Entstehung des Staates als Vorgang der Säkularisation, in: Sergius Buve (Hrsg.), Säkularisation und Utopie. Ebracher Studien. Ernst Forsthoff zum 65. Geburtstag, Stuttgart: Kohlhammer, 1967, S. 75-94. 本文被多次重印，前文以及以下均引用博肯福德2006年 Suhrkamp 文集中的版本。

为神圣秩序在尘世的投影，国家的正当性只能从保障个人自由中寻求。1789年法国大革命以及《人权和公民权宣言》，标志着对国家的这一新的证成的完全实现。然而，博肯福德还深刻地认识到，对现代国家来说，世俗化同时意味着告别传统的宗教纽带，告别这一历史上将共同体凝聚在一起的同质性元素。那么，世俗化之后，被解放的个体为了自由建立国家，又应当去何处寻求新的同质性来源，又应当如何去实现政治整合呢？19世纪出现的民族国家，第二次世界大战后德国倡导的价值秩序理论，都是试图建构新的同质性的尝试。但在博肯福德看来，这两种方案都是不敷适用的，最终他们都无法与个人自由的逻辑兼容。[1]

在此，博肯福德敏锐地意识到了国家存续的前政治基础问题，他告诉我们：越来越强的人权保障，越来越多的基本权利行使，并不能直接造就一个有力的共同体；国家机关的高效运行，公权行为的迅速实施，也并不等同于政治秩序本身的成功。这些都是不可或缺的，但在最根本的意义上，要保证国家的存续发展，要在危急关头防止国家分崩离析，还必须存在一种能将共同体凝聚在一起的元素，必须寻找一条能将社会团结起来的纽带。换言之，共同体成员之间必须形成一种"我们—意识"，正是这种归属感界定了我们是谁，正是这种共性帮助人们克服彼此之间的分歧。20余年后，哈佛大学教授帕特南（Robert D. Putnam）在政治学研究中引入"社会资本"（Social Capital）理论，民主依赖于社会资本迅速成为政治学界的热门议题。[2]在很大程度上，社会资本理论可被视为对博肯福德问题意识的回应，但博肯福德更深刻之处在于，他不仅发现了问题，还点明了自由民主国家在此面临的悖论。

现代世俗国家是为保障自由而存在的，但它的存续却又建立在一些超越个人自由的前政治基础之上；这意味着，公民所享有的自由，必须从内部受到个体道德实质和社会同质性的自我规制。然而，这种内在规制力却无法由国家依靠法律强制或权威命令保障，因为一旦诉诸强制，一旦诉诸命令，就

---

〔1〕 Ernst-Wolfgang Böckenförde, Die Entstehung des Staates als Vorgang der Säkularisation（1967）, in：ders., Recht, Staat, Freiheit, Frankfurt am Main：Suhrkamp, Erweiterte Ausgabe 2006, S. 92（111 f.）.

〔2〕 [美]罗伯特·D. 帕特南：《使民主运转起来 现代意大利的公民传统》，王列、赖海榕译，中国人民大学出版社2015年版；[美]罗伯特·帕特南：《独自打保龄》，刘波等译，中国政法大学出版社2018年版。

必然意味着放弃自由；换言之，自由国家不能强制人民认同宪法价值，不能强迫公民整合，不能向共同体成员强加同质性。正是在这个意义上，博肯福德写道："自由的、世俗化的国家的存续依赖于一些前提条件，但这些条件却无法由国家自身保障。"也正是在这个意义上，博肯福德将此称为"世俗国家为了自由所接受的伟大冒险"。[1]

当然，这并不导向一种宿命论式的结局，无法保障并不意味着国家只能坐以待毙，不能强制也不等于无所作为。国家完全可以通过推广公民教育、加强文化传播、鼓励人文社会科学研究等方式，依靠公立电视广播和网络等途径，依托公立学校和大学等机构，采取支持、扶助与合作的方式，来尽力提升共同体的凝聚力，促进社会团结，巩固国家和宪法认同。需要特别指出的是，博肯福德虽然指出了世俗化给现代国家带来的悖论，但他绝非反对世俗化或者主张回归宗教。在德国，有学者和宗教界人士将博肯福德格言解读为"国家的存续依赖于宗教"，这是对他的曲解。[2]实际上，博肯福德一生最引以为荣的成就之一，就是他——作为一名虔诚的信徒——说服了天主教会和教徒，承认宗教信仰自由，接受世俗国家，认同自由民主。[3]而且早在1962年梵蒂冈第二届大公会议之前，博肯福德就开始发出此种呼吁。[4]甚至可以说，在博肯福德的一生中，他更多是以教会的内部批评者姿态出现的。[5]在世俗化文章的最后，博肯福德告诫教会和教徒，世界不可能再回

---

〔1〕 Ernst-Wolfgang Böckenförde, Die Entstehung des Staates als Vorgang der Säkularisation（1967）, in: ders. , Recht, Staat, Freiheit, Frankfurt am Main: Suhrkamp, Erweiterte Ausgabe 2006, S. 92（112 f. ）.

〔2〕 对此种解读的分析批判，参见 Horst Dreier, Staat ohne Gott. Religion in der säkularen Moderne, München: C. H. Beck, 2018, S. 205 ff。

〔3〕 Ernst-Wolfgang Böckenförde, Biographisches Interview von Dieter Gosewinkel, in: ders. , Wissenschaft, Politik, Verfassungsgericht, Berlin: Suhrkamp, 2011, S. 404 f. , 486.

〔4〕 Ernst-Wolfgang Böckenförde, Das Ethos der modernen Demokratie und die Kirche, Hochland 50（1957）, S. 4-19. 这篇题为"现代民主的精神气质与教会"的文章，也是博肯福德人生的第一篇学术论文。

〔5〕 早在博肯福德还未成为教授之时，就曾撰文对天主教会在纳粹时期的不光彩历史作出尖锐批评，这篇论文在当时引起轩然大波，教会专门为此成立特别委员会，但特别委员会的调查结论证实了博肯福德的观点，参见 Ernst-Wolfgang Böckenförde, Der deutsche Katholizismus im Jahre 1933. Eine kritische Betrachtung, Hochland 53（1961）, S. 215-239。博肯福德逝世后，根据他的遗愿，前来悼念的亲友不必购买花圈鲜花，而是建议将钱捐赠给 donum vitae 社团；这一组织由博肯福德参与创建，为考虑堕胎的女性提供伦理咨询，但一直受到天主教会的反对。

到 1789 年以前，他们应将世俗国家视为自由的机会，而非信仰的敌人。[1]

在某种意义上，博肯福德格言呼应了罗尔斯的问题：面对宗教、哲学和道德多元的当今社会，自由和平等的公民应当如何建构稳定而公正的社会生活？对此，罗尔斯提供了政治自由主义的答案。而博肯福德一生所寻求的，也正是在宗教信仰、民族国家、文化传统等以往的同质性元素都走向消亡的情形下，还能将共同体凝聚在一起的团结纽带，借以促进国家整合的共同价值。2004 年，哈贝马斯与拉辛格（loseph Ratzinger，即后来的教宗本笃第十六世）在慕尼黑举行了著名的"世俗化的辩证法"对话；[2] 哈贝马斯一开篇，就将两人讨论的问题意识归于博肯福德格言，并坚信民主程序本身就是凝聚共同体的纽带，民主实践亦能发展出自身的政治活力。[3] 而博肯福德个人，则身体力行地给出了回答。博肯福德逝世后，在他生前居住的小镇举行了简朴的葬礼。参加葬礼的，不仅有他的家人、学生、朋友以及大学、宪法法院和教会代表，小镇的合唱小组和音乐小组也通过歌声表达了哀思。40 余年前，当博肯福德接受弗莱堡大学延请、举家迁入这个只有千余居民的小镇后，这位著名的国家法教授就加入了社区的合唱与音乐小组。[4]

---

〔1〕 Ernst-Wolfgang Böckenförde, Die Entstehung des Staates als Vorgang der Säkularisation (1967), in: ders., Recht, Staat, Freiheit, Frankfurt am Main: Suhrkamp, Erweiterte Ausgabe 2006, S. 92 (113 f.).

〔2〕 Jürgen Habermas/Joseph Ratzinger, Dialektik der Säkularisierung. Über Vernunft und Religion, herausgegen von Florian Schuller, Freiburg: Herder, 2005.

〔3〕 Jürgen Habermas, Vorpolitische Grundlagen des demokratischen Rechtsstaates? in: ders./Joseph Ratzinger, Dialektik der Säkularisierung, Freiburg: Herder, 2005, S. 15 (16 ff.); 中译本参见［德］尤尔根·哈贝马斯：《民主的法治国家的前政治基础》，张庆熊译，载［德］尤尔根·哈贝马斯：《在自然主义与宗教之间》，郁喆隽译，上海人民出版社 2013 年版，第 77 页。

〔4〕 Ernst-Wolfgang Böckenförde, Religion, Law, and Democracy. Selected Writings, Vol. 2, edited by Mirjam Künkler and Tine Stein, Oxford: Oxford University Press, 2020, Preface, p. v.

中华民族共同体视角下少数民族语言权利的建构与实践

——以鄂伦春族为例

马　楠*

摘　要： 在中华民族共同体多元一体格局建构的诸多要素中，少数民族语言权利在学术讨论中较少被提及。这一权利在内涵上不同于其他的基本权利，而且在中国共产党领导的民族工作中一直有所体现。本文在概念辨析和历史分析的基础上，尝试运用法教义学方法，建构起少数民族语言权利的规范功能体系。再通过在实践中的观察，分析少数民族语言权利体系在实践中的具体情况。少数民族语言权利事关多种基本权利的有效行使，在理论上和实践中都应突出主体的积极作用。同时在中华民族共同体建构过程中，国家和地方应充分履行其义务，对少数民族语言权利的行使和发展提供足够的保护和帮助。

关键词： 少数民族语言权利　鄂伦春族　基本权利

绪　论

2014 年 5 月，习近平总书记在第二次中央新疆工作座谈会上指出，要牢固树立中华民族共同体意识。在 2017 年，"铸牢中华民族共同体意识"也被写入《中国共产党章程》的总纲，成为全党全国各族人民的共同意志。2023 年 6 月，习近平总书记在内蒙古考察时强调："铸牢中华民族共同体意识是

---

* 马楠，中国政法大学 2021 级宪法学与行政法学硕士，现任职于黑龙江省人民代表大会人事委员会。

新时代党的民族工作的主线，也是民族地区各项工作的主线。"铸牢中华民族共同体意识需要法治保障，需要利用法治手段以现代化治理方式开展民族工作。[1]一直以来，中华民族是一个"多元一体格局"。在中华人民共和国这个统一的多民族国家中，各个民族团结协作，其乐融融，"像石榴籽一样紧紧抱在一起"。[2]在中华民族的多元一体格局中，"高层次的认同并不一定取代或排斥低层次的认同，不同层次可以并存不悖，甚至可以在不同层次的认同基础上各自发展原有的特点，形成多语言、多文化的整体"。[3]在中国式现代化的进程中，各民族在党的领导下广泛交往交融，共居共享，形成了中华民族共同体。[4]

中华民族共同体的建设鼓励各民族多元文化的繁荣发展，在"共同体"而非"一体化"的中华民族共同体中，差异性与共同性的传统思维定式被打破。[5]新的发展范式还需要不断地建设，同时也有许多问题亟待厘清。在中华民族共同体的建设过程中，语言一直是一个重要的构成要素。一方面，语言基础在统一国家建构中的作用已经得到了证明。[6]另一方面，虽然不同的民族使用不同的语言，有的民族使用多种语言，而有的民族没有自己的语言，但是在民族的认定中，语言一直是一个重要的参考指标。[7]近年来，国家大力推广通用语言文字，力图做到"书同文""语同音"，完成现代国家的制度构建与统一整合。[8]在中华民族共同体发展与中国式现代化的现代国

---

〔1〕　参见白春礼：《紧紧抓住铸牢中华民族共同体意识这条主线》，载《学习时报》2022 年 6 月 20 日，第 A1 版。

〔2〕　习近平：《决胜全面建成小康社会　夺取新时代中国特色社会主义伟大胜利——在中国共产党第十九次全国代表大会上的报告（2017 年 10 月 18 日）》，载 http://news. cnr. cn/native/gd/20171027/t20171027_ 524003098. shtml，最后访问时间：2024 年 5 月 18 日。

〔3〕　费孝通主编：《中华民族多元一体格局》，中央民族大学出版社 2018 年版，代序第 11 页。

〔4〕　参见习近平：《铸牢中华民族共同体意识　推进新时代党的民族工作高质量发展》，载《中国人大》2024 年第 3 期。

〔5〕　参见马俊毅：《柔性的多元与韧性的一体——多元一体主义与中华民族共同性的生成》，载《中华民族共同体研究》2023 年第 2 期。

〔6〕　参见王建学：《论中华民族共同体建设的语言基础——对现行〈宪法〉语言条款的再阐释》，载《法学论坛》2022 年第 6 期。

〔7〕　参见费孝通主编：《中华民族多元一体格局》，中央民族大学出版社 2018 年版，代序第 4~5 页。

〔8〕　参见苏力：《大国宪制　历史中国的制度构成》，北京大学出版社 2018 年版，第 345~385 页。

家建构中，如何保障少数民族民族语言权利，仍有许多问题需要厘清。

对于少数民族语言权利的研究不多，除一些论文外，散见于对于语言权利和民族权利研究的著作中。刘红婴在《语言法导论》中对于语言权利和语言法作出了界定，在肯定了《国家通用语言文字法》的基础上，对未来我国语言权利和语言法的发展作出了展望；[1]郭友旭在《语言权利的法理》中从人权法和国际法的视角对于语言权利，尤其是民族语言权利中的法理进行了分析；[2]黎梦从国际人权法视角入手，认为《宪法》《民族区域自治法》以及《国家人权行动计划》等文件构建了少数民族权利保护框架，并就相关机制的建设提出了建议；[3]覃涛、王寰对托弗·坎加斯的语言权利观念进行分析，以综述的形式为我国的语言权利观念的发展提供了可供吸收的素材；[4]黄行则从民族学与人类学视角对我国语言法律法规进行了综述和评价；[5]杨解君、蒋都都和杜社会从法学视角对少数民族语言文字权利和非通用语言文字法律法规的分析和建设提出了一定的意见。[6]近年来的一些研究从中华民族共同体观念和统一宪法制度等视角入手，佐以比较法上的素材资料，不过仍侧重于国家通用语言文字相关条款的再阐释，在理论上尝试建构的同时却缺乏对于实际情况的考察。少数民族语言权利问题事关中华民族共同体建设的具体内涵，有关研究需要横跨多个知识体系——包括但不限于法学、政治学、民族学和语言学等学科知识都在研究中发挥作用。体系化阐释的尝试和实践的田野调查往往缺乏沟通，规范性的建构和实践因此有所脱节。因此，兼顾规范建构与实践状况的考察显得更有必要。在民族的交流、交往和交融中，法治的保障越发重要。为保障少数民族权利，对于宪法和相关法律的中

---

〔1〕　参见刘红婴：《语言法导论》，中国法制出版社 2006 年版。

〔2〕　参见郭友旭：《语言权利的法理》，云南大学出版社 2010 年版。

〔3〕　参见黎梦：《人权视角下的少数民族语言权利保护》，载《人权》2017 年第 6 期。

〔4〕　参见覃涛、王寰：《民族语言权利保护与民族文化传承——托弗·坎加斯的民族语言权利观分析》，载《兴义民族师范学院学报》2015 年第 6 期。

〔5〕　参见黄行：《国家通用语言与少数民族语言法律法规的比较述评》，载《语言文字应用》2010 年第 3 期。

〔6〕　参见杨解君、蒋都都：《我国非通用语言文字立法的宪治考量》，载《中国地质大学学报（社会科学版）》2017 年第 4 期；杜社会：《论少数民族语言文字权利的真实意蕴》，载《贵州民族学院学报（哲学社会科学版）》2011 年第 3 期。

具体规定也存在开展研究的必要。[1]

一、少数民族语言权利概述

（一）少数民族语言权利的含义

1. 语言权利

语言权利是随着语言产生的概念。一般认为，语言权利是指"公民、族群、国家及各种组织表达思想时选择和使用语言作为物质手段的权利"。[2]一方面，语言是文化的基础。一种文化的传承可以没有文字，但不能没有语言。由此推之，语言权利是一种文化权利。另一方面，"语言权是人权系统的有机组成部分，它的赋予、行使和保障往往与其他人权相伴而行"。[3]

语言权利是不是一种基本权利，仍然在讨论中。但笔者认同以下的观点：基于语言的基础性、语言权利实现的特殊性，语言权利无疑是宪法中所规定的种种基本权利实现的前提条件。[4]语言权利应属于基本权利。

2. 少数民族语言权利

民族语言权利是语言权利的下位概念，也是民族权利的下位概念。在我国的民族法制框架内，"宪法共有一段序言和20多个条文涉及民族问题的规定，这不仅对民族问题的法制化给予周延性覆盖，其本身也构成了宪法文本的重要组成部分"。[5]《宪法》第4条第4款明确规定："各民族都有使用和发展自己的语言文字的自由……"本条款规定了民族语言权利。

在民族法制框架下，民族语言权利一般是指少数民族所享有的语言权利，即使用本民族语言和发展本民族语言的自由。少数民族语言权利一般和文字权利被共同加以讨论。"少数民族语言文字权利，从法律权利的角度来说，是指国家为实现各民族语言文字的一律平等，保障各少数民族使用和发

---

〔1〕 参见常安：《习近平中华民族共同体建设思想研究》，载《马克思主义研究》2018年第1期。

〔2〕 刘红婴：《语言法导论》，中国法制出版社2006年版，第24页。

〔3〕 郭友旭：《语言权利的法理》，云南大学出版社2010年版，第116页。

〔4〕 参见张慰：《宪法中语言问题的规范内涵——兼论中国宪法第19条第5款的解释方案》，载《华东政法大学学报》2013年第6期。

〔5〕 郑毅：《论宪法实施机制的"双核化"——以民族区域自治法制为例》，载《中国法律评论》2017年第3期。

展本民族语言文字的自由而赋予少数民族的权利。"[1]对于这一权利的规定，散见于宪法、民族法等法律部门之中。

（二）少数民族语言权利与其他权利的异同

1. 文字权利

一般而言，作为表达的手段，语言和文字总是在一起被使用；类似的，语言权利和文字权利也总是成对出现的。在国家层面上，我国通过了《国家通用语言文字法》，宪法中关于民族语言权利的规定也与文字权利一同出现。但二者之间还是存在一定的区别，主要表现在语言是民族、文化传承的必要条件，而文字不是。在我国55个少数民族中，有30多个民族没有文字。由此观之，享有少数民族语言权利的民族和人口要明显多于享有文字权利的民族与人口。

2. 方言权利

和少数民族语言状况类似的概念是方言。方言是与标准语相对的语言形式的称呼。国家通用语言（普通话）中存在方言，如东北话、吴语、粤语等；少数民族语言中同样存在方言，如巴尔虎蒙古语、喀尔喀蒙古语都是标准蒙古语（察哈尔蒙古语）的方言。但一般语义上的"方言"仅指汉语普通话的方言。

少数民族语言权利和方言权利由于主体范围均指向整体中的部分人，二者具有一定的相似性，但是国家官方在处理这两个问题上的态度有所不同。对于少数民族语言，我国承认并保护少数民族语言权利；而对于方言，"我国的正式官方语言使用场合都应使用普通话；而汉语方言在正式官方场合的使用是受到限制的，即只有在特需情况下有限使用"。[2]对于方言权利的研究，囿于篇幅和内容限制，笔者不再加以赘述。[3]

---

〔1〕 熊文钊主编：《民族法学》，北京大学出版社2016年版，第277页。

〔2〕 黄行：《论中国民族语言认同》，载《语言战略研究》2016年第1期。

〔3〕 方言权利有关的研究，对于少数民族语言权利的研究可以起到一定的参考借鉴作用。具体参见翁金箱：《当前中国语言权立法状况之分析——以近年来的语言事件为契机》，载《政法论坛》2011年第2期；张慰：《宪法中语言问题的规范内涵——兼论中国宪法第19条第5款的解释方案》，载《华东政法大学学报》2013年第6期；杨解君、蒋都都：《我国非通用语言文字立法的宪治考量》，载《中国地质大学学报（社会科学版）》2017年第4期。

3. 文化权利

文化权利一般指"公民在文化方面享有的一定权利和自由"。[1]我国《宪法》第47条规定了文化自由。[2]在这一条文中，文化活动被框定为"科学研究、文学艺术创作和其他文化活动"。

虽然表面上我国《宪法》的"文化"概念十分有限，但是文化基本权利的目的在于让每个人能够自由发展。"人格的自由开展正是人的自我实现的主要内涵，也是文化基本权建构的核心概念。"[3]在此基础上，作为人的自我表达之基础的语言和语言权利无疑既是文化和文化基本权的基础，也是文化和文化基本权的一部分。同时，有学者认为"文化利益是指少数民族在语言文字使用、风俗习惯保持以及民族文化开发过程中所享有的利益"。[4]文化权利应该包含语言文字权利。[5]

另外，"语言属于非物质文化遗产中的第一项，而其他项（表演艺术，社会风俗、礼仪、节庆，有关自然界和宇宙的知识和实践，传统的手工艺技能）都不能离开语言而独立存在"。[6]从这个角度观察，少数民族语言权利毫无疑问应属文化权利之列。

4. 言论自由

我国《宪法》第35条对言论自由作出了简短的规定。[7]言论和言论自由的重要性在今天不言而喻。[8]言论自由某种程度上也是"人民当家作主"在法律上的具体表现。在现代国家中，言论自由权的保障也意味着宪法的成熟。可以说，言论自由是政治自由权中的核心概念。

语言是言论表达的基础。使用何种语言表达本身也是一种自由。故笔者

---

〔1〕 焦洪昌主编：《宪法学》，北京大学出版社2013年版，第411页。

〔2〕《宪法》第47条规定："中华人民共和国公民有进行科学研究、文学艺术创作和其他文化活动的自由。国家对于从事教育、科学、技术、文学、艺术和其他文化事业的公民的有益于人民的创造性工作，给以鼓励和帮助。"

〔3〕 张艺耀：《中国宪法文本中"文化"概念的规范分析》，载《河北法学》2015年第4期。

〔4〕 李占荣等：《宪法的民族观及其中国意义研究》，法律出版社2015年版，第221页。

〔5〕 参见莫纪宏：《论文化权利的宪法保护》，载《法学论坛》2012年第1期。

〔6〕 郭友旭：《语言权利的法理》，云南大学出版社2010年版，第22页。

〔7〕《宪法》第35条规定："中华人民共和国公民有言论、出版、集会、结社、游行、示威的自由。"

〔8〕 言论是公民表达意愿、相互交流思想、传播信息的必要手段和基本工具，也是人民意志形成的基础。言论自由是公民的一项基本权利。参见焦洪昌主编：《宪法学》，北京大学出版社2013年版。

认为言论自由和少数民族语言权利两种权利之间存在交叉。但是二者也有区别。少数民族语言权利和言论自由都需要通过表达来行使，但少数民族语言权利着重强调的是表达的方式层面：能否用少数民族语言进行表达；而言论自由则强调表达的内容是否可以为其他人所知悉，社会信息能否畅通交流。

5. 平等权与平等保护

《宪法》第 33 条第 2 款明确规定了"中华人民共和国公民在法律面前一律平等"。一般认为这是我国对于平等权的规定。平等权既包含主观权利，也包含客观秩序。[1]除一般的平等权外，在我国宪法的规定中，还存在着民族平等、男女平等等有关平等权的特殊规定。

《宪法》第 4 条第 1 款规定："中华人民共和国各民族一律平等。……"这一条对于民族平等作出了规定，在文本结构上也作为总起句，引出了本款以下本条其他条款的内容（包括第 4 款中蕴含的少数民族语言权利）。

通过以上的分析不难看出，在文本结构上，少数民族语言权利是基于平等权（尤其是民族平等）才产生的。但这并不意味着少数民族语言权利包含平等权。少数民族语言权利有着平等使用、自由使用和发展繁荣等内涵，平等只是其中的一个组成部分。[2]换句话说，国家既要力图实现各民族语言文字的平等，也要保障各民族语言文字的自由。[3]少数民族语言权利也有自己的主观面向和客观面向。

平等是少数民族语言权利的出发点，也是少数民族语言权利的最终目的。平等权保护中存在受益权和制度保障两个面向，[4]而少数民族语言权利里也蕴含着平等保护理念，两个权利虽有交叉但也存在不同。

二、历史角度下的少数民族语言权利

古代中国在语言方面，更多是强调"语同音"，以此在中华大地这片

---

〔1〕 参见胡锦光、韩大元：《中国宪法》，法律出版社 2018 年版，第 195 页。

〔2〕 参见杜社会：《论少数民族语言文字权利的真实意蕴》，载《贵州民族学院学报（哲学社会科学版）》2011 年第 3 期。

〔3〕 参见熊文钊主编：《民族法学》，北京大学出版社 2016 年版，第 277 页。

〔4〕 参见李树忠：《平等权保护论》，中国政法大学 2006 年博士学位论文。

"地形地理高度复杂，各地经济交流不便的多民族、多族群生活的土地上"〔1〕塑造了一个具有共同体性质的"中国"。这时的中央王朝和少数民族之间并不存在平等关系。〔2〕缺乏平等关系，自然不会有少数民族权利的概念出现，更遑论少数民族语言权利。

帝制中国结束之后，在民国时期，民族语言权利仍然难以得到实现。〔3〕我国的少数民族语言政策主要来自中国共产党的少数民族语言政策。这些党的政策中有一部分后来变成了有关民族语言权利的法律法规规定。

（一）中国共产党成立到抗日战争前（1921 年到 1931 年）

与国民党治下对民族权利的忽视与不承认相对，中国共产党从建立初期便注重少数民族权利保护。苏联 1921 年联共（布）代表大会的民族政策决议提出各民族机关单位该用本民族语言的任务，在 20 世纪 30 年代又提出了"语言建设"任务，力图使苏联各民族语言所能表达的内容和俄语一样丰富。〔4〕苏联的举措一定程度体现了社会主义制度之下少数民族语言权利保护方面的先进性。

中国共产党在早期工作中就已经意识到了少数民族语言对于开展党的工作的重要性，在党的"六大"上便作出了建立以民族语言为工作语言的民族工作部的决定。〔5〕1931 年《中华苏维埃共和国宪法大纲》强调了苏维埃政权在中国境内少数民族中发展民族文化和民族语言。〔6〕1931 年中华工农兵苏维埃第一次全国代表大会通过的《关于中国境内少数民族问题的决议案》明确要设立少数民族语言学校、编辑馆和印刷局以发展少数民族文

---

〔1〕 苏力：《大国宪制 历史中国的制度构成》，北京大学出版社 2018 年版，第 361 页。

〔2〕 参见付春：《民族权利与国家整合——以中国西南少数民族社会形态变迁为研究对象》，天津人民出版社 2007 年版，第 51 页。

〔3〕 付春：《民族权利与国家整合——以中国西南少数民族社会形态变迁为研究对象》，天津人民出版社 2007 年版，第 63 页。

〔4〕 参见周炜：《中国少数民族语言生活研究——以西藏自治区为例》，人民出版社 2013 年版，第 76 页。

〔5〕 参见中共中央统战部：《民族问题文献汇编 一九二一·七——一九四九·九》，中共中央党校出版社 1991 年版，第 88 页。

〔6〕 参见中共中央统战部：《民族问题文献汇编 一九二一·七——一九四九·九》，中共中央党校出版社 1991 年版，第 166 页。

化。[1]中国共产党的少数民族语言政策就此奠定基础。即使是在长征等历史时期，红军和各少数民族人口较多的地方党组织也施行积极的民族政策，鼓励民族语言运用和民族文化发展。[2]

（二）抗日战争到中华人民共和国成立前（1931年到·1949年）

党的少数民族语言政策在战争期间仍然得以保持。无论是在抗日战争中还是解放战争中，党一直通过各种方式鼓励广大党员干部尊重、学习、运用少数民族语言。[3]

在中国共产党"七大"报告《论联合政府》中，毛泽东同志指出：少数民族的"言语、文字、风俗、习惯和宗教信仰，应被尊重"。中国人民政治协商会议第一届全体会议通过的《中国人民政治协商会议共同纲领》第53条则明确规定："各少数民族均有发展其语言文字、保持或改革其风俗习惯及宗教信仰的自由。……"这一条后来也在我国《宪法》中加以规定。

（三）总结

不难看出，少数民族语言权利在历史上一直是中国共产党民族工作的重点，从党的成立到党成为全国的执政党，这一点不曾发生改变。少数民族语言权利的内容——包括但不限于少数民族语言使用的自由和民族平等的规定——一直体现在后来的法律制定中。但是在实践中少数民族作为主体的自觉性往往不足，规范化、体系化程度也较低。另外，政策文件较为灵活，也使得相关的制度经常变化，难以固定，效果也较理想状态有所不同。

三、我国少数民族语言权利的法律规定

在我国，从宪法和有关法律的规定上看，少数民族语言权利在全国范围内和民族区域自治地方范围内存在一定的区别。[4]笔者在规范构建中也将在

---

[1] 参见中共中央统战部编：《民族问题文献汇编 一九二一·七——一九四九·九》，中共中央党校出版社1991年版，第170页。

[2] 参见中共中央统战部编：《民族问题文献汇编 一九二一·七——一九四九·九》，中共中央党校出版社1991年版，第243页、第251页、第264页、第280页、第323页。

[3] 参见刘源泉：《中国共产党少数民族文化政策研究》，人民出版社2014年版，第56~99页。

[4] 参见杜社会：《论少数民族语言文字权利的真实意蕴》，载《贵州民族学院学报（哲学社会科学版）》2011年第3期。

梳理全国范围内的规范（宪法和法律）以及自治地方内有效的规定（自治条例和单行条例）基础上，分析规范内涵，进行规范构建的尝试。

（一）宪法条文的规定

宪法是最高的法律规范。我国《宪法》的许多条文都对少数民族语言权利进行了规定，笔者整理了我国《宪法》中有关条文，具体见表1。

表1　《宪法》中少数民族语言文字权利的有关表述

条款	内容
第4条第2款、第4款	国家根据各少数民族的特点和需要，帮助各少数民族地区加速经济和文化的发展。 各民族都有使用和发展自己的语言文字的自由，都有保持或者改革自己的风俗习惯的自由。
第47条	中华人民共和国公民有进行科学研究、文学艺术创作和其他文化活动的自由。国家对于从事教育、科学、技术、文学、艺术和其他文化事业的公民的有益于人民的创造性工作，给以鼓励和帮助。
第119条	民族自治地方的自治机关自主地管理本地方的教育、科学、文化、卫生、体育事业，保护和整理民族的文化遗产，发展和繁荣民族文化。
第121条	民族自治地方的自治机关在执行职务的时候，依照本民族自治地方自治条例的规定，使用当地通用的一种或者几种语言文字。
第139条	各民族公民都有用本民族语言文字进行诉讼的权利。人民法院和人民检察院对于不通晓当地通用的语言文字的诉讼参与人，应当为他们翻译。 在少数民族聚居或者多民族共同居住的地区，应当用当地通用的语言进行审理；起诉书、判决书、布告和其他文书应当根据实际需要使用当地通用的一种或者几种文字。
第19条第5款	国家推广全国通用的普通话。

我国《宪法》与少数民族语言权利相关的规定有6条8款之多，在整部《宪法》第143条中占比高达4%。这足以看出在《宪法》这部高度抽象概括的法律之中，少数民族语言权利所占的分量。这些条文的主体是民族、公民和民族自治地方自治机关，辅以国家（国家在这里主要体现了帮助和鼓励的义务）。其中最重要的条文当属《宪法》第4条，在"中华人民共和国各民族一律平等"的统摄之下，少数民族语言权利本身也蕴含了"一律平等"

的前要求。这种"一律平等"毫无疑问是一种事实层面的实质平等。构建民族间的事实层面平等，对于作为社会主义国家的我国来说，当属国家任务。[1] 文化权利、民族权利和少数民族语言权利之间的关系，笔者在前文中已经进行了讨论，在此不再赘述。

在国家义务方面，国家保护和发展少数民族语言文字"既是中央政府的责任，也是地方各级政府和民族自治地方政府的责任"。[2]

另外，值得注意的是《宪法》第 19 条第 5 款的规定。这一条款在法律中落实为《国家通用语言文字法》的诸多规定。对于这一"普通话条款"的具体分析，笔者将在下面再展开。

（二）其他法律条文的规定

除宪法外，我国有关少数民族语言权利的法律条文并不多，主要集中在《民族区域自治法》和《国家通用语言文字法》中，在三部诉讼法中也有关于诉权保障的条款。具体见表 2。

表 2　我国其他法律中对于少数民族语言权利的有关规定

法律及条文	内容
《民族区域自治法》第 36 条	民族自治地方的自治机关根据国家的教育方针，依照法律规定，决定本地方的教育规划，各级各类学校的设置、学制、办学形式、教学内容、教学用语和招生办法。
《民族区域自治法》第 37 条第 3 款	招收少数民族学生为主的学校（班级）和其他教育机构，有条件的应当采用少数民族文字的课本，并用少数民族语言讲课；根据情况从小学低年级或者高年级起开设汉语文课程，推广全国通用的普通话和规范汉字。
《民族区域自治法》第 49 条	民族自治地方的自治机关教育和鼓励各民族的干部互相学习语言文字。汉族干部要学习当地少数民族的语言文字，少数民族干部在学习、使用本民族语言文字的同时，也要学习全国通用的普通话和规范文字。 民族自治地方的国家工作人员，能够熟练使用两种以上当地通用的语言文字的，应当予以奖励。

---

〔1〕　参见蔡定剑：《宪法精解》，法律出版社 2006 年版，第 179 页。
〔2〕　司马俊莲：《论少数民族文化权利与国家义务》，载《太平洋学报》2009 年第 3 期。

续表

法律及条文	内容
《民族区域自治法》 第 53 条	民族自治地方的自治机关提倡爱祖国、爱人民、爱劳动、爱科学、爱社会主义的公德，对本地方内各民族公民进行爱国主义、共产主义和民族政策的教育。教育各民族的干部和群众互相信任，互相学习，互相帮助，互相尊重语言文字、风俗习惯和宗教信仰，共同维护国家的统一和各民族的团结。
《国家通用语言文字法》 第 5 条	国家通用语言文字的使用应当有利于维护国家主权和民族尊严，有利于国家统一和民族团结，有利于社会主义物质文明建设和精神文明建设。
《国家通用语言文字法》 第 8 条	各民族都有使用和发展自己的语言文字的自由。少数民族语言文字的使用依据宪法、民族区域自治法及其他法律的有关规定。

在我国法律的规定中，除在诉讼程序中作为对宪法的落实，对各民族公民的少数民族语言权利进行保障外，主要是从受教育权方面对少数民族语言权利进行了规定。国家鼓励少数民族语言文字教学，并鼓励民族自治地方的干部学习少数民族语言文字（这一点承继自党一以贯之的民族工作政策，[1] 目的是便于在民族地方开展工作）。《国家通用语言文字法》的有关条款对少数民族语言文字的特殊保护正是为防止通用语言的过分冲击而规定的。[2]

同时，《民族区域自治法》和《国家通用语言文字法》两部法律也为少数民族语言权利设定了界限——国家统一和民族团结。

（三）单行条例和自治条例的规定

我国共有五个少数民族自治区，其中除宁夏回族自治区的主体民族回族没有自己的语言文字外，其他四个自治区的民族均有本民族的语言文字。除宁夏回族自治区外，四个少数民族自治区均制定了本民族自治区的语言文字工作条例。具体见表 3（其中根据《全国人民代表大会常务委员会法制工作委员会关于 2020 年备案审查工作情况的报告》，某自治区的语言条例已经作出修改，但是笔者未能确定是哪个自治区，因此一并列出）。

---

〔1〕 参见刘源泉：《中国共产党少数民族文化政策研究》，人民出版社 2014 年版，第 56~99 页。
〔2〕 王理万：《少数民族人权保障的基本概念辨析》，载《人权》2017 年第 4 期。

表 3　自治区的少数民族语言权利相关单行条例

自治区	文件名
内蒙古自治区	《内蒙古自治区蒙古语言文字工作条例》（已失效）
西藏自治区	《西藏自治区学习、使用和发展藏语文的规定》
新疆维吾尔自治区	《新疆维吾尔自治区语言文字工作条例》
广西壮族自治区	《广西壮族自治区少数民族语言文字工作条例》

在各少数民族自治区的单行条例中，新疆维吾尔自治区和广西壮族自治区均强调了各个民族语言权利的平等性，并除自治区官方语言文字运用外，对于自治区内的各种语言文字予以平等保护；而西藏自治区和内蒙古自治区的单行条例则仅对本自治区主体民族的语言文字进行了强调和保护。但无论是哪类文件，其规定都倾向于原则性，较为模糊，实际实施中存在的自由裁量空间较大。

我国共有 30 个少数民族自治州，117 个少数民族自治县（包括 3 个自治旗），自治州和自治县（旗）的单行条例可谓数量庞大，但多数规定都是相类似的。不难看出，这些地方的规定存在着"同质化"的倾向：均仅作出一些原则性的规定，或者是对法律法规的重申，缺乏针对本地区实际情况的具体规定。

四、少数民族语言权利的规范建构

法教义学的目的即在规范条文的基础上，运用法学方法，使得权利的内涵更为明晰。在分析少数民族语言权利这一宪法上权利的规范内涵时，笔者认为，基于"主观公权利—客观法规范"体系的"基本权利—国家义务"理论框架为我们提供了一个科学而切实有效的工具。[1]

（一）主体

少数民族语言权利的主体是民族还是个人，说法不一。少数民族语言权

---

〔1〕　参见张翔：《基本权利的规范建构》，法律出版社 2017 年版，第 4~6 页。

利中既含有个人的语言自由，又含有文化发展的权利，还含有民族的语言发展的权利，包含了三代人权。[1]其中既有个人权利，又有民族（集体）权利。"'集体权利'本身也具有特定的性质，为此，作为集体权利主体的国家、民族等，也可纳入宪法权利特定主体的范畴之中加以考察。"[2]

1976年生效的《公民权利和政治权利国际公约》对于少数群体的个人权利进行了充分的规定，[3]这一公约同时也启发和鼓舞了其他有关国际公约的制定。1992年通过的《在民族或族裔、宗教和语言上属于少数群体的人的权利宣言》便是其中之一。该宣言中明确强调了对"少数群体"的保护。[4]这也意味着随着时代的发展，少数民族群体也在国际公约保护的主体范围之中，而作为少数民族整体所具有的权利也逐渐为国际上所承认。

由是不难发现，少数民族语言权利的主体既有少数民族公民个人，也有少数民族整体。从国际公约和比较法的角度上看，当涉及每个人使用、学习、讲授语言的自由，以及与其他语言平等地位和平等使用的时候，此时的权利主体应为个人；而当权利的客体指向语言的发展和文化的繁荣的时候，主体既可以是个人，也可以是作为整体的"少数族群"或者民族。

（二）少数民族语言权利的防御权面向

1. 一般少数民族语言权利的防御权面向

防御权（Abweherrechte）来自耶利内克的身份理论中的"消极身份"概念。[5]防御权的意义在于"维护个人免受国家恣意干涉的空间"。[6]在中

---

〔1〕 参见杨解君、蒋都都：《我国非通用语言文字立法的宪治考量》，载《中国地质大学学报（社会科学版）》2017年第4期。

〔2〕 林来梵：《从宪法规范到规范宪法——规范宪法学的一种前言》，商务印书馆2017年版，第97页。

〔3〕《公民权利和政治权利国际公约》第2条第1款规定，本公约每一缔约国承担尊重和保证在其领土内和受其管辖的一切个人享有本公约所承认的权利，不分种族、肤色、性别、语言、宗教、政治或其他见解、国籍或社会出身、财产、出生或其他身份等任何区别。

〔4〕《在民族或族裔、宗教和语言上属于少数群体的人的权利宣言》第1条第1款规定："各国应在各自领土内保护少数群体的存在及其民族或族裔、文化、宗教和语言上的特征并应鼓励促进该特征的条件。"

〔5〕 参见［德］格奥格·耶利内克：《主观公法权利体系》，曾韬、赵天书译，中国政法大学出版社2012年版，第87～103页。

〔6〕 张翔：《基本权利的规范建构》，法律出版社2017年版，第113页。

华民族共同体的建构中，少数民族语言权利的防御权功能在多元一体的发展结构中往往不会显现，但基于基本权利的一般功能结构，此方面的讨论仍存在一定的必要性。而且，在不同的空间场域中，基于人口等因素的影响，针对所有少数民族的一般性的少数民族语言权利的防御权面向和针对人口较少的少数民族语言权利的防御权面向仍存在一定区别。

我国《宪法》第 4 条第 4 款规定："各民族都有使用和发展自己的语言文字的自由。……"本条构成了少数民族语言权利防御权面向的规范基础。在本条的规定下，各个民族都具有使用本民族语言的权利，也具有发展本民族语言的权利，同时具有排除国家对这一权利造成侵害的权利。如要对本权利进行限制，则应遵守法律保留的原则，通过制定法律的方式对少数民族语言权利进行限制。

《宪法》第 19 条第 5 款规定："国家推广全国通用的普通话。"为贯彻这一条文的规定，国家制定了《国家通用语言文字法》，旨在推广普通话。国家通用语言文字的推广和使用是建构统一国家和民族共同体的必然要求。不过基于少数民族语言权利的防御权功能，国家在这一层面上也应保持一定的审慎态度，做到在发展推广国家通用语言的同时，避免对少数民族语言权利的侵害。[1]

2. 人口较少民族的少数民族语言权利的防御权面向

在普通话条款与少数民族语言权利之间的冲突之外，还应注意的是人口较少民族的语言权利的防御权面向。周少青的研究表明，在人口较少民族语言权利方面的更多尊重与保护，有助于增强国家认同，提高民族共同体的凝聚力。[2]

人口较少民族的少数民族语言权利一方面会受到国家通用语言的规定的冲击，另一方面在自治区、自治州和自治县（旗）内，其也会受到人口占多数的语言的冲击。以鄂伦春自治旗为例，鄂伦春自治旗的自治民族是鄂伦春

---

〔1〕 参见张慰：《宪法中语言问题的规范内涵——兼论中国宪法第 19 条第 5 款的解释方案》，载《华东政法大学学报》2013 年第 6 期。

〔2〕 参见周少青：《民族政治学 加拿大的族裔问题及其治理研究》，中国社会科学出版社2017 年版，第 252~253 页。周少青研究员关于印度和加拿大的相关论述，另见于 2019 年 4 月 9 日笔者参加的、由周少青研究员主讲的中央民族大学"民族法治大讲堂第一期：少数民族权利保障的价值理念"学术讲座。

族，使用鄂伦春语。而其所属的内蒙古自治区主体民族为蒙古族，使用蒙古语，且通过了《内蒙古自治区蒙古语言文字工作条例》（现已失效），主张在内蒙古自治区全境繁荣、发展、使用蒙古语言文字，加大资金投入。

少数民族语言权利的防御权面向的存在则要求自治区在贯彻有关民族地区单行条例时，应充分考虑到在其中处于更为少数的民族，如鄂伦春族的少数民族语言权利，对于本自治区主体民族语言文字在此地区的繁荣和发展应采取一定克制和审慎的态度，甚至在必要情况下，利用比例原则，以最小限度减轻对人口较少少数民族的少数民族语言权利造成的侵害。尽管《内蒙古自治区蒙古语言文字工作条例》已经废止，前述相关思考仍能为少数民族语言权利防御权面向发挥作用提供一定的素材和启示。这也要求自治区在开展有关民族方面的立法时，要注意各民族的平等法律地位和权利。

（三）少数民族语言权利的受益权面向

受益权源自"积极身份"，是借助国家协助达成相关目的的请求权。与防御权体现的"自由法治国"理念不同，受益权体现的是"社会法治国"的理念。[1]受益权中的消极受益权意味着国家在司法层面对主体提供救助，积极受益权则意味着国家对主体提供物质给付。[2]在中国式现代化的进程中，中国宪法基本权利体系的特色也逐渐显现。基本权利体系对于社会权和平等权的突出规定，有助于基本权利的受益权功能面向的发挥，同时也对国家机关提出了更高的要求。[3]具体而言，少数民族语言权利的受益权面向得益于中华民族共同体的建构中的多元一体格局和我国宪法基本权利体系的特点，在实践中得以更好地发挥作用。

基于基本权利的积极受益权面向，主体可以从国家处获得服务、福利等利益。[4]《宪法》第4条第2款规定："国家根据各少数民族的特点和需要，帮助各少数民族地区加速经济和文化的发展。"在这以下，《宪法》第47条、

---

〔1〕 参见张翔：《基本权利的规范建构》，法律出版社 2017 年版，第 185 页。

〔2〕 消极受益权对应国家的司法救助义务，而积极受益权对应国家的物质给付义务。参见张翔：《基本权利的规范建构》，法律出版社 2017 年版，第 191~211 页。

〔3〕 参见陈征：《宪法基本权利的中国特色》，载《荆楚法学》2023 年第 3 期。

〔4〕 参见张翔：《基本权利的规范建构》，法律出版社 2017 年版，第 201 页。

第 119 条、第 121 条，以及《民族区域自治法》、各民族地方的单行条例和自治条例的规定均对少数民族语言权利的发展提供了保障。宪法和有关法律法规的规定，保证了少数民族可以要求国家和地方的机关为本民族的少数民族语言学习、发展和繁荣给予帮助。可见，有关法律在少数民族语言权利的积极受益权方面的规定可谓是精确缜密，充分体现了中华民族共同体中"平等、团结、互助、和谐"的民族关系，同时也体现了中华民族共同体多元一体的辩证格局中对于整体统一的强调和对于多元发展的尊重。[1]

（四）少数民族语言权利的客观价值秩序面向

客观价值秩序面向作为客观法（objektives Recht），与主观权利（subjektives Recht）相对应。客观价值秩序的内涵包括制度性保障、组织与程序保障和保护义务等内容。[2]我国宪法中没有"国家保护少数民族语言权利"的直接字句体现，但在中华民族共同体的建构实践中，制度性保障和组织与程序性保障的许多线索已经存在。

1. 少数民族语言权利的制度性保障

卡尔·施米特曾经精到地描述了制度保障的重要作用。[3]阿列克西也指出了基本权利作为客观法秩序对于公权力的约束意义，即公权力需要自觉遵守基本权利的客观价值面向所构成的约束，并努力促成基本权利的实现。[4]

首先是观察少数民族语言权利作为基本权利对国家的制度性保障要求。"在现代的宪法理论下，宪法中的基本权利规范已经对公权力有了绝对的约束力，这特别表现在对立法的违宪审查制度的普遍建立上。"[5]然而，不仅

---

〔1〕 参见朱军、孙吕明：《铸牢中华民族共同体意识：中国式多民族国家建设的理论创新》，载《学术探索》2023 年第 12 期。

〔2〕 参见张翔：《基本权利的规范建构》，法律出版社 2017 年版，第 241 页。

〔3〕 "透过宪法法规，可以为某些特定的制度提供一种特殊保护。因此，宪法的目标就是防止用普通立法手续来废除这些制度。在这里，人们也经常以很不准确的语言谈论基本权利，虽然这类保障的结构无论是在逻辑上还是在法律上都完全不同于基本权利的结构。即便个人或社团的主体权利与制度保障结合在一起（这种情况并不具有必然性），也不会有什么基本权利。按其本质来看，制度保障要受到限制。"参见［德］卡尔·施米特：《宪法学说》，刘锋译，上海人民出版社 2016 年版，第 229 页。

〔4〕 参见张翔：《基本权利的规范建构》，法律出版社 2017 年版，第 217 页。

〔5〕 张翔：《基本权利的规范建构》，法律出版社 2017 年版，第 231 页。

是少数民族语言权利的制度性保障要求难以得到体现，作为其上位概念的文化权利的制度性保障要求也显得晦暗不明。[1]少数民族语言权利的有关条款也一直有待研究和解释，对于相应的制度保障也缺乏考察。

2. 少数民族语言权利的组织与程序保障

在组织与程序保障上观之，情况则有所不同。《宪法》和《民族区域自治法》规定了国家建立民族区域自治制度，组织社会资源，要求建立民族自治地方的自治机关，并且负有发展繁荣本地文化、使用本地区通用语言的义务。宪法和有关法律法规的规定，促使中央政府和各级地方政府采取行动，提供双语甚至多语教学、建设民族学校、出版民族语言教材，对于民族教育机构提供一定的资助和支持。在程序权利上，《刑事诉讼法》等法律对于使用少数民族语言的犯罪嫌疑人要求为其提供翻译，保障了当事人的诉权。以上规定和相关的实际操作可以说一定程度上构成了少数民族语言权利的客观价值秩序面向，但还存在进一步提升的空间。

3. 平等权与平等保护的价值秩序面向的启示

少数民族语言权利的相关权利有很多，如平等权和平等保护。少数民族语言权利存在平等权的基础，平等保护中也应包括对于少数民族语言权利的平等保护。由是，平等权保护的制度性保障亦可部分地为少数民族语言权利所用，成为少数民族语言权利制度性保障的内容。平等权的客观价值秩序构建，现实地讲包括司法中的行政诉讼和宪法监督。[2]对少数民族的平等保护需要司法支持。

但是平等保护的构建本身也存在瑕疵：行政诉讼的受案范围由于《行政诉讼法》"概括加列举"式的规定也一定程度上被限缩。平等保护的相关制度内容也对少数民族语言权利的价值秩序构建提供了一定借鉴和启示。

五、对鄂伦春族少数民族语言权利实践的考察

为探究以鄂伦春族为例的少数民族语言权利具体实践状况，笔者在一些

---

[1] 参见任喜荣：《国家文化义务履行的合宪性审查机制》，载《中国法学》2018年第6期。

[2] 参见李树忠：《平等权保护论》，中国政法大学2006年博士学位论文。基于现实情况，笔者在这里仅就行政诉讼和宪法监督进行讨论。

鄂伦春族主要聚居地区进行了实地探究。[1]值得一提的是，鄂伦春族主要聚居地鄂伦春自治旗面积6万平方千米左右（约有宁夏回族自治区那么大），但鄂伦春族主要生活在乌鲁布铁镇和诺敏镇，而非自治旗人大、政府和司法机关驻地阿里河镇。多数鄂伦春族聚居区相距甚远，其间不乏大兴安岭、甘河、嫩江等山脉河流，为人们的出行造成较大的不便。此外，气候也对人们的沟通交流造成了很大的阻力。

笔者在调查中，主要考察了鄂伦春族少数民族语言权利保障机制及其落实状况，具体包括教学、文化建设和学术研究三部分。[2]

（一）教学

笔者将网络资料和田野调查结果相结合，对于一些和教学情况有关的指标进行了比较分析，具体的调查情况见表4（表格中各地顺序按纬度排列）。

表4　对于鄂伦春族聚居区的鄂伦春语教育调查统计资料[3]

名称	鄂伦春民族中小学	鄂伦春语言课程	视听信息化课程	鄂伦春语教材
十八站	有	有	有	有
白银纳	有	有	有	有
鄂伦春旗	有	有	有	未找到资料
楠木	有	有	未找到资料	未找到资料
新生	有	有	有	有
新鄂	有	有	有	有

鄂伦春自治旗除了鄂伦春中学和鄂伦春小学，还拥有鄂伦春实验幼儿园（但均位于自治旗人大、政府和司法机关驻地阿里河镇而非鄂伦春族人口较

---

〔1〕　笔者考察的地方主要有内蒙古自治区鄂伦春自治旗、黑龙江省塔河县十八站鄂伦春民族乡、黑龙江省呼玛县白银纳鄂伦春民族乡等地。囿于时间和现实状况等原因，对于内蒙古自治区扎兰屯市、黑龙江省黑河市爱辉区和黑龙江省黑河市逊克县未进行田野调查。

〔2〕　其中前两部分是关于少数民族语言权利保障机制的落实问题，后一部分是关于民族语言权利保障机制的理论建设和本民族人士对此问题的自觉性问题。

〔3〕　楠木的资料来自朝克：《楠木鄂伦春语研究》，民族出版社2009年版。新生和新鄂的资料参见张广才：《生态文明视域下东北鄂伦春聚居地民族文化环境培养探析》，载《佳木斯大学社会科学学报》2014年第5期。

多的两个镇）。鄂伦春实验幼儿园被普遍认为在传承弘扬鄂伦春族民族文化方面起到了典型作用。[1]位置这个原生问题也使得一些次生问题难以忽视，鄂伦春自治旗的鄂伦春族在自治旗内也呈现散居分布，集中办学更多体现了缺乏资金资源和专业人员窘境下的被迫与无奈。

相较而言，黑龙江省情况有所不同。黑龙江省统一使用的鄂伦春语教材是《鄂伦春语（上册、下册）》。[2]这套教材的最大特点是使用国际音标来进行拼写，而没有使用汉语拼音或者任何语言的字母。教材编者认为，"这本教科书除作语言教材之用外，还可以作为一种语言予以保留，为语言学者或后人研究之用"。[3]这套教材的主编韩有峰、副主编孟淑贤两位学者在这套义务教育阶段鄂伦春族学生鄂伦春语教学教材的基础上，为了能够面向社会推广民族文化，还出版了《简明鄂伦春语读本》。在这个读本中，韩有峰指出了运用国际音标而非某种字母的原因："一方面是国际音标相较汉语拼音更为标准，另一方面是面向国际化进行接轨。"[4]在进行有关教材编写出版之外，黑龙江省2015年还推出了线上学习鄂伦春语的网站。

（二）文化建设

文化建设在基层的体现主要是文化机构。文化机构可以分为倾向于展示研究的博物馆和倾向于创作的文化协会。笔者在调查中走访了几个地方的民族博物馆和文化站，以期获得直观材料加以分析。

在博物馆方面，几乎每个鄂伦春族聚居地域都有自己的博物馆。[5]但是

---

〔1〕 参见李春晖、黄岩：《构建民族文化课程体系，凸显"三少"民族教育特色》，载《内蒙古师范大学学报（教育科学版）》2016年第5期。

〔2〕 这套教材经黑龙江省教育厅审定通过，黑龙江省教育学院鄂伦春语教科书编写组编著，延边教育出版社2004年出版。

〔3〕 黑龙江省教育学院鄂伦春语教科书编写组编著：《鄂伦春语（上册、下册）》，延边教育出版社2004年版，前言第1页。

〔4〕 韩有峰、孟淑贤编著：《简明鄂伦春语读本》，黑龙江教育出版社2013年版，前言部分。

〔5〕 本文此处所用的"地域"一词，来自《鄂伦春自治旗自治条例》中对于松岭、加格达奇两个管辖权不在鄂伦春自治旗，但地理位置位于鄂伦春自治旗境内的地方的定位描述。笔者认为出于对于"大兴安岭地区"中"地区"一词相区别的目的，《鄂伦春自治旗自治条例》中使用了"地域"一词代指没有明确地位的地方。类似地，笔者在这里模糊了各个鄂伦春族聚居区域（形式上的鄂伦春自治旗，实质上的鄂伦春自治旗下几个镇、黑蒙两省区的数个民族乡），使不同级别行政区划内的群体作为少数民族语言权利主体具有同等地位。

各个博物馆的内容多有雷同，甚至和鄂温克民族博物馆有所相似。[1]

在文化馆方面，每个鄂伦春族聚居地域都建立了文化馆和文化站，其中最突出的是鄂伦春自治旗的鄂伦春民族研究会。该研究会除进行鄂伦春民族文化调查之外，还协助自治旗进行民族文化表演展示等的筹办工作。但是鄂伦春民族文化在黑龙江地区的发展似乎并不逊色，每年在黑龙江畔的开江祭典上，鄂伦春民族文化也能够得到很好的展现。

文化建设造就文化产品。文化方面黑龙江省和内蒙古自治区都对鄂伦春民族文化发展和文化产品建设提供了大力支持。除了非物质文化遗产，文化产品主要是鄂伦春民歌汇编。但是在民歌等文化产品的保存中，一些严重问题凸显出来，主要体现为部分内容缺乏民族性和艺术性。[2]这些问题在一定程度上对民族文化产品和民族文化进行了重构，甚至是破坏。

总体言之，在文化权利方面虽对文化产品有所保障，但这些保障措施仍需要加大力度。正如有关研究者所说，"许多说唱歌手年事已高或者离开了人世，他们的语言风格及说唱天赋没有人能够代替，这个遗产项目已处在人亡歌灭、人终曲散的状态……"。[3]

（三）学术研究

近代以来，民族学家和语言学家对于鄂伦春民族语言的研究和权利的保护作出了巨大的贡献。这些研究从中华人民共和国成立前的调查一直延续至今，使得民族的历史文化和少数民族权利保障得以赓续。在专业研究之外，还有鄂伦春族民间人士编著过一本《鄂伦春语释义》。这本书主要采用词典的方式，对鄂伦春语中的单词和句子进行整理和分类。但是这本书采用汉语拼音表音的方式进行归纳整理，可能使语音讹变，存在很大的瑕疵。不过这

---

〔1〕 这些博物馆的内容大致是记载鄂伦春猎民下山定居的事件。不过鄂伦春自治旗的鄂伦春民族博物馆还不忘对于同一纬度内的游猎民族和通古斯民族进行了比较展览，这是其他地方的鄂伦春博物馆所没有的，但是鄂温克民族博物馆也有类似的比较展览。

〔2〕 大兴安岭地区行政公署广电文化局发行过一本由著名鄂伦春族歌手魏春华主编的《鄂伦春儿童歌曲集》（2014 年内部发行），鄂伦春自治旗人民政府和鄂伦春民族研究会曾出版过《鄂伦春原创金曲 80 首》（2008 年出版），内部发行过《鄂伦春民歌讲堂》（年份不详）。其中《鄂伦春民歌讲堂》内容详尽，包含了传统曲谱、唱法、发音方式以及音频视频赏析教学的内容，具有明确的民族特征和较高的艺术价值。

〔3〕 刘晓春、关小云：《鄂伦春非遗项目及传承研究》，载《黑龙江民族丛刊》2018 年第 4 期。

也在一定程度上体现了本民族对民族文化保护意识的自觉性。但可惜的是这本书之后笔者未曾搜集到更新的来自民间的整理资料。

（四）存在的问题

在实地调查中，除了核心问题——鄂伦春族少数民族语言权利的保护实践状况之外，还存在一些值得讨论的现象。出于对文章完整性的考虑，在接下来的部分，笔者将对一些问题和在调查中有价值的现象加以讨论。

1. 距离与"语言孤岛"问题

实地调查的过程中笔者发现存在的首要问题是距离以及由距离造成的"语言孤岛"。所谓"语言孤岛"是指各个讲某种语言的区域不相连贯，彼此之间缺乏交流，在其他语言中宛如大海中的孤岛的情形。地理位置距离较远，省区之间、旗县之间甚至民族乡之间的政策法规和保障措施各不相同，而这些地方鄂伦春族同胞所使用的语言语音和语素也会略有不同。距离的存在加重了"语言孤岛"的现象，这使得作为少数民族语言权利主体的民族整体形象一定程度上受到影响，对于少数民族语言权利的保护产生了消极的影响。

2. 来自民间的力量

作为同族同胞，各地鄂伦春族群众中的文化传承人与研究者之间经常互通有无。在诸多民间的力量中，鄂伦春民族研究会的存在可谓是鄂伦春自治旗最突出的民间力量。

除了官方机构，民间团体在民族语言权利的保障和行使中也起着重要的作用。由民族群众成员组建的文化组织承担了发展本民族语言和文化的任务。[1]在我国，在党的领导下，民族文化研究会的存在比较普遍，一些地方的民族研究会发展蓬勃，也取得了一定的文化成果。[2]少数民族研究会这样的民间力量在进一步的少数民族语言权利保护和发展中将发挥更重要的作用。

（五）实地调查的结论

在实地考察中不难发现，少数民族语言权利的实现，与教育权和文化权

---

〔1〕 参见彭谦、张娟：《民族文化自治政策在俄罗斯实施状况探析》，载《黑龙江民族丛刊》2017 年第 5 期。

〔2〕 参见崔玉范：《赫哲族传统文化与民族文化旅游可持续发展研究——以同江市民族文化旅游为例》，山东大学 2009 年博士学位论文；晏永柱、覃世清：《夕阳生辉别样红——记湖北省长阳土家族自治县民族文化研究会原会长刘光容》，载《民族大家庭》2016 年第 3 期。

利相互糅合，三者很大程度上是并行的，而且互相会起到促进的作用；同时少数民族语言权利的实现程度也会受到地理位置、文化发展条件和民族人口的制约。在现实生活中，它们同时产生作用，互相促进和制约。

在防御权方面，实际侵害鲜少见于实践之中，但少数民族语言权利，尤其是人口较少的少数民族语言权利仍对有关机关在立法和行政时提出了一定的审慎要求。

在受益权和制度保障方面，虽没有少数民族的请求，但国家和地方主动提供了一些保障，使得少数民族语言能够得到一定的保存和发展。少数民族语言权利的受益权难以得到展现，而制度保障也和其他地方的保障措施相近，缺乏本地方本民族有针对性的措施，如对民间力量联系的促进和对语言孤岛之间联系的加强，都鲜有体现。

公众参与经济体制改革公共决策的必要性和重要性已经广为人知，且获得了一定程度的接受。公众参与可以让立法更加贴近现实，促进立法发挥作用。[1]笔者认为，公众参与在文化事务决策中也应有所体现。基于少数民族语言权利的受益权面向，各地方应该对民间力量加大扶持力度，同时民间团体也应积极行使请求权，以促使国家机构能够履行其所具有的国家义务，给予民族文化团体充分的给付和保障。由是观之，以民族和民间力量为主体，行使少数民族语言权利仍具有很大的发展空间，对于少数民族语言权利的保护或许具有更好的促进作用。

结　论

"国家建构面对民族文化时，后者（特别是少数民族或族裔少数人）的权利追求是恒常的主题。"[2]在当今开放多元的社会中，少数民族语言权利在中华民族共同体多元要素繁荣发展的进程中显得越发重要。[3]这也意味着少数民族语言权利的构建和保护亟待体系化的理解和实践。

---

〔1〕 参见蔡定剑：《夜阑烛火集》，法律出版社 2008 年版，第 188~198 页。

〔2〕 王军、王阳：《现代国家建构遭遇民族文化：国外学界三个维度的考察》，载《黑龙江民族丛刊》2017 年第 6 期。

〔3〕 参见周少青：《权利的价值理念之维　以少数群体保护为例》，中国社会科学出版社 2016 年版，第 134 页。

少数民族语言权利作为民族权利、文化权利和语言权利的"交集"，作为少数民族更好地行使其他基本权利的基础，无疑应在宪法及相关法律中进行明确规定和充分保障，以实现这一基本权利的防御权面向、受益权面向的主观公权利功能以及客观价值秩序的客观法规范功能。但是就目前的规范体系观之，少数民族语言权利的积极受益权面向可谓是"无微不至"，每一级的立法都作出了比较具体的规定；而防御权面向则需要一定的教义学基础进行充分的解释方可完整扩展出来；至于消极受益权面向和客观价值秩序功能面向仍需要相关制度的完善才能得到更多的体现。

权利体系的建构还需要实践考察来加以修正。就笔者在鄂伦春族地方的观察来看，在已经得到的一定保障之外，"语言孤岛"问题和政治与行政带来的问题仍难以忽视。

每一种权利的发展都是理论建构和具体实践之间的相互促进与结合的结果，少数民族语言权利也不例外。理论建构为实践提供基础，而实践最终也会促进理论的完善。目前来看，无论是少数民族整体还是民间团体都应充分行使少数民族语言权利；同时要求国家和地方基于宪法和法律课加的义务，给予其相应的利益和保障，以促进少数民族语言权利的充分行使与发展。在中华民族共同体的建设过程中，少数民族语言权利作为共同体多元要素发展的重要保障，仍需要得到足够的重视。此外，还需要注意作为中华民族共同体多元一体结构发展要素的少数民族语言权利，和作为中华民族共同体语言基础的国家通用语言文字的推广并不冲突。正如《国家通用语言文字法》在对国家通用语言文字进行规定的同时，兼顾了对于少数民族语言权利的保障。[1]国家现行法律的兼容并蓄，也意味着我们需要对少数民族语言权利有更加全面和充分的理解，期待在未来，少数民族语言权利的行使和制度性的保障可以为中国式现代化进程，为铸牢中华民族共同体意识提供足够的支持。

---

〔1〕 参见常安：《依法治理民族事务　铸牢中华民族共同体意识的法治保障》，载《中华民族共同体研究》2022 年第 1 期。

法条主义与后果考量的冲突及衔接

——法律商谈理论作为解答

俞馨叶 *

摘　要：在司法过程中，法律效果与社会效果的统一是对于法律平稳、顺畅运行的重要要求。因此，除要考虑法律的确定性外，也要考虑法外的各种后果，这就导致了两种论证方法即法条主义与后果考量之间的冲突。这两种思维各有利弊，对案件的处理都能够展现出自己的特色、发挥出各自的功用。通过研究哈贝马斯、阿列克西等学者的法律商谈理论发现，由于法官是面对共同体而体现完整性和自治性，再加上法条主义与后果考量在商谈理性的驱动和司法程序的保障下具有相互协商、达成共识的空间，因此，通过商谈确定具有开放性的司法空间，考量不同的观点，协助多主体辩论，可以实现法条确定性和社会效果的统一。

关键词：法律论证　法条主义　后果考量　法律商谈

绪　论

在司法过程中，法官作为裁决者，其底线就是严格按照法律作出判决。但在现实情况下，法律并不是一套完全逻辑自洽的系统，在运转过程中会受到来自政治、经济、文化等多方面的影响。由此区分出两种裁判思维，即法条主义论证和后果考量论证。法条主义论证的适用过程以司法三段论的使用

* 俞馨叶，中国政法大学刑事司法学院研究生，研究方向：刑事诉讼法学。本文为作者本科期间选修冯威老师的法理学研讨课的研究成果。冯威老师在该研讨课上积极引导学生研究法理学相关课题，并悉心指导论文等成果。非常感谢冯威老师对本论文的创作与修改所作出的支持。

为逻辑基点，坚定地捍卫着法律适用的逻辑有效性。后果考量论证则是在逻辑推论前提不明或者存在争议的情况下，为证立裁判规则而进行的外部证成，是通过对后果的预测和评价来进行法律解释或法律续造。

然而，这两种论证方式都存在司法理性难题。对于法条主义的坚持会使得法官过分依赖现有条文，导致其在法条和社会现实处于紧张关系时，未能作出符合法律实质的裁决。而后果考量由于缺乏清晰的适用范围及成熟的理论体系，可能导致司法权的过度能动。事实上，这两种论证方式都无法完全否定对方，二者的冲突也在疑难案件和所谓的"新型案件"中凸显出来。因此，构建法条主义论证与后果考量论证对话和衔接的空间就十分重要。本文在此引入的方法论是哈贝马斯、阿列克西等学者的法律商谈理论。

本文体例安排如下：绪论介绍本文相关背景、选题意义等。第一部分界定法条主义与后果考量的论证路径。第二部分分析法条主义的辩护及其不足。第三部分阐述后果考量的价值理由及其局限性。这两部分体现出两种论证方法之间的冲突。第四部分提出法条主义与后果考量的衔接点，并结合案例重点阐述法律商谈论证的解答，为二者的衔接提供理论依据。

一、法律论证中的法条主义与后果考量

（一）法律论证理论界定

本文聚焦于法教义学与社科法学之争下的法律论证，首先需要界定此处所指的法律论证。阿列克西将司法裁判的证成划分为两个部分：内部证成和外部证成。内部证成要处理的问题是对个案的裁判结论是不是从前提中有逻辑地推导出来，其涉及的是一般形式推理的三段论。外部证成的对象则是对在内部证成中所使用的各个前提的证立。这些前提大致上可以分为三类：（1）实在法规则；（2）经验命题；（3）既非经验命题，亦非实在法规则的前提。可以称为"法律论证"的部分被用于那些既非经验命题，亦非实在法规则的前提的证立。[1]

外部证成中的问题（3）是实在法规则和事实之间必不可少的联结点。

---

[1] 参见 [德] 罗伯特·阿列克西：《法律论证理论——作为法律证立理论的理性论辩理论》，舒国滢译，中国法制出版社 2002 年版，第 285~286 页。

正如拉伦茨指出："法律不像一根折尺，法官只需用它来测定给定的事实。相反，法官在适用法律时，必须从需要裁判的具体案情以及该案情所提出的特殊问题出发，不断地对法律中包含的判断标准进行明确化、精确化和'具体化'。"[1]

（二）法条主义的论证路径

法条主义论证的适用过程是以司法三段论的使用为逻辑基点，其坚定地捍卫着法律适用的逻辑有效性。拉伦茨将司法三段论的使用过程称为"确定法效果的三段论法"，将三段论的涵摄过程表达为：

T→R（对 T 的每个事例均赋予法效果 R）

S=T（S 为 T 的一个事例）

S→R（对应 S 应赋予法效果 R）

"在这种三段论法的模式中，一个完全的法条构成大前提；将某具体的案件事实视为一个'事例'，归属法构成要件之下的过程，则是小前提；结论则意指对此案件事实应赋予该法条所规定的法效果。"[2]这一推理方式符合法条主义的内涵，然而近年来，不断有学者对司法三段论提出批判，认为其推理模式过于机械和僵化。当然，过分地苛责司法三段论，将逻辑的不能完全周延视为放弃逻辑的理论基点是不可取的。这将在后文详细阐述。

（三）后果考量的论证路径

后果考量论证是在逻辑推论前提不明或者存在争议的情况下，为证立裁判规则而进行的外部证成，是通过对后果的预测和评价来进行法律解释或法律续造。它是这样的一种方法论主张：认为案件的裁判应更加着眼于其所可能产生的各种后果，通过对这些社会后果的可欲性进行评价，进而选择那些对社会来说在整体上有益的、可欲的后果作为裁判结果的备选方案，最终再逆向回溯性地寻找能够正当化前述裁判结果的法律渊源。而要对这样一些后果进行正当化、合理化和科学化的论证，就要将问题置于一个更宽泛的领域当中。

---

〔1〕［德］卡尔·拉伦茨：《德国民法通论（上册）》，谢怀栻等译，法律出版社 2003 年版，第 14 页。

〔2〕［德］卡尔·拉伦茨：《法学方法论》，陈爱娥译，商务印书馆 2003 年版，第 150 页。

二、法条主义的辩护及其不足

（一）法条主义的辩护

总的来看，法条主义在当今世界的法律论证中依然占据着主导地位。但即便如此，法条主义依然面临形形色色的诘难。对此，法条主义者有以下几点辩护。

其一，法条主义有助于维护形式正义的独立价值。[1]这又反映为以下两个方面。

（1）在我国，形式正义之所以有如此大的价值，主要是因为我们对政治权力破坏法律的历史有着惨痛的记忆。实践表明，在失去了法律的约束之后，司法裁判往往异化为法官个人决策的事项，随之而来的便是以私情代法、以私情坏法的局面。而法条主义恰恰是矫正我国传统的情理司法、[2]推进社会法治化转型的重要方式。

（2）从形式正义角度为法条主义所作的辩护还常常诉诸法的安定性和法律适用的可预测性。由于陌生人社会缺乏多次直接博弈后形成的规则共识，现代社会不得不面对规则共识危机对安定性的威胁。法条主义则有助于确立法律权威，形成安定的社会秩序。

其二，法条主义对法律体系采取开放性的姿态，其本身是内在地富有弹性的。法条主义长于对法律规则进行体系化，但这并不意味着在法律和逻辑沉默时它就无所作为。正如诺伊曼所说："对于考量裁判后果只有这时才有余地：只要语言规则的模糊性开启了裁判的活动空间。"[3]

---

〔1〕 形式正义的独立价值分为内在独立价值和工具性独立价值。内在独立价值指内在于形式正义举措中的价值，如依法裁判具有内在价值，因为依法裁判意味着不对当事人作任意区分，体现了对当事人的平等尊重；则即使在个案后果不符合实质正义的情况下，这一独立价值也并不会受到影响；而如果坚持形式正义是为了实现约束权力、维护预期等外在目的，此时体现的就是工具性独立价值，其关注的也并非个案结果，而是法律体系的整体运作带来的总体效果。

〔2〕 参见梁治平：《法辩 法律文化论集》，广西师范大学出版社 2015 年版，第 229 页、第 235 页。"（我国传统的）法不过是一种作用有限的工具。它不曾获得过独立的地位，更不用说至高无上了。因为从本质上说，中国传统法律不过是特定时代道德体系的附庸。"

〔3〕 ［德］乌尔弗里德·诺伊曼：《法律论证学》，张青波译，法律出版社 2014 年版，第 12 页。

（二）法条主义论证的不足

其一，法谚道，"法律一经制定便已过时"，但基于稳定性要求，法律又不可以朝令夕改，这就决定了法条主义是一种守成的理论。如在某些案件中，虽然明知一些法律规定已经滞后于社会生活的实际需求，但法官却束手无策。[1]

其二，法律条文的概括性、语言的模糊性使得法条和案件事实之间存在一定的褶皱。并且由于法律论证方法本身的不确定性以及没有元规则的限定，就决定了这些方法只能是法官进行隐蔽式价值判断的幌子，以逻辑的形式掩盖造法的事实。"一旦法教义学不再用作'实践理性和道德领域中法律发现的工具'，那么其应用的理性特征就要走向它的反面。这种情况主要是指：法教义学被利用来掩盖真实的裁判理由；或者，它被用来作为臆想的自动裁判程序。"[2]

其三，上述辩护中提到的"法条主义有助于维护形式正义的独立价值"这一理由并非绝对可靠，因为依法裁判也有可能导致实质不正义的个案判决结果或不可欲的总体效果。对于工具价值而言，依法裁判只是不完善的程序正义。[3]

三、后果考量的价值理由及其局限性

（一）后果考量的价值理由

其一，后果考量从后果论出发，能为法官提供一个更加清晰的思路。在法律存在规范冲突或法律漏洞等不足的情况下，依照后果主义的思维对各种备选方案展开利弊衡量，便能妥善地处理这些问题。

其二，随着社会的不断发展，法官需要发挥主观能动性，以熨平受概括性、滞后性桎梏的法律条文和日渐复杂化、多样化、新颖化的纠纷之间的褶

---

〔1〕 郭路瑶：《绊倒在贩粮路上》，载《中国青年报》2017 年 1 月 11 日，第 10 版。

〔2〕 ［德］罗伯特·阿列克西：《法律论证理论——作为法律证立理论的理性论辩理论》，舒国滢译，中国法制出版社 2002 年版，第 336 页。

〔3〕 罗尔斯区分了纯粹的程序正义、完善的程序正义及不完善的程序正义。不完善的程序正义的标志是存在判断正确结果的独立标准，但没有可以保证达到这一标准的程序。See John Rawls, *A Theory of Justice* (Rev. Edn.), The Belknap Press of Harvard University Press, 1999, pp. 74-75.

皴。对于那些担忧后果考量可能会造成法官滥用自由裁量权的批评，后果主义者往往会指出，随着司法公开机制、法官责任制的完善以及自媒体的兴起，法官的裁量往往会面临更加全面而苛刻的社会监督。在这样的背景下，法官在裁量中夹带个人私利的空间将会被压缩得越来越小。

其三，后果考量能通过以司法裁判回应民众正义诉求的方式，实现司法正义和社会正义之间的相互塑造，从而凝聚社会的正义共识。在现实中，无论是社会制度的缺陷、司法政策的偏颇，还是民众正义理念的变迁等都有可能通过个案反映到司法之中，而通过司法的微调以实现社会向上、向善的运转，也是民众在个案中赋予司法的期待。

（二）后果考量的局限性

其一，后果考量存在技术层面的缺陷，即对"后果"缺乏明确且统一的界定，且对于各种后果并没有一个确定性的价值排序。侯猛认为："需要说明的是，社科法学内部不同的研究进路，对于后果的考虑会有所不同。例如，法律经济学注重的是财富或社会福利的最大化，如桑本谦的研究；法律社会学注重的是社会结构和秩序的稳定性，如苏力的研究；法律人类学注重的是在地人的感受，如朱晓阳的研究。"[1]这一概括与其说澄清了后果观，毋宁说是暴露了其内部立场多元、缺乏系统明确的规范性自我辩护的缺陷。放到法官身上来说，受自身司法哲学的影响，其往往有意无意地接受了自己所处知识谱系的意识形态偏好，很大程度上会对其所要解决的问题先入为主。这就造成了后果考量裁判的可预测性降低，进而影响到裁判结果的可接受性和既判力。

其二，后果考量也存在价值层面的缺陷，即这种思路本质上不承认民主立法的权威和权利的内在价值。一方面，对于后果主义者而言，是否遵从法条、是否保护权利要看这么做能否促进所谓的"预期后果"，这显然违背了法律人的基本准则。另一方面，后果主义主张从后果出发，法条只是其考量因素之一，动摇了法条在司法裁判中的基础性地位。

其三，后果考量存在民粹的冲动。在一些案件中，民众的诉求并不总是

---

[1]　侯猛：《社科法学的传统与挑战》，载《法商研究》2014 年第 5 期。

符合法律规定，甚至一些非理性的诉求还有异化为"民意病毒"的风险。[1]

四、两种论证思维的衔接：法律商谈论证的解答

从前文的分析中可以看出，事实上，无论是法条主义论证还是后果考量论证，两种论证思维都无法完全否定对方，二者对案件的处理都能够展现出自己的特色、发挥出各自的功用。那么，要合理判断在特定案件中是否应该超越法律条文表面，该如何进行法律续造，就必须将视野拓展到更广阔的层面。正如哈贝马斯所说："专家对单个规范命题的诠释，不仅从法律的语境出发，而且从同时代社会之具体的占主导地位的前理解的视域出发。"[2]

法律商谈论证简而言之是指在法律适用过程中，以理性商谈的方式实施的论证过程。同时，法律商谈理论认为："必须证明哪个事态描述对于有争议案例的情境性理解来说是重要的，哪些显见地有效的规范对于尽可能在所有重要事态特征方面得到把握的情境来说是恰当的。"[3]即对于商谈论来说，合适的、恰当的适用内容是其需要考虑的重要问题。因此，为解决法条主义和后果考量的纷争，可以通过商谈的方式厘清多方诉求与社会效果，体现法条确定性和社会效果的选择与统一。

（一）法律商谈论证应用的合理性

法条主义论证和后果考量论证是相对明确的法律方法，如果机械地使用这两种方法就会导致判决结果过分偏激。而法律商谈论证区别于二者的一个点在于其能从多主体的商谈中自发地发掘出公信力。当下，法律中多种价值之间的张力已经十分明显，通过商谈确定具有开放性的司法空间，考量不同的观点，协助多主体辩论，这样就可以破除可能产生的片面分析。

1. 以程序作为保障

法律商谈论证实质上是一种程序性的、综合性的法律论证，正如诺伊曼

---

[1] 参见林坤:《论"民意病毒"的司法治理》，载《河北法学》2013 年第 1 期。

[2] ［德］哈贝马斯:《在事实与规范之间　关于法律和民主法治国的商谈理论》，童世骏译，生活·读书·新知三联书店 2014 年版，第 482~483 页。

[3] ［德］哈贝马斯:《在事实与规范之间　关于法律和民主法治国的商谈理论》，童世骏译，生活·读书·新知三联书店 2014 年版，第 268 页。

所说："对于法官判决之可接受性，这意味着，它不仅依赖于论述的品质，还依赖于论证过程的结构。因此，法律论证理论不得限于逻辑—语义的讨论，而是必须纳入交换论述之程序条件的语用维度。"〔1〕可见，法条主义与后果考量衔接的可能性需要商谈程序加以保障，并通过程序规则获得更加逼近事实的真相。具体而言，一个完整的法律商谈论证一般要经历以下几个阶段。

首先是准备阶段，在此阶段，法律商谈主体要为各自的主张提出充分的论证材料。其次是提出主张阶段，在此阶段，商谈主体应提出各自的主张或观点。在提出观点时，应当遵循一定的规则。再次是开始阶段，在此阶段，商谈主体就共同的出发点和规则达成一致。由于在实践中，参与者很难就共同的有效规则和法律事实达成一致，所以要依靠制定一系列的程序规则来保证出发点和讨论规则。复次是商谈阶段，在此阶段，商谈的主体从共识性前提〔2〕出发，一方提出主张并对之论述，同时另一方接受或反驳其主张和论述；在此过程中，前者也可以因为自身观点明显错误，或一味坚持自己的看法可能无法达成基础共识而无法保护自己的利益，选择收回自己的主张或者承认对方提出的主张，如此层层递进，交互论证。最后是结束阶段，法律商谈主体根据商讨结果权衡利弊、达成共识。

从上文所述的商谈阶段来看，微观上的法律商谈就是一种过程性和交涉性的论证方法。而在司法审判的法庭辩论中，双方当事人也遵循类似的程序交替进行论证和反驳。同时，司法审判程序可以分为准备阶段、一审阶段、二审阶段、申诉阶段、再审阶段和结束阶段，这与宏观上的法律商谈的各个阶段也较为相似。因此，法律商谈论证以程序作为保障，与司法审判中的程序甚相契合。

2. 实体审判中运用法律商谈论证的意义

实体审判中运用法律商谈论证能有效地衔接法条主义和后果考量，从而给司法审判带来很多有利影响，具体而言有以下几点。

第一，可以有效排除审判者的恣意和任性，从而遏制司法之擅断。在司

---

〔1〕 ［德］乌尔弗里德·诺伊曼：《法律论证学》，张青波译，法律出版社2014年版，第108页。

〔2〕 共识性前提包括双方都承认的法律规则、法律原则、风俗习惯等。

法审判实践中，如运用后果考量论证，就并不是在遵循程序规则的前提下进行的，这就为法官的恣意和擅断留下了滋生的空间。那么法律商谈论证给出了解决方案："将自然人之间的相互承认关系扩展为法权人之间的相互承认的抽象的法律关系，是由一种反思的交往形式提供机制的。这种反思的交往形式，就是要求每个参与者采纳每个其他人之视角的论辩实践。"[1]法律商谈论证通过设置一系列正当的程序，在审方和诉方之间建立了一种平等的沟通协调机制，可以在理解彼此价值主张的基础上，经过理性的商谈取得对不同命题的筛选与承认。

第二，可以说明判决理由的正当性，从而增强判决的说服力。法律商谈论证要求法官确保其所适用的法律规范之有效性，并不单纯依靠传统逻辑之合理性，还必须考虑整个法律体系的完备性与实际运转之语境。这一点就将法条主义的逻辑强调与后果主义的通盘考量有效结合起来。同时，这也把司法判决的合理可接受性不仅同论据的质量相连接，而且同论辩过程的结构相连接。又因为在法律商谈论证中，司法审判的过程被看作是各方之间的平等对话关系，因此增强了判决的说服力。

第三，可以充分调动参与审判各方的积极性，并统一审判结果的强制性与当事人的自愿性。在法律商谈论证过程中，各方实际地参与进来，可以在一定程度上消解客观事实和法律事实之间的张力，有助于澄清案件的事实问题和法律问题。同时，在法律商谈论证过程中，各方在交往理性[2]的指引下，通过对话与协商来解决矛盾和纠纷，将审判结果的强制性与当事人的自愿性结合起来，可以有效化解执行难的问题。

（二）实例运用分析

接下来本文将以四川泸州遗赠案[3]为例，从法条主义论证、后果考量论证及法律商谈论证三个角度进行实例运用分析与比较。泸州遗赠案基本案情如下：原告张某英（被继承人黄某彬的情人）与被告蒋某芳之夫黄某彬

---

〔1〕 [德]哈贝马斯：《在事实与规范之间 关于法律和民主法治国的商谈理论》，童世骏译，生活·读书·新知三联书店2014年版，第274页。

〔2〕 哈贝马斯认为，现实交往活动中的"异化"和"物化"问题要想得到解决，必须坚持"理性"。交往理性指同时满足真实性、正确性和真诚性这三大有效性要求的交往行为。

〔3〕 四川省泸州市中级人民法院（2001）沪民一终字第621号民事判决书。

（已因病死亡的遗赠人）属非法同居关系。被告蒋某芳不能生育，且与遗赠人黄某彬夫妻感情多年不和，长期分居，原告在遗赠人病逝前一直照顾其生活。遗赠人死亡前立下遗嘱，将其个人财产约 6 万元遗赠给原告，并进行了公证。后原告持遗嘱向被告蒋某芳请求给付，被告拒绝。原告由此诉请法院判令被告按遗嘱执行。

1. 运用法条主义论证

其一，根据 1985 年《继承法》第 16 条第 3 款（对应当前的《民法典》第 1133 条第 3 款），遗赠人可以自由订立遗嘱，将个人财产赠与第三人。本案中，遗赠人黄某彬具有完全民事行为能力，意思表示真实，且遗嘱的形式合法，应当认定该遗赠行为有效。同时，1985 年《继承法》第 22 条（对应当前的《民法典》第 1143 条）明确规定了遗嘱无效的条件，显然黄某彬的遗嘱不存在其中任何一种情况。一般认为，穷尽规则，方得适用原则。而本案在有法律规则明确规定的情况下，不得直接适用公序良俗原则认定该遗嘱无效。

其二，除非为了实现个案正义，否则不得舍弃法律规则而直接适用法律原则。而本案从一个一般人的视角来看，将遗产判给张某英不会产生极端不公正，因此本案不应直接适用公序良俗原则。

综上，该遗嘱合法有效，法官应当判令被告蒋某芳按遗嘱执行，向原告进行给付。

2. 运用后果考量论证

首先，可适用性判定。法官在法律发现阶段发现 1985 年《继承法》第 16 条第 3 款和 1986 年《民法通则》第 7 条（对应当前的《民法典》第 8 条）所规定的公序良俗原则，这二者给出的判断是冲突的，所以可以初步断定本案属于后果考量论证的适用范围。

其次，后果的预测和评价。如果适用 1985 年《继承法》的相关规定，显然该遗嘱能够被确认为合法有效，因为立法者并未明确将"情人""二奶"等排除在遗嘱继承的被继承人之外。然而，根据该案的一、二审判决，当时的主审法官会更加重视该案所可能产生的各种效果，具体而言：第一，进行道德后果的考量。如果承认该遗嘱的法律效力，相当于变相地认同、肯定"包二奶""养情妇"等行为，这明显有违公共道德和善良风气。这样一来，如果想要维护公共道德，反对"包二奶"等不良风气的盛行，就必须审慎考量该遗嘱的效力。第二，进行社会效果的考量。虽然一个判决直接针对的对象是诉讼两造，但它间接波及的对象更是十分广泛的。如果确认遗嘱有效、支持情妇的诉讼请求，必将遭到社会公众的反对和谴责，这不利于社会的稳定和健康发展，同时也有损司法的公信力。因此在本案中，在道德上站得住脚的判决在法官看来才是可欲的裁判后果。

最后，后果的适用与裁判的作出。至此，法官已经有了清晰的裁判方向，审慎考量了这一严重违背道德的遗嘱的效力。最终，法官根据 2000 年《立法法》中"上位法优于下位法"的规定，认为 1985 年《继承法》中关于遗嘱效力的规定违背了其上位法 1986 年《民法通则》中的公序良俗原则，因此作出了确认该遗嘱无效的判决，并驳回了原告张某英要求被告蒋某芳返还财产的诉讼请求。

3. 运用法律商谈论证

从上文的分析中可以看出，运用法条主义论证的缺陷在于没有考虑当下中国的社会情况。在中国，性伦理向来相当保守，因此本案中，如果不适当考虑事实层面的公众意见以及相关的道德考量，无疑会带来一定的不利影响。而本案运用后果考量作出的判决也并非无可挑剔。因为本案实际上被法官和民意以道德的名义不恰当地放大为一个在道德上而非法律上疑难的案件。至于在判决书中对于法律适用所作的解释说明，其实都不过是为了排除对 1985 年《继承法》的适用，1986 年《民法通则》中的公序良俗原则也只是恰好成了法官手中的"王牌"。

因此，在本案中机械运用这两种方法都会导致判决结果缺乏合理可接受性，此时就需要运用法律商谈论证对二者进行衔接。在此过程中，首先进行的是在法院与诉讼主体之间及诉讼主体相互之间的外部商谈。这部分商谈主要涉及证据的查明、案件事实的分析认定以及对法律规范的理解适用，比较理想的结果就是商谈主体相互之间就证据、案件事实和法律的理解达成了一定的共识。从本案的一些事实细节来看，黄某彬是因为张某英在他生病期间一直不离不弃地照顾他，才决定把自己的那份遗产分给张某英；而黄某彬与蒋某芳虽名为夫妻，但长期感情破裂。因此，在外部商谈中，商谈主体有可能达成部分支持原告张某英的诉讼请求这一共识，由此可以较好地平衡双方的利益与情感。

其次是判决的形成，还需在法院系统内部进行商谈。法官将外部商谈中得出的几种判决方案转化为集体审判的内容，并在内部商谈的过程中持续优化案件判决方案，加强说理。即使法院与诉讼主体之间及诉讼主体相互之间无法达成共识，在法院系统内部的商谈中，最终也会以一定的方式（如票决）形成有效合意。尽管这种方式未必能达成系统内部完全的一致，但其却以少数服从多数的形式较大程度地满足了裁判系统集体意志的实现，将判决失当的风险降到较低水平。在本案中，按照笔者的观点，因为法院在本案中应当对黄某彬的遗赠行为进行评价，而不是对张某英充当"第三者"的行为进行评价；因此法院如果支持或部分支持原告张某英的诉讼请求，并不是表明法院对张某英充当"第三者"行为的认可和纵容，而是表明法院尊重死者黄某彬生前处分自己财产的权利和遗嘱自由的权利。

综上，在本案中，法律商谈论证能够平衡法条的确定性与可能出现的后果，以减少案件负面结果的出现。就其结论而言是多方面因素商谈下的产物，体现了最大限度的有效合意，从而提高了判决的合理可接受性。

4. 法律商谈论证应用的限度

当然，哈贝马斯、阿列克西等学者针对法律商谈论证的缺陷和风险是有预估的，如商谈过程中可能会出现各方通过一些所谓的聪明策略来满足其取得有利结果的关切；同时，不同主体对于法律的认知水平存在巨大的个体化差异。但我们不难发现，在司法这样的公共领域中往往都包含着一些法律技术上和现实中的社会压力，那么法律商谈论证的参与者就会不仅仅关注自己的目的，如法官在注重司法判决的同时还要注意来自外界的压力。正如上文所提到的，在自我表达参与协商沟通的过程中是要承担一定的义务的，在司法过程中就是要遵守法律的规则。并且，当交往活动既不受外界偶然因素的干扰，也不受来自交往结构自身之强迫的阻碍，就把此情境称作是理想的言谈情境。具体而言，在该情境下，所有的人都有资格参与辩论，任何断言都可以被问题化并交付考量，任何被断言之事都能够加以评论。[1]

如此看来，法律商谈论证的规则在这一过程中起着非常重要的作用。根据阿列克西的主张，法律商谈论证是一种特殊的普遍实践论证，核心区别在于其能够在有效法秩序的框架内被证立是符合理性的，[2]这就限制了一些法律商谈论证之普通规则的应用：首先，应遵守有效法之义务；其次，应受商谈之对象和举证责任之限制；再次，要受参与条件与角色之限制；最后，要受时间之限制。最后一点在上文所述的"理想的言谈情境"中尤为明显，体现在实践中就涉及诉讼效率，这也是法律商谈论证的运用中凸显的一个重要问题。结合哈贝马斯、阿列克西等的理论，能够提取出如下规则辅助解决。

法律商谈论证须具有经济性和针对性，禁止在法律商谈论证中应用可能不正当地拖延论证的方法。例如，其禁止做冗长的介绍、下片面的结论、提出似是而非的问题、不停地对对方明显正确的论据质疑或混淆等行为。对于法律商谈论证的针对性至少有五个具体规则：（1）每个参与者应该仅限于提出那些他们认为自己直接用于解释案件的论点、规则和论证；（2）禁止参与者提出与已被认同的事实相反的论点，除非他能充分证明这个论点的正当性，或说服所有曾接受已被认同事实的其他参与者；（3）禁止参与者提出自相矛盾的观点；（4）提出与该法律商谈论证的主题无直接关系的论据的参与者应对之予以说明；（5）论证与反驳之对象无直接关系的论据的参与者应予以说明。

五、结论

在司法实践中，法条主义论证与后果考量论证两种论证方法的冲突是显而易见的。但应当承认的是，法条主义论证与后果考量论证对案件的处理都能够展现出自己的特色、发挥出各自的功用。那么，如何将二者切实地衔接起来成为受关注的重点。法律商谈论证给出了相应的解答。由于"法官是面对共同体而体现完整性和自治性，而并不是代表共同体所拥有的完整性和自

---

〔1〕 参见刘勇：《法律商谈理论视野下的法律论证》，西南政法大学 2012 年硕士学位论文。

〔2〕 参见［德］罗伯特·阿列克西：《法律论证理论——作为法律证立理论的理性论辩理论》，舒国滢译，中国法制出版社 2002 年版，第 262~272 页。

治性",[1]再加上法条主义论证与后果考量论证在商谈理性的驱动和司法程序的保障下具有相互协商、达成共识的空间，因此，通过商谈考量不同的观点，协助多主体辩论，可以破除可能产生的片面分析。

哈贝马斯认为："通过公正和合理程序达成的、符合有效性的话语共识，绝不会成为大多数人话语的暴政，每一个主体都在程序和规则上得到充分的保障，权利受到充分的行使。"[2]这种理想确实包含着乌托邦色彩，但交往理性本身就提供了一个开放批判的话语基础，并为现实的不合理提供了一面自我反省的镜子。当然，法律商谈论证在司法实践中可以说是刚刚起步，还需要更多的研究与制度设计丰富其内涵，从而为法条主义论证、后果考量论证思路的衔接提供逻辑支点，为帮助法官做到法律后果与社会效果统一作出理论贡献。

---

〔1〕 E. Michelman, "The Supreme Court 1985 Term, Foreword: Traces of Self-Government", *Havard Law Review* 100（1986）, p. 72f.

〔2〕 ［德］尤尔根·哈贝马斯、米夏埃尔·哈勒:《作为未来的过去——与著名哲学家哈贝马斯对话》，章国锋译，浙江人民出版社 2001 年版，第 121~134 页。

——❦——

中证万融公司诉世纪盛康公司董事会决议撤销案[1]

李兆轩*

一、基本案情

世纪盛康有限责任公司（以下简称世纪盛康公司）有股东杨某、舒某平两人。2016年9月28日，以杨某、舒某平作为甲方，中证万融公司作为乙方，世纪盛康公司作为丙方，签订了《增资扩股协议书》。

《增资扩股协议书》约定：董事会设董事长、副董事长各一名，均由董事会选举产生。其中，董事长在乙方委派的董事中产生，副董事长在甲方委派的董事中产生。本协议作为解释股东之间权利义务的依据长期有效，除非各方达成书面协议修改，本协议在不与世纪盛康公司章程发生明文冲突的情况下，视为对世纪盛康公司股东权利和义务的解释并具有最高法律效力。

根据上述约定，2016年9月28日世纪盛康公司修订了公司章程。经修订后的公司章程规定：董事会设董事长1人，副董事长1人，由董事会选举产生。董事会会议每半年至少召开一次，三分之一以上的董事可以召开董事会会议，召开董事会会议应于召开前十日通知全体董事。董事会会议由董事长召集和主持，董事长不能履行职务或者不履行职务的，由半数以上董事共同推举一名董事召集主持。

---

〔1〕　案件改编自中证万融公司诉曹某君等公司决议纠纷再审案，有删改，参见最高人民法院（2017）最高法民再172号民事判决书。

＊　李兆轩，辽宁营口人，中国政法大学法学院2021级研究生。

2016 年 9 月 29 日，增资扩股后的世纪盛康公司法定代表人变更为赵某贤，股东为法人股东中证万融公司、自然人股东舒某平和杨某。世纪盛康公司董事长为赵某贤（由中证万融公司委派）、副董事长为吴某（由自然人股东委派），董事包括赵某贤、吴某、舒某平、曹某君、金某淑。

2017 年 1 月 20 日，世纪盛康公司召开股东会会议并形成决议，增选王某飞、蔡某杰为公司董事会董事。此时，世纪盛康公司持股比例为，中证万融公司持股 70%，杨某持股 27%，舒某平持股 3%。

2018 年 10 月至 11 月，金某淑、蔡某杰分别向赵某贤提交辞职书，请求辞去世纪盛康公司董事职务。

2020 年 11 月，董事长赵某贤主持召开世纪盛康公司股东会会议，两位自然人股东未参加。该会议决议将董事会成员金某淑、蔡某杰、曹某君三人变更为中证万融公司委派的另外三名董事张某、李某廷、王某担。

赵某贤自其于 2020 年 2 月 7 日主持召开董事会会议后未主持召开董事会会议。2021 年 3 月 20 日，曹某君、金某淑、蔡某杰、吴某、舒某平依据《公司法》第 47 条等规定，在未请示赵某贤的情况下，推举吴某召集了世纪盛康公司董事会会议（以下简称 320 董事会会议），形成了董事会决议（以下简称 320 董事会决议）。赵某贤未参加该董事会会议。

中证万融公司认为金某淑、蔡某杰、曹某君三人已经失去董事资格，该次会议召集程序违反《公司法》和公司章程规定，于 2021 年 4 月 1 日向法院起诉请求撤销 320 董事会决议。

问：中证万融公司的诉请能否得到法院的支持？

二、具体案例分析

（一）撤销权人

本案中，中证万融公司或许系撤销权人。

依据《公司法》第 22 条第 2 款及《最高人民法院关于适用〈中华人民共和国公司法〉若干问题的规定（四）》（以下简称《公司法司法解释（四）》）第 2 条之规定，在起诉时具备涉案公司股东资格的股东是相应董事会决议的撤销权人。

320 董事会决议系世纪盛康公司董事会决议，中证万融公司系世纪盛康公司股东且在起诉时仍具备股东资格，因此中证万融公司是本案 320 董事会决议撤销权人。

（二）以诉讼方式主张撤销

依据《公司法》第 22 条第 2 款之规定，股东可以请求人民法院撤销。问题在于，股东是否只能通过诉讼的方式主张撤销。虽然从文义上似乎不能直接得出股东只能向人民法院起诉请求撤销的结论，但是董事会决议是一项重要的组织行为，为了保障组织能够正常运行，防止股东的不当干涉，应当通过诉讼撤销。另外，根据《民法典》第 134 条之规定，董事会的决议行为属于法律行为。在我国，除《民法典》第 145 条规定的限制民事行为能力人为法律行为时善意相对人可以通知撤销外，其他瑕疵导致的法律行为撤销必须通过诉讼或仲裁的方式进行，这是因为后者通常交易标的较大，或者行使撤销权容易发生争议。[1]基于相同的目的，股东亦应当只能请求人民法院撤销。故而，通过合目的性解释，股东撤销董事会决议只能通过诉讼的方式主张。

本案中，中证万融公司提起诉讼，主张撤销 320 董事会决议，这一要件得到满足。

（三）决议程序违法

根据《公司法》第 22 条第 2 款之规定，董事会决议被撤销存在两大情形，一是决议程序违法[2]，包括召集程序违反法律、行政法规或公司章程以及表决方式违反法律、行政法规或公司章程六种情形。二是决议内容违反公司章程。同时根据《公司法司法解释（四）》第 4 条规定："股东请求撤销股东会或者股东大会、董事会决议，符合民法典第八十五条、公司法第二十二条第二款规定的，人民法院应当予以支持，但会议召集程序或者表决方式仅有轻微瑕疵，且对决议未产生实质影响的，人民法院不予支持。"因此，

---

〔1〕 最高人民法院民法典贯彻实施工作领导小组主编：《中华人民共和国民法典总则编理解与适用（下）》，人民法院出版社 2020 年版，第 734 页。

〔2〕 在公司法的法律渊源中，除制定法外，还包括组织的自治规章，即公司章程。因此，本文亦将章程视为对公司有拘束力的法。

决议程序违法可撤销还需满足决议程序瑕疵的非轻微性或对决议产生实质影响性这一构成要件。[1]本案中，当事人诉请主张召集程序违反《公司法》和公司章程，故而分别审查之。

1. 本案 320 董事会会议召集程序或许违反《公司法》

（1）《公司法》关于董事会会议召集程序之规定。

《公司法》关于董事会会议召集程序的规定见《公司法》第 47 条："董事会会议由董事长召集和主持；董事长不能履行职务或者不履行职务的，由副董事长召集和主持；副董事长不能履行职务或者不履行职务的，由半数以上董事共同推举一名董事召集和主持。"《公司法司法解释（四）》第 4 条规定："股东请求撤销股东会或者股东大会、董事会决议，符合民法典第八十五条、公司法第二十二条第二款规定的，人民法院应当予以支持，但会议召集程序或者表决方式仅有轻微瑕疵，且对决议未产生实质影响的，人民法院不予支持。"据此，基于违反《公司法》第 47 条之规定构成决议撤销事由的构成要件为：①有限责任公司；②召集程序不符合《公司法》第 47 条规定；③召集程序并非轻微瑕疵或对决议产生实质影响。

值得注意的是，世纪盛康公司的公司章程就董事会会议召集程序作出了不同于《公司法》第 47 条的规定。由于我国《公司法》兼具强制性和任意性，公司章程关于董事会会议召集程序的规定可能会排除《公司法》第 47 条而优先获得适用。故而，在审查公司董事会会议召集程序是否违反《公司法》第 47 条之前，须首先审查公司章程的规定是否排除《公司法》第 47 条的规定。若公司章程可以排除《公司法》第 47 条的规定，则无需进一步审查召集程序是否违反《公司法》第 47 条。

（2）《公司法》第 47 条在本案中的可适性。

首先应当解决的问题是，公司章程是否可以排除《公司法》的适用。

就公司章程的性质而言，公司章程是公司组织与活动的根本准则，应是公司对内与对外的行动纲领。通说常认为公司得依公司章程自治，并在公司

---

[1] 参见杜万华主编、最高人民法院民事审判第二庭编著：《最高人民法院公司法司法解释（四）理解与适用》，人民法院出版社 2017 年版，第 117 页。

章程中自由安排内部权利义务关系。[1]特别是就有限责任公司在内的小型公司而言，由于其具有人数稀少等特点，法律没有必要强制规定其内部权利义务关系，而是应允许股东间基于合意共治公司。[2]质言之，对于此类公司，法律规范应以契约自由为核心，允许当事人有章程自治之空间，以便当事人约定更符合其需要的章程条款。在此意义上，法律规范事实上仅需提供一套预设的公司运作架构以降低当事人之交易成本。[3]因此，理论上，在不违反法律强制或禁止规定之范围，应允许公司章程就公司事项加以规定。[4]

从公司法的规定而言，于部分条款中明定准许公司章程"另有规定"。对此类规范而言，立法者将公司法的规定设定为当事人意思空白情形下的一种补充。同时，对于这类规范而言，在适用法的顺位上，公司章程取得了优先于公司法适用的裁判法地位。[5]此处所谓"另有规定"，系明定准许章程自治之内容，对于章程自治范围内之内容，准许其排除公司法的适用。

自公司法的性质而言，公司法中兼具强制性规范与任意性规范。[6]所谓强制性规范，指不得以当事人的意思排除其适用的法规；所谓任意性规范，指当事人得以其意思排除适用的法规。[7]就公司法的规范而言，依照规范对公司章程的影响程度强弱、是否允许由当事人缔约而改变其内涵和规范的表现形式，可以将公司法规范分类为：强制性规范、补充性规范和赋权性规范。所谓补充性规范和赋权性规范事实上即为任意性规范。[8]赋权性规范授权公司参与方通过章程自由设立规则。而对补充性规范而言，除非公司参与各方另有约定，否则其当然地具有效力。与前两类规范不同，强制性规范不

---

〔1〕 参见邵庆平：《章程自治的界限——特别股类型限定的反省》，载《月旦法学杂志》2015年第247期。

〔2〕 参见王文宇：《公司法论》，中国政法大学出版社2004年版，第58页。

〔3〕 参见方嘉麟、朱德芳：《公司章程自治之界限——以章程置入反并购条款之可行性为核心》，载《政大法学评论》2015年第143期。

〔4〕 参见王志诚：《公司法：第二讲——公司之章程与自治》，载《月旦法学教室》2004年第23期。

〔5〕 参见钱玉林：《公司章程"另有规定"检讨》，载《法学研究》2009年第2期。

〔6〕 参见董慧凝：《公司章程自由及其法律限制》，法律出版社2007年版，第233页。

〔7〕 参见王泽鉴：《民法总则》，北京大学出版社2009年版，第38页。

〔8〕 参见董慧凝：《公司章程自由及其法律限制》，法律出版社2007年版，第233页。

允许公司参与各方以任何方式加以修正。[1]因此，从规范性质而言，公司法中的任意性规范应当准许当事人以合意的形式排除适用。

就学说的角度而言，公司章程条文是否得以排除公司法某些规定，国外学界对此有不同解说，但一般均围绕公司法规范对强制性规范与任意性规范区分展开，认为公司章程得对公司法中的任意性规范加以排除适用。[2]

综上所述，公司章程至少可以排除公司法中任意性规范的适用。

接下来的问题是，《公司法》第47条是不是任意性规范。首先要解决的问题是，如何识别公司法中的任意性规范。在强制性规范与任意性规范的识别上，不能单纯地依据法律条文是否适用了"应当""必须"等词语。[3]针对强制性规范与任意性规范的区分，可以依据爱森伯格的理论进行识别。依据该理论，公司法规范可以分为结构性规范、分配性规范和信义性规范三类。其中，结构性规范主要调整决策权的配置及其行使条件等问题；分配性规范处理对股东的资产（包括盈余）分配；信义性规范规定经理人和控股股东的义务。[4]通常而言，结构性规范、分配性规范调整的均系公司治理的内部事务，属于公司自治问题，因而该等规范可以通过公司章程排除适用通常并无争议，特别是对于有限责任公司来说"在有关结构性和分配性法律规则方面，赋权性和补充性规则应当处于核心地位"。[5]

此外，对此的补充观点认为，在考量任意性规范与强制性规范时，还应当考量公司的性质，区分闭锁公司和公众公司。闭锁公司股权相对集中，所有权与控制权主体相对同一，股东与经理人员意志重叠，各方合意相对充分，故而公司法宜给闭锁公司留下更为充分的合意空间，应赋予其公司章程

〔1〕 参见罗培新：《公司法强制性与任意性边界之厘定——一个法理分析框架》，载《中国法学》2007年第4期。

〔2〕 对于此类学说的详细梳理，参见王云泽：《闭锁性股份公司章程自治界限》，载《真理法学论丛》2019年第22期。

〔3〕 参见王志诚：《公司法：第二讲——公司之章程与自治》，载《月旦法学教室》2004年第23期。

〔4〕 参见〔美〕M. V. 爱森伯格：《公司法的结构》，张开平译，载王保树主编：《商事法论集第3卷》，法律出版社1999年版，第391页。

〔5〕 参见〔美〕M. V. 爱森伯格：《公司法的结构》，张开平译，载王保树主编：《商事法论集第3卷》，法律出版社1999年版，第401页。

更为充分的"选出"公司法自由。[1] 综上所述，闭锁公司之分配性规则与结构性规则应当以赋权性规范与补充性规范为主，即以任意性规范为主。

反对观点认为，鉴于公司法立法对于强制性规范与任意性规范设定的不合理、不清晰等原因，不应以强制性规范、任意性规范作为考量公司章程能否"另有规定"的标准。基于"法无禁止即自由"等基本原则，公司章程"另有规定"应当是原则允许、例外禁止。该观点认为，涉及债权人利益的强制性规范与具有公共性的强制性规范属于此等禁止的范畴。[2]

本文认为，反对观点不能成立。反对观点之核心，在于我国公司法对于强制性规范与任意性规范设置不合理、不清晰。然而，如前所论，对于强制性规范、任意性规范的识别不能单纯依赖法律条文的表述，而应当依据更为明确的标准——如前述之区分闭锁公司与公众公司，区分分配性规则、结构性规则和信义规则等。在这一前提下，所谓公司法对于强制性规范与任意性规范设置不合理并不能成立——或者至少可以通过前述方法加以修正。同时，反对观点所提出的禁止公司章程作出与公司法不同规定之标准，也面临不清晰、不明确的问题。特别是所谓具有公共性的强制性规范这一标准，其从逻辑上就首先依赖对强制性规范的识别，然后才能讨论该强制性规范是否具有公共性。因此，如果反对"对于强制性规范、任意性规范的识别不能单纯依赖法律条文的表述"的观点，则反对观点所提出的标准亦受制于其所主张的"公司法立法对于强制性规范与任意性规范设定的不合理、不清晰"。

综上，本文认为，认定公司法条文是否属于任意性规范的标准是：第一，考虑条文规范的内容，分配性规则和结构性规则一般为任意性规范，而信义规则应当为强制性规范。第二，考虑公司的性质，闭锁公司之分配性规则与结构性规则应当认定为赋权性规范或补充性规范，即任意性规范。

如前所论，《公司法》第47条作为规范有限责任公司董事会召集权限的规定，属于爱森伯格观点中的结构性规范。这类规范通常是任意性的，应当准许公司章程作出不同规定。《公司法》第47条系任意性规范的结论也可以

---

〔1〕 参见罗培新：《公司法的合同解释》，北京大学出版社2004年版，第164页。
〔2〕 参见王小波：《公司章程"另有规定"条款的司法审查路径》，载《河北法学》2019年第9期。

从违反该规定的法律后果加以佐证。《公司法》第 22 条第 1 款、第 2 款对董事会决议内容违法与程序违法的后果分别加以规定。其中，董事会决议内容违法将导致决议无效，而决议程序违法的后果则较轻，将导致决议可撤销。就整个公司法律关系和公司秩序而言，违反任意性规范的破坏程度较低，因而除个别情形外人们不会给违反任意性规范的行为以"无效"的效力评价。[1]违反包含《公司法》第 47 条在内的程序性规定不能导致决议无效的法律后果，因此，如果认定其为强制性规定，似有不当。

此外，依学者梳理，从法律条文看，我国公司法对有限责任公司自治极为宽容，除少数强制性规范外，绝大多数事项都可由公司章程自行规定。[2]就公司法条文而言，基于《公司法》第 48 条第 1 款之规定，董事会之议事方式、表决程序得由公司章程自行规定。而依据《公司法》第 22 条第 2 款，董事会表决方式违法与召集程序违法将导致等同的法律后果，即董事会决议可撤销。由此观之，如果规定董事会会议召集程序的《公司法》第 47 条被视为强制性规范，此等事项不准许章程自行规定，那么董事会会议召集程序违法与董事会表决方式违法导致等同的法律后果似有未恰。质言之，基于此体系解释，董事会会议召集程序应当准许公司自行规定，因此不应当被视作强制性规范。

最后，如前所述，若一般不产生或者极少产生对公司外第三人影响的公司法规则，公司法并无理由将之设定为必须适用的强制性规范，该规则应当可以被公司章程自治排除。《公司法》第 47 条规定事项系董事会会议召集之程序性事项，难谓其会对公司外第三人产生影响，并无理由将之设定为强制性规范。

综上所述，《公司法》第 47 条是任意性规范，可以被公司章程规定修改和取代。

然而，问题在于，《公司法》第 47 条虽然是任意性规范可被公司章程修改和取代，但是公司章程对《公司法》第 47 条的修改是否存在边界？诚然，

---

〔1〕 参见王保树：《公司法任意性法律规范适用的留意点》，载《国家检察官学院学报》2011 年第 1 期。

〔2〕 参见王云泽：《闭锁性股份公司章程自治界限》，载《真理法学论丛》2019 年第 22 期。

如上文分析所言，结构性规则一般属于任意性规范，但是对于结构性规则的修改不能根本地损及公司的本质和公司法的基本原理。例如，不能将《公司法》第47条规定的董事职权交由非董事实施。在此还需特别考量两点，一是国家经济政策。一般而言，如果政府试图通过法律践行某项经济政策，那么涉及该项经济政策之规定往往属于强行设计，违背此等经济政策的章程规定往往归于无效。二是公司法之基本原理。公司之所以与其他组织相区别，是因为公司存在一些不同于其他组织（如合伙组织）的本质。例如，他营机关、三权分立、董事忠实义务和弱者保护原则等。[1]

本案中，世纪盛康公司章程规定，董事会会议由董事长召集和主持，董事长不能履行职务或者不履行职务的，由半数以上董事共同推举一名董事召集主持。这一章程规定是否跨越了公司自治的边界，从而无效？

本案中，对于董事会会议召集程序而言，并不存在有关的国家政策。问题在于，世纪盛康公司章程的这一规定是否违背公司的本质和公司法的基本原理。与《公司法》第47条的规定不同，世纪盛康公司章程的这一规定剥夺了副董事长的召集权。问题在于，副董事长的召集权可否被剥夺，即剥夺副董事长的召集权是否违背了公司的本质和公司法的基本原理。

第一，本案中，世纪盛康公司的规定剥夺了副董事长的召集权。如果副董事长的这一权力依据公司法的有关规定及其基本原理是不可剥夺的，则该规定显然跨越了公司自治的边界。因此，首先应当考察，副董事长召集董事会的权力是不是不可剥夺的。

依据《公司法》第44条第3款之规定，有限责任公司可以设副董事长。据此，副董事长在有限责任公司并非必设。据此言之，对于不设副董事长的有限责任公司，在适用《公司法》第47条时，如果董事长不履行或怠于履行职务，其不可能由副董事长召集董事会。质言之，有限责任公司可以通过不设立副董事长的方式彻底"剥夺"副董事长的职务并交予他人，由此，似乎不能认定副董事长的权力是不可剥夺的。

《公司法》第47条规定之目的，系保证董事会制度的运行，从而充分发

---

〔1〕 参见方嘉麟、朱德芳：《公司章程自治之界限——以章程置入反并购条款之可行性为核心》，载《政大法学评论》2015年第143期。

挥董事会的作用，保障董事会依法行使职权。亦即，"这一规定的实质是，半数以上董事主张召开董事会会议的，即使董事长或者副董事长持不同意见，董事会会议也能够召开起来，也能够保证董事会制度的运行，从而充分发挥董事会的作用，保障董事会依法行使职权"。[1]

从《公司法》的立法流变而言，在《公司法》2005 年修订之前，该条规定为："董事会会议由董事长召集和主持；董事长因特殊原因不能履行职务时，由董事长指定副董事长或者其他董事召集和主持。三分之一以上董事可以提议召开董事会会议。"查此规定与现行《公司法》之不同，在于现行《公司法》取消了"由董事长指定"这一规定，也取消了"董事长因特殊原因"这一前提。这一改变的目的在于，进一步方便其他董事在董事长不履行职务时召集董事会，发挥董事会的作用——无论董事长因何理由不履行职责，也无须董事长指定。

从这一角度而言，世纪盛康公司章程的规定，虽然剥夺了副董事长的召集权，但是更进一步地便利了董事会的召集。质言之，依据《公司法》第47 条之规定，在董事长不履行职务的情况下，其他董事还需判断副董事长是否也构成不履行职务，才能自行推举代表、召集董事会，其中时间逡巡，不利于充分发挥董事会的职责。同时，世纪盛康公司系股东人数极为有限的有限责任公司，股东利益与公司利益高度重合，略过副董事长召集董事会并不会导致"都有权召集则无人召集"的情况。质言之，股东将有动力要求自己委派的董事推举、召集董事会会议。

综上所述，有限责任公司副董事长的董事会召集权并非不可剥夺。

第二，本案存在的特殊情况是，依据《增资扩股协议书》及世纪盛康公司董事会任职事实，副董事长系小股东委派董事担任，董事长系大股东委派董事担任。因此，如果剥夺副董事长直接召集董事会的权力，可能导致在大股东委派的董事长怠于履行职务时，小股东权益缺乏救济渠道。据此，世纪盛康公司章程的这一规定可能违背了保护弱势者的要求。因此，此处应当考察，本案中世纪盛康公司章程的前述规定是否导致小股东权益缺乏救济

---

[1] 参见宋燕妮、赵旭东主编：《中华人民共和国公司法释义》，法律出版社 2019 年版，第101 页。

渠道。

本案中，依据世纪盛康公司章程，副董事长虽然没有董事会的召集权，但是，副董事长依然可以依据董事的身份享有董事会的召集权。同时，也没有证据证明世纪盛康公司的规定事实导致小股东委派的董事无法满足"半数以上董事共同推举"这一条件。

综上所述，不能认为本案中世纪盛康公司章程的前述规定导致小股东权益缺乏救济渠道。

【中间结论】综上，由于《公司法》第47条系任意性规范，且世纪盛康公司章程的规定没有逾越公司自治的边界，因此，世纪盛康公司章程的规定可以有效排除《公司法》第47条的规定，故而本案不适用《公司法》第47条。据此，320董事会会议并非因召集程序违反《公司法》而可被撤销。

2. 本案320董事会会议召集程序可能因违反公司章程而可被撤销

世纪盛康公司章程规定："董事会会议由董事长召集和主持，董事长不能履行职务或者不履行职务的，由半数以上董事共同推举一名董事召集主持。"《公司法司法解释（四）》第4条规定："股东请求撤销股东会或者股东大会、董事会决议，符合民法典第八十五条、公司法第二十二条第二款规定的，人民法院应当予以支持，但会议召集程序或者表决方式仅有轻微瑕疵，且对决议未产生实质影响的，人民法院不予支持。"基于召集程序违反此规定构成决议撤销事由的构成要件是：（1）章程规定有效。（2）召集程序违反章程规定，即违反①董事长不能履行职务或者不履行职务；②推举人系董事且参与推举的董事超过董事之半数；③被推举人系董事中任一人或数人。③召集程序并非轻微瑕疵或对决议产生实质影响。

（1）章程规定有效。

如前所论，世纪盛康公司章程上述规定有效。

（2）召集程序违反公司章程规定。

本案中，董事会会议召集程序或许不满足以下公司章程规定：①董事长不能履行职务或者不履行职务；②推举人系董事且参与推举的董事超过董事之半数；③被推举人系董事中任一人或数人。

①董事长不能履行职务或者不履行职务。

赵某贤自其于 2020 年 2 月 7 日主持召开董事会会议后未主持召开董事会会议或许构成董事长不履行职务。

世纪盛康公司章程规定，"董事会会议每半年至少召开一次"。一般认为，所谓董事长不能履行职务或者不履行职务，指不能召集或不召集董事会会议。[1]

然而，值得讨论的问题是，在判断董事长是否构成"不履行职务"或者说"不召集董事会会议"时，是否需要考量其主观意愿？更为明确的表述是，董事长是否仅在故意不召集董事会会议时，才构成"不履行职务"？

上述问题的实际意义在于，当董事长并未按期召开董事会会议时，如果副董事长或其他董事（本案中的情形）想要自行召集董事会会议，是否有必要先行对董事长提出召集董事会会议的要求，以确认董事长是否为有意地不召集董事会会议？如果认为在判断董事长是否构成"不履行职务"时无需考量其主观意愿，那么一种可能面临的实践问题是，在董事长有意召集董事会会议而基于疏忽或其他情况未能及时启动相关程序的情况下（极端情况下可能仅迟延极短时间），副董事长或其他董事就径行召集董事会，导致同时产生时间相近的多个董事会会议通知，及多个并行的董事会会议，加剧或者引发公司内部的权力矛盾，影响公司的有效治理。

简而言之，如果认为在判断董事长是否构成"不履行职务"时无需考量其主观意愿，那么副董事长或其他董事想要自行召集董事会会议，就无需先行对董事长提出召集董事会会议的要求，这将很可能导致公司董事会会议滥行召集，公司事务政出多孔，严重影响公司治理的效果。有鉴于此，本文倾向于认为，《公司法》第 47 条所谓的"董事长不履行职务"，应当指"董事长超过章程规定的期限不履行职责，而在副董事长请求之后仍不履行"；相应地，世纪盛康公司章程规定的"董事长不履行职务"，应当指"董事长超过章程规定的期限不履行职责，且在过半数董事推举的董事请求之后仍不履行"。

上述观点也可以通过对公司法法条变迁的考察得到一定的支持。2018 年《公司法》对是否应通知董事长未有明定。然而，2004 年《公司法》第 48

---

〔1〕 参见施天涛：《公司法论》，法律出版社 2018 年版，第 356 页。

条规定："董事会会议由董事长召集和主持；董事长因特殊原因不能履行职务时，由董事长指定副董事长或者其他董事召集和主持。……"这一规定意味着，在2004年《公司法》适用时，副董事长或其他董事召集董事会会议的权限必须来源于董事长的明确指定。这种明确指定只能来源于董事长的主动给予，或董事长在副董事长或其他董事请示下的给予，这意味着，除非董事长预先给予指定，否则如果副董事长或其他董事希望自行召集董事会会议，都必须先行请示董事长。换言之，2004年《公司法》对于副董事长和其他董事召集董事会会议的情形，设定了先行请示董事长的程序。

然而，该条中"由董事长指定"等表述于2005年修订的《公司法》中被删去，因此，需要讨论的问题在于，立法的这一变化是否意味着副董事长、其他董事召集董事会会议无须先请示董事长？

对2005年《公司法》修订的解释指出："修订前的公司法规定，公司董事会只能由董事长或者董事长指定的副董事长、董事召集和主持。实际中，出现了董事长既不召集和主持董事会会议，也不指定副董事长或者其他董事召集和主持董事会会议的情况，使得董事会无法正常行使职权。修订后的公司法规定，董事长不能履行或者不履行召集和主持董事会会议职务，也不指定副董事长或其他董事召集和主持董事会会议的，由半数以上的董事共同推举一名董事召集和主持董事会会议。"[1]从这一表述而言，2005年修订《公司法》并无意，事实上也并未对2004年《公司法》建构的"董事会会议由董事长召集和主持；董事长因特殊原因不能履行职务时，由董事长指定副董事长或者其他董事召集和主持"的规则予以否定或重构，而仅仅是在此基础上补充"董事长不召集董事会会议，也不指定副董事长或其他董事召集时，由副董事长或半数以上的董事共同推举一名董事按顺序行使上述权力"的规则，以期解决实践中存在的董事长、副董事长均不履行职责，公司陷入僵局的情况。[2]

因此，对于2005年《公司法》第48条的解释，仍应当继承上述对2004

---

〔1〕 参见全国人民代表大会常务委员会法制工作委员会编：《中华人民共和国公司法释义》，法律出版社2005年版，第12页。

〔2〕 参见全国人民代表大会常务委员会法制工作委员会编：《中华人民共和国公司法释义》，法律出版社2005年版，第76页。

年《公司法》第 48 条的解释，即副董事长、其他董事召集董事会会议仍须先行请示。

综上所述，2005 年《公司法》对于有限责任公司董事会召集权相关规定的修改，核心在于赋予董事自行召集董事会的权力，以期避免因董事长、副董事长不履行职务导致公司陷入僵局。但是，这并不意味着副董事长与一般董事可以在不先向董事长请求召集董事会的情况下径行召集董事会会议。质言之，所谓"董事长不能履行职务或者不履行职务的，由副董事长召集和主持；副董事长不能履行职务或者不履行职务的，由半数以上董事共同推举一名董事召集和主持"虽然删除了"由董事长指定"的要求，但其仅是对董事会召集权限的顺序的明确，目的在于使得公司在董事长怠于履行职务时有明确的主体承担召集董事会会议这一责任。但是，这一改动并不能得出副董事长与一般董事可以在不先向董事长请求召集董事会会议的情况下径行召集董事会会议的结论。否则，则可能导致董事会会议滥行召集，公司事务政出多端以致董事长之权力被"架空"之虞。

综上所述，世纪盛康公司所谓"董事长不履行职务"，应当指董事长超过章程规定的期限不履行职务，且在过半数董事推举的董事请求之后仍不履行。

本案中，赵某贤于 2020 年 2 月 7 日主持召开董事会会议至 2021 年 3 月 20 日已逾半年。但是，吴某等在召集 2021 年 3 月 20 日董事会会议时，并没有请示赵某贤。依上文分析，不能认为赵某贤构成"董事长不履行职务"。

因此，本案中，赵某贤不构成董事长不履行职务。

②推举人系董事且参与推举的董事超过董事之半数。

本案中，推举人中吴某、舒某平是董事，金某淑、蔡某杰可能因之前的辞职而丧失董事身份，曹某君可能因为 2020 年 11 月的股东会决议失去董事身份从而导致参与推举的董事未超过董事之半数。故而，需要审查以下问题。问题一：金某淑、蔡某杰的辞职是否导致他们丧失董事身份？问题二：曹某君是否因为 2020 年 11 月的股东会决议失去董事身份？问题三：若三人丧失董事身份，是否导致参与推举的董事未超过董事之半数？

问题一：金某淑、蔡某杰的辞职是否导致他们丧失董事身份？

对于董事辞职的问题，我国《公司法》并没有明确的规定，故而可能需要回溯到一般法中去探求规范基础，这是因为民法系私法和民商法的基本法。[1]《公司法》2005年修订时，删去2004年《公司法》第115条第2款"董事在任期届满前，股东大会不得无故解除其职务"之规定。其理由在于，董事与公司之间是委托关系，公司应当有权随时解除董事的职务。[2]《最高人民法院关于适用〈中华人民共和国公司法〉若干问题的规定（五）》（以下简称《公司法司法解释（五）》）第3条进一步明确公司得无因解除董事职务。由于上述规定将董事与公司之间的关系定性为委托关系，故而本案似乎可以适用委托合同的相关规定，即《民法典》第933条关于受托人解除合同的规定。但是，针对董事与公司的关系问题，存在观点上的争议。

从理论上而言，针对董事与公司之间的关系问题，存在如下观点。

第一，"信托说"，该说认为，董事是公司财产的受托人。公司对其财产拥有所有权，而董事凭借公司赋予的权力为公司的利益经营公司财产。因此，董事与公司之间的关系，可以用信托关系概括。[3]

第二，"代理说"，该说认为，董事是公司的代理人。公司因为其不具有有形实体，其本身无法从事活动，必须通过董事而从事活动。在这种情形下，董事与公司之间是"代理人与本人"之关系。[4]

第三，"准委任说"。该说认为，公司与董事间关系以委任关系为基础，但具有一定特殊性。具体而言，凡公司法有特殊规定者，当从公司法之特殊规定，无特殊规定者，则一准适用委任合同相关规定。该观点可以得到一定域外立法的支持，如《日本商法》第254条、《德国民法典》第27条等。[5]

---

[1] 参见王涌：《中国需要一部具有商法品格的民法典》，载《中国法律评论》2015年第4期。

[2] 参见全国人民代表大会常务委员会法制工作委员会编：《中华人民共和国公司法释义》，法律出版社2005年版，第74~75页。

[3] 参见张民安：《公司法上的利益平衡》，北京大学出版社2003年版，第313页；[英]R. E. G. 佩林斯、A. 杰弗里斯编：《英国公司法》，《公司法》翻译小组译，上海翻译出版公司1984年版，第221页。

[4] 张民安：《公司法上的利益平衡》，北京大学出版社2003年版，第313页。

[5] 《日本商法》第254（3）条规定："董事与公司间的关系适用民法有关委任的规定。"《德国民法典》第27条第3款规定："董事会的业务执行，准用第664条至第670条关于委托的规定。"相关论述参见王军：《中国公司法》，高等教育出版社2017年版，第364~365页。

本文认为，针对中国公司法，宜采第三种观点。首先，无论是信托说还是代理说，均存在理论上的问题。就信托说而言，依信托之原理，信托人需要取得信托财产的所有权，而董事显然没有取得公司财产的所有权。就"代理说"而言，董事身份之取得须董事与公司之合意，同时，在代理关系中，代理人须依被代理人意志行为，此与董事在公司管理中具有较大自主权的情形显然不同。而且无论是代理还是信托，一般而言被代理人与信托人都不会设立条款限制自身的行为与权利，而在公司中公司章程往往将一些权力授予董事会，这些权力甚至不能由股东会行使。[1]更为关键的是，信托的根本特征之一在于"持有财产"，受托人对于财产应当享有所有权，也就是所谓的"就普通法的角度而言，受托人即财产的法定所有权的人"。[2]这一特征正是使得信托与其他法律概念得到区分的关键之一。然而这一特征在公司的语境下是无法得到满足的，无论如何，都难以认为董事是公司财产的所有权人。从历史的角度而言，在英美法上，信托说与代理说虽在历史上曾处于支配地位，[3]但此后亦逐渐被修改，不再使用"受托人""代理人"等称呼，而代之以"准受托人"等。[4]

其次，从实用性的角度而言，信托制度原是英美法的制度，对于我国这样有习惯大陆法系久远传统的国家而言，引用委任关系说明公司与董事关系，比较易于接受。[5]同时，"准委任说"要求在公司法没有明确规定的情况下，准用民法上关于委任的规定。结合《民法典》等相关法律，我国法律对于委任关系有着较为丰富的规定，这使得准委任说的采用更为可能。

最后，就实际情况而言，董事往往与公司订立合同，基于公司的委托行使其董事的职权处理公司事务。就此种合同而言，其本身就符合《民法典》

---

〔1〕 参见罗培新：《股东会与董事会权力构造论：以合同为进路的分析》，载《政治与法律》2016 年第 2 期。

〔2〕 参见［英］格雷厄姆·弗戈：《衡平法与信托的原理（上册）》，葛伟军、李攀、方懿译，法律出版社 2018 年版，第 61 页。

〔3〕 参见［英］保罗·戴维斯、莎拉·沃辛顿：《现代公司法原理（上册）》，罗培新等译，法律出版社 2016 年版，第 367 页。

〔4〕 参见［英］丹尼斯·吉南：《公司法》，朱羿锟等译，法律出版社 2005 年版，第 297 页。

〔5〕 参见王保树：《股份有限公司的董事和董事会》，载《外国法译评》1994 年第 1 期。

第 919 条之规定。

综上所述，针对公司与董事间关系的问题，应当采"准委任说"，即公司与董事间关系以委任合同关系为基础，凡公司法有特殊规定者，当从公司法之特殊规定，无特殊规定者，则一准适用委任合同相关规定。

因此，此处需要首先解决的问题是，《公司法》中对于董事的辞职，是否存在特别的规定，董事辞职是否可以直接适用《合同法》等关于委任合同的规定？

《民法典》中关于受托人解除委托合同具体规定于《民法典》第 933 条，根据该条之规定："委托人或者受托人可以随时解除委托合同。因解除合同造成对方损失的，除不可归责于该当事人的事由外，无偿委托合同的解除方应当赔偿因解除时间不当造成的直接损失，有偿委托合同的解除方应当赔偿对方的直接损失和合同履行后可以获得的利益。"《民法典》中关于解除的法律效果具体规定于《民法典》第 557 条第 2 款，即合同解除导致合同权利义务关系终止。进言之，若董事解除其与公司之间的委托合同，则董事与公司之间的权利义务关系终止，即董事丧失董事身份。然而，我国《公司法》第 45 条第 2 款规定："董事任期届满未及时改选，或者董事在任期内辞职导致董事会成员低于法定人数的，在改选出的董事就任前，原董事仍应当依照法律、行政法规和公司章程的规定，履行董事职务。"这一规定构成对董事辞职的限制，其目的是平衡董事的辞职自由与公司的正常运行。具体而言，董事自由辞职虽然对董事具有重大的积极意义——使董事从与公司之间长期的法律关系中脱离出来，避免受其累害。但是，这一制度对于公司和股东的利益存在不利。如果董事在任期内辞职导致董事会成员低于法定人数，倘使董事职责自动终止，则董事会将因董事缺额而无法履行职权，影响公司的正常运营。除此之外，董事辞职还可能导致公司利益结构的变化。质言之，公司——特别是有限责任公司董事职位的取得往往是公司股东之间妥协的结果，董事职位的维持是公司股东投资回报实现的前提。[1]因此，如果董事可以任意辞职，则该董事对应股东的投资回报可能将无法实现，公司势必会受到影响。

---

[1] 张民安：《公司法上的利益平衡》，北京大学出版社 2003 年版，第 331 页。

但是，董事自由辞职对公司和股东也并非全然不利。首先，这一制度可以避免具备相应能力者因担心任职董事后过分受合同拘束而不愿担任董事；其次，董事辞职也有利于不再愿意为公司服务者快速离开岗位，便于新的董事承担董事职责。[1]因此，考虑到以上所述董事自由辞职制度对董事及公司的利益与不利，《公司法》对董事辞职进行了第45条第2款规定之限制，将董事的延期任职限定在导致董事人数低于法律最低要求的范围。因此，这一限制并非对董事解除权的限制，而是对行使解除权，即提出辞职，产生的法律效果在时间上的推迟性限制。

综上，根据《民法典》第933条、第557条第2款并结合《公司法》第45条第2款，董事通过辞职丧失董事身份的前提要件有以下几个。第一，辞职人为公司董事；第二，董事作出解除合同的意思表示；第三，以通知方式作出；第四，通知到达相对方；第五，辞职未导致董事人数低于法定人数或虽然辞职导致董事人数低于法定人数但是已经选任新的董事。下面逐一进行分析。

第一，辞职人为公司董事。

金某淑、蔡某杰系公司董事。

第二，董事作出解除合同的意思表示。

金某淑、蔡某杰的辞职行为或许构成解除合同的意思表示。

依据合同解除之性质，所谓解除合同的意思表示应当以声明终止合同的权利义务关系为内容。

本案中，金某淑、蔡某杰所谓辞职，目的系终止其基于董事身份与世纪盛康公司间存在的权利义务关系，构成解除合同的意思表示。

据此，金某淑、蔡某杰的辞职行为构成解除合同的意思表示。

第三，以通知方式作出。

《民法典》第557条第2款规定，合同解除的，该合同的权利义务关系终止。而所谓解除合同的通知，是解除权人一方作出的且需要相对人受领的意思表示。[2]

〔1〕 张民安：《公司法上的利益平衡》，北京大学出版社2003年版，第336页。
〔2〕 参见韩世远：《合同法总论》，法律出版社2018年版，第665页。

本案中，金某淑、蔡某杰的辞职系以向公司递交辞呈的方式作出，系需要相对人即公司受领的意思表示。

因此，本案中金某淑、蔡某杰解除合同的意思表示是以通知的方式作出的。

第四，通知到达对方。

金某淑、蔡某杰分别向赵某贤提交辞职书或许构成通知到达世纪盛康公司。

《民法典》第565条第1款规定："当事人一方依法主张解除合同的，应当通知对方。合同自通知到达双方时解除；……"此处需要解决的问题是，将解除合同的意思表示交予董事长，是否构成"到达"？

《上市公司章程指引》第100条第1款规定："董事可以在任期届满以前提出辞职。董事辞职应向董事会提交书面辞职报告。……"针对有限责任公司的董事辞职问题，则没有明确的规定。有观点认为，董事的辞职在历史上必须向股东会作出，而在当今，董事向董事会、公司秘书、置于公司办公机构等作出均可视为有效。[1]质言之，董事解除合同的意思表示——辞职的意思表示，在置于公司机关时，已经进入公司支配的范围，公司可以随时知悉此等意思表示。因此，基于前论对"到达"的解释，将辞职的意思表示置于公司机关时，已经符合了意思表示"到达"相对人的要求。

此外，前述公司机关中，董事会系以会议的形式发挥职能。但显而易见的是，董事会不可能时刻处于会议状态。因此，将辞职的通知置备于董事会，只能表现为在董事会会议上提出辞职或交予董事长等董事会工作人员。同时，由于董事长作为董事，对公司应忠实执行业务并尽善良管理人之注意义务。[2]据此要求，董事长对于其知悉的公司事务应妥善处理，且其享有的召集董事会、主持股东会等权利足以应对董事辞职相关事务。因此，将董事辞职之通知交予董事长，可以理解为解除合同的通知进入了相对人的实际控制范围内，或进入相对人的支配范围，符合相对人随时可了解意思表示内容的客观状态的要求，应对视为"到达"公司。

---

〔1〕 参见张民安：《公司法上的利益平衡》，北京大学出版社2003年版，第335页。

〔2〕 参见柯芳枝：《公司法论》，中国政法大学出版社2003年版，第255页。

本案中，赵某贤系世纪盛康公司董事长。金某淑、蔡某杰分别向赵某贤提交辞职书系将解除合同的通知交予公司董事长。因此，二人的行为构成解除通知到达世纪盛康公司。

由于本案中金某淑、蔡某杰的辞呈满足了上述要件，因此金某淑、蔡某杰分别向赵某贤提交辞职书请求辞去世纪盛康公司董事职务导致其依据《民法典》第565条第1款之规定失去董事身份。

第五，辞职未导致董事人数低于法定人数或虽然辞职导致董事人数低于法定人数但是已经选任新的董事。

《公司法》第44条第1款规定："有限责任公司设董事会，其成员为三人至十三人；但是，本法第五十条另有规定的除外。"据此，董事人数低于法定人数的构成要件为，董事人数低于3人。

本案中，金某淑、蔡某杰辞职后，世纪盛康公司尚有在职董事5人。因此，金某淑、蔡某杰的辞职未导致董事人数低于法定人数。

本案符合辞职未导致董事人数低于法定人数这一要件。

问题二：曹某君是否因为2020年11月的股东会决议失去董事身份？

根据上文分析，董事与公司之间的关系是委任法律关系，准用委托合同的规定。又根据《民法典》第933条结合《民法典》第577条第2款，得出作为委托人的公司可以随时解除与受托人董事之间的委任法律关系。又根据《公司法》第37条第1款第2项之规定，公司非职工董事的选任和更换由股东会决定。因此，公司解任董事的前提要件是，公司股东会作出有效的解任董事之股东会决议。本案中，并不存在2020年11月的股东会决议无效的情形，亦不存在不成立或被撤销的案件事实。故而，2020年11月的股东会决议有效。

因此，曹某君因为2020年11月的股东会决议丧失董事身份。

综上所述，在推举吴某召集董事会的人中，金某淑、蔡某杰、曹某君三人已经不具有董事身份。

问题三：若三人丧失董事身份，是否导致参见推举的董事未超过董事之半数？

如上文分析，金某淑、蔡某杰、曹某君三人已经不具有董事身份。换言之，在推举吴某召开 320 董事会会议时，世纪盛康公司董事包括赵某贤、吴某、舒某平、王某飞、张某、李某廷、王某担七人。参与推举吴某的董事包括吴某、舒某平，不足七人之一半。

因此，本案不符合参与推举的董事超过董事之半数这一要件。

【中间结论】320 董事会会议因参与推举的董事未超过董事之半数而违反公司章程。

③被推举人系董事中任一人或数人。

被推举人吴某为副董事长（由自然人股东委派），符合被推举人系董事中的任一人这一要件。

（3）召集程序并非轻微瑕疵或对决议产生实质影响。

这里需要解决的问题是，何种瑕疵属于轻微瑕疵或对决议未产生实质影响？所谓"仅有轻微瑕疵"，可以程序瑕疵是否会导致各当事人无法公平地参与多数意思的形成以及获取对此所需的信息为判定标准。[1]所谓"对决议未产生实质影响"一般来说，是指程序瑕疵不具有影响决议结果的可能性，即该程序瑕疵的存在不改变公司决议的原定结果。[2]

本案中，前述瑕疵导致董事会由不适当的主体召集。这将导致除参与推举的吴某、舒某平以外，其余董事对于董事会之召集完全没有预期，对于可能的议题不一定具备充分的准备。而且，对于召集程序是否有效产生的争议，可能影响其他董事对于可能议题的充分准备。同时，鉴于各董事对于公司章程之了解，未参与推举吴某召集董事会的董事完全可以基于吴某无权召集董事会而拒绝参会。本案中，赵某贤即未参加 2021 年 3 月 20 日董事会会议。因此，不能认为本案中的召集程序瑕疵不具有影响决议结果的可能性。如前所论，所谓"对决议未产生实质影响"一般来说，是指程序瑕疵不具有影响决议结果的可能性。据此，难以认为本案中的召集程序瑕疵构成"对决议未产生实质影响"。

据此，本案的召集程序瑕疵并不属于"轻微瑕疵并对决议未产生实质影

〔1〕 参见杜万华主编、最高人民法院民事审判第二庭编著：《最高人民法院公司法司法解释（四）理解与适用》，人民法院出版社 2017 年版，第 116 页。

〔2〕 参见张凝：《日本股东大会制度的立法、理论与实践》，法律出版社 2009 年版，第 505 页。

响"的情况。

【中间结论】由于世纪盛康公司章程有关规定有效，320 董事会会议之召集不符合董事长不履行职务及推举人系董事且参与推举的董事超过董事之半数等要件，且该等瑕疵并不属于"轻微瑕疵并对决议未产生实质影响"的情况，320 董事会会议由曹某君、金某淑、蔡某杰、吴某、舒某平推举吴某召集构成董事会会议召集程序违反世纪盛康公司章程的决议撤销事由。

（四）未经过除斥期间

本案中，中证万融公司于 2021 年 4 月 1 日诉请撤销 320 董事会决议或许未经过除斥期间。

依据《公司法》第 22 条第 2 款之规定，董事会决议撤销之诉的除斥期间为 60 日。符合未经过除斥期间这一条件的构成要件为，起诉请求撤销董事会决议的时间距离决议作出之日不超过 60 日。

本案中，中证万融公司于 2021 年 4 月 1 日起诉，320 董事会决议于 2021 年 3 月 20 日作出，未超过 60 日。因此，中证万融公司的起诉未超过除斥期间。

三、结论

综上，法院应当支持中证万融公司以召集程序违反公司章程规定撤销 320 董事会决议的诉请。

〔点评一〕

中证万融公司诉世纪盛康公司董事会决议撤销案涉及的是 320 董事会决议的撤销问题。撤销之诉在公司法领域大量存在，但在鉴定式案例分析结构中，其论证的展开与通常的请求权基础构造不同。作者将其拆分为主体要件、程序要件、事实要件和期限要件分层次逐一讨论，完成了撤销之诉鉴定式案例分析的全过程。该论证结构框架缜密，论证合乎逻辑，可为其他撤销之诉鉴定式案例分析采纳和借鉴。

本篇案例分析完成度很高，内容完整翔实，作者对事实要件中涉及的多个公司法上疑难问题均做了较为充分的论证说理。其中重要问题为公司章程能否在明文规定的六种情形以外，对现行《公司法》上的其他条款作"另有规定"。此种公司章程"另有规定"所引发的纠纷已经成为实践中的民商事热门纠纷。作者从"爱森伯格路径"出发，通过公司法规范"三分法"和公司性质两重标准综合判断一规范是否得为章程"另有规定"，并对反对观点进行了批驳，就这一问题的解决提出了一套完整且较为合理的操作方法。或许可以改进的地方在于，判断可否"另有规定"的标准的证立来自此种标准本身的合理性，因此简单地将反对观点所提出的标准驳倒，并不能当然得证自己的观点。而作者所引用的反对观点对"爱森伯格路径"的合理性的质疑中，其论点不仅在于《公司法》立法对于强制性规范与任意性规范设定的不合理、不清晰，还包括认为爱森伯格所区分的分配性规则、结构性规则和信义规则之间本身具有模糊地带，因为"从宽泛意义上来看，公司治理

中的绝大多数事项都关乎信义"。[1]此种观点有一定的合理性，分配性规则、结构性规则和信义规则之间的界限未必是绝对清晰的，一些分配性规则、结构性规则可能存在或多或少"信义"的因素。对此需要作者做进一步的补充，比如可以尝试说明此种反对观点在此处不成立，原因在于《公司法》第 47 条本身是纯粹的结构性规范；又如可以尝试论证此种"信义因素"的存在只是影响章程对其"另有规定"的限度。另外，作者依据《公司法》第 22 条第 2 款，董事会表决方式违法与会议召集程序违法将导致等同的法律后果，即可撤销。因此，如果规定董事会会议召集程序的《公司法》第 47 条被视为强制性规范，此等事项不准许章程自行规定，那么会议召集程序违法与表决方式违法不应导致等同的法律后果。该处论证的问题在于，董事会表决方式违法与会议召集程序违法所招致的法律后果相同，其原因一般认为是二者在性质上均为程序违法而非内容违法，"本条区别不同情况，考虑到决议内容的瑕疵和程序瑕疵在法律后果上轻重有别，违反法律及违反章程的瑕疵从性质及后果上也不相同，本着兼顾公平和效率的原则分别做了规定"。[2]而这与规定董事会会议召集程序是否为强制性规范之间的关系为何，对此的说明尚付阙如。故作者对该问题的结论可资赞同，但在细节处的论证有进一步补充的空间。

接着，作者对公司章程"另有规定"的限度问题和"董事长不能履行职务或者不履行职务"判定问题的讨论上，体现了本篇案例分析的一大优点，即善于通过分析条文的历史变迁，结合手头的一些立法材料，来说明立法文本背后的立法意旨，并通过对境外立法例合理性的分析来加强论证力度。在这个过程中展现了作者较高的文献搜集、整理和输出的能力，使得本篇案例分析引注量较高，多处都体现了作者较好的学术素养。

另外，在董事与公司关系上，作者较为详细地介绍并比较了信托说、代理说和准委任说的观点与可适用性，可见作者对此也做了较为全面的资料搜集与整理。可以改进的地方在于，该处所需要解决的问题为案中两位董事的

---

〔1〕 王小波：《公司章程"另有规定"条款的司法审查路径》，载《河北法学》2019 年第 9 期。

〔2〕 全国人大常委会法制工作委员会编：《中华人民共和国公司法释义》，法律出版社 2013 年版，第 51~52 页。

辞职是否导致他们丧失董事身份，那么讨论信托说、代理说和准委任说优劣的前提就在于这三种学说在"董事辞职"这一问题上所持观点有所分歧。然而从案例分析当中作者所展示的，主要是三种学说对"董事"这一身份的性质及权利取得等观点的分歧，而未见选择不同学说对"董事辞职是否导致董事身份丧失"这一问题的影响。作者可进一步补充三种学说对此问题的不同认识，使得整个讨论有的放矢。因为若采其他学说，对董事辞职这一行为的认定并无影响，那么此处讨论似无必要。该部分的另一可作斟酌处为辞职书的到达问题的论证方式。对"到达"的理解，可从文义和立法目的出发解释，亦可直接结合我国通说进行说明。若是直接援引通说，此处对文本的简单对应意义似乎不大；而若是需要论证依此理解的合理性，则需要从文本之上探讨其背后的立法意旨，取得实质性的理由。

综上，总体而言本篇案例分析的质量较高。本案例看似并不复杂，但实际上案件事实中值得关注的细节大量存在，案情涉及的公司法疑难问题也很多，但作者很好地在撤销之诉中运用鉴定式案例分析将问题逐一解决，可见作者对鉴定式案例分析方法的运用已较为熟练和灵活。在内容上，本篇案例分析篇幅较长，引用的参考文献也很丰富，对大部分问题的说理论证也比较完整，并在很多问题上能够提出自己有独创性的见解，其中对一些问题判别标准的提炼有一定的可复制性，体现了作者一定的学术素养和说理能力。

【点评二】

方斯远*

Science is organized knowledge.

——Herbert Spencer

一、评价目标与标准说明

鉴定式案例分析在我国引入已有数年，就其研习意义与基本方法，均已在较大范围内达成共识。但在目前，针对鉴定式案例分析作品的评价机制尚未形成共识。仅就笔者目前的观察和体验来看，或可在"形式"与"实质"两个层面展开。

形式层面的考察侧重"鉴定"面向，核心在于作者能否遵循"从法效到要件"的倒置论证模式，并在这些"小倒置模式"中分别检验相应法效果的构成要件是否达成。[1]首先，作者在开篇部分以"或可依据"的假设的形式提出可能适用的完全法条，以完整呈现有待检验的要件，为后续的检验奠定基础。其次，考察作者在解题过程中，在整个解题的构造之外（整体鉴定），对重要争议问题能否以鉴定式案例分析方式予以解决（次位鉴定）。最后，考察作者能否按照妥当的顺序对各要件逐一检验。

实质层面的考察侧重"案例"面向，核心在于"定义"与"涵摄"。一方面，须对作为大前提的完全法条（请求权基础）所涉的定义进行解释，尤

---

* 方斯远，华东政法大学法律学院副教授。

[1] ［德］Detlef Leenen：《请求权结构与制定法：案例分析法与制定法的互动》，贺栩栩译，载陈金钊、谢晖主编：《法律方法（第19卷）》，山东人民出版社2016年版，第57~69页。

其对涉及的理论争议在甲说乙说之间进行遴选并说明理由；另一方面，须对案件事实能否该当于构成要件进行涵摄，模拟案例一般已经将案件事实予以简化，要件事实相对清晰，从训练的角度来说已足够，但如果以原始判决书的查明事实为基础，要求作者自己提炼要件事实，则存在较大难度，须在未来进一步探索。另外，重要争议问题的逻辑排序，尽管有形式的因素，但更重要的是如何在实质层面对案件进行争点归纳。

总的来说，对任何案例分析在教义学层面的点评，无论是对于实在法的分解组合、解释乃至续造，还是对于案件事实是否该当于要件，核心均是法律解释的能力。而鉴定式案例分析的特别之处，在于能否呈现出作者通过案例分析"更系统化和更条理化地掌握制定法的规定……"，甚至"自己发现问题，并且意识到规则体系中的断裂和不足之处"，[1]这对于命题与答题来说并不容易，但却是法学作为一种体系化知识的科学的内在要求。[2]

二、案例遴选与事实裁剪

相较于民法，公司法领域的鉴定式案例分析起步较晚，成熟度和推广度也有所逊色，可能有以下几个影响因素。首先，在知识供给层面，我国公司法的研究重点整体偏重立法论，侧重以比较法与社会科学（尤其是法经济学）分析公司法与公司治理重要制度的原理及实效，考虑到我国公司法与公司治理的独特背景，[3]这种研究进路的重要性毋庸置疑，但解释论层面仍有较多问题亟待研究。其次，在立法技术层面，公司法的条文设计规范密度不足，相应的法条理论研究，尤其是请求权基础或其他权利的构成要件与法律效果仍存在较多有待厘清的空间。[4]再次，在权利理论层面，诸如股权等权

---

〔1〕 ［德］Detlef Leenen：《请求权结构与制定法：案例分析法与制定法的互动》，贺栩栩译，载陈金钊、谢晖主编：《法律方法（第19卷）》，山东人民出版社2016年版，第57~69页。

〔2〕 许德风：《法教义学的应用》，载《中外法学》2013年第5期。

〔3〕 邓峰：《中国公司治理的路径依赖》，载《中外法学》2008年第1期。

〔4〕 如笔者在研究设立中公司签订的"先公司合同"问题时，发现我国部分教科书中尽管用了相当篇幅论述，但较多径直以英美法的相关法理展开，结合我国实在法（尤其是与《合同法》的衔接）的论述较少，诸如设立中公司的准人格等问题，究竟在我国实在法层面如何找到相应的依据，鲜见讨论。方斯远：《先公司合同问题研究》，载《中国法学》2015年第3期。对于该问题请求权基础在《民法典》时代的深入分析，参见严城：《钱塘金属公司设立案之请求权基础分析——出资抗辩、

利的利益范围和法律之力层面仍未厘清，体系化程度亦有所不足，进一步造成了请求权基础构建的难度。最后，在法律适用层面，组织关系对合同的影响仍然有待研究。[1]因此，尽管民法领域鉴定式案例分析的训练在我国起步也不过十余年的时间，却能迅速实现规范化与本土化，但在公司法领域却进展缓慢。

然而，在公司法乃至商法领域，没有必要因缺乏民法领域成熟的请求权基础框架以及行之有效的检验顺序而裹足不前，更切实的目标，或许是从单个权利开始，借助鉴定式案例分析的训练厘清其利益结构与法律之力，并在此基础上呈现出"规则体系中的断裂和不足之处"，自下而上地为公司法规则的体系化积累跬步。[2]在笔者看来，这同样是案例遴选的标准。本题改编自中证万融公司诉曹某君等公司决议纠纷再审案民事判决书"，从原判决书来看，本案属于合适改造为鉴定式案例分析题目的典型案例。

在公司诉讼中，公司决议纠纷占据重要地位，其下分为"公司决议效力确认纠纷""公司决议撤销纠纷"以及"公司决议不成立纠纷"。在实体法角度，决议撤销事由与决议不成立事由之间的界限存在相当的模糊性，在司法实践中存在较多困惑；在程序法角度，又涉及诉之客观预备合并与重复诉讼识别等问题；[3]从组织法角度，由于决议不成立与可撤销的事由多涉及程序性问题，[4]对该类事项的审查也有助于研习者整体把握我国法上对决议的程序要求，加深对公司治理的认识。总的来说，公司决议纠纷涉及的诸多问题，非常适合作为鉴定式案例分析的练习。

（接上页）债务移转与财产返还》，载《燕大法学教室》2021年第2期。

〔1〕许德风：《组织规则的本质与界限——以成员合同与商事组织的关系为重点》，载《法学研究》2011年第3期。

〔2〕尽管法典化是一种有效率的推动规则体系化的方式，但在本质上，规则体系的完善离不开对现有权利的利益结构与法律之力的解析，以及基础权利衍生的请求权的构成要件的分解和法律效果的澄清，公司法与商法概莫能外。

〔3〕周翠：《公司决议诉讼的功能定位与程序机制》，载《中外法学》2019年第3期；刘哲玮：《论公司决议诉讼的裁判效力范围》，载《山东大学学报（哲学社会科学版）》2018年第3期。

〔4〕有观点认为决议不成立须审查的议事方式和表决程序完全属于程序性事项（《民法典》第134条第2款），而决议可撤销涉及的召集程序亦属于程序性事项，但表决方式涵盖程序和实体性事项（《民法典》第85条）。李宇：《民法总则要义——规范释论与判解集注》，法律出版社2017年版，第248页。

就本案而言，原案历经一审、二审与再审，围绕 320 董事会决议的效力，核心争点在于董事会会议的主体是否适格，以及股东协议中的组织规则的效力。主要涵盖的问题包括公司与董事之间的法律关系定性、董事辞职意思表示的生效与委任合同解除之间的关系，对《公司法》第 47 条"董事长不能履行职务或者不履行职务"的解释等问题。本案涉及的另一个疑难问题在于，决议撤销须审查会议召集程序和表决方式是否违反法律、行政法规和公司章程，但如果股东就公司的组织结构达成合意，违反该协议能否作为决议撤销的事由，仍有讨论空间。最高人民法院的再审判决将系争股东协议视为对章程的解释，即"该文件虽名为协议，但在主体上包括公司和全体股东、内容上属于公司章程的法定记载事项、效力上具有仅次于章程的最高效力，其法律性质应属世纪盛康公司对公司章程相关内容的具体解释"。由此推出违反该协议应为决议的可撤销事由，而系争 320 董事会决议"内容违反了全体股东及公司对公司章程的解释，应视为违反了公司章程的规定"。尽管在法效果上，如将股东协议作为公司章程的解释，那么违反该协议即为违反公司章程，而非"视为违反了公司章程"，但整体论证逻辑清晰。然而，原判决却忽略了股东协议与《公司法》第 47 条之间可能存在的冲突，结论过于草率。须补充的是，实践中，对公司的决策和管理，股东常常以协议而不是公开的公司章程确定，因此系争条款的效力仍需个案检验。[1]

然而，如果将前述所有争点（原案还涉及部分程序法的问题，在此不予展开）全部列入鉴定式案例分析，会导致分析过于庞杂，并不必要。因此，题目设计对要件事实进行了简化，使答题者能够尽早把握焦点，围绕决议效力展开论述，较为妥当。尤其值得肯定的是，命题人特意将原判决忽略的争点保留了下来，以期研习者不限于原判决的思路，自己发现争点所在。

值得进一步思考的是，在研习者已经经历了初阶和高阶的鉴定式案例分析训练基础上，是否有可能将案件事实认定，尤其是从原始材料中提炼要件

---

[1] 对组织规则与股东协议的详细论述，参见许德风：《组织规则的本质与界限——以成员合同与商事组织的关系为重点》，载《法学研究》2011 年第 3 期。

事实等加入训练。[1]

三、鉴定结构与思维脉络

在多数情况下，鉴定式案例分析是以请求权为中心，依照请求权已发生、未消灭、可执行的逻辑顺序展开。但本案涉及的是形成权，在检验顺序上，可借鉴的是合同法上的撤销权，依据（1）撤销权人作出撤销意思表示（在撤销权被定为形成诉权的情况下，向法院提出撤销请求）；（2）撤销理由该当；（3）撤销权未消灭（除斥期间未经过）的逻辑顺序展开。[2]结合本报告，可见作者整体按照这一逻辑顺序展开，值得肯定。而对于重要争议问题的次位鉴定，作者亦展现出缜密的要件分解—涵摄的顺序，如"董事会会议召集程序或许不满足公司章程规定之（1）董事长不能履行职务或者不履行职务；（2）推举人系董事且参与推举的董事超过董事之半数；（3）被推举人系董事中任一人或数人"。

或可进一步思考两个问题。其一，作者并未在案例分析开篇用设问句的形式组合出完全法条作为分析基础，尽管撤销权并非请求权，但完整列出其要件以为后续的检验奠定基础仍有其重要意义。其二，《民法典》第 85 条和《公司法》第 22 条谁更适合做本案的权利基础，似有必要讨论，因为《民法典》相较于《公司法》，既是新法，也是一般法，二者的适用关系不能直接以"特别法优于一般法"的法理解决，尤其考虑到《民法典》第 85 条对《公司法》第 22 条有所修订，两者的关系有必要予以厘清。[3]

---

[1] 吴香香教授指出，德国民事法院发展出的"关联分析法"（Relationstechnik），核心技术正是借助请求权思维引导裁判者获取案件事实，确定法律适用的小前提。吴香香：《请求权基础思维及其对手》，载《南京大学学报（哲学·人文科学·社会科学）》2020 年第 2 期。

[2] 参见［德］卡尔-海因茨·费策、伊娃·伊内斯·奥博格菲尔：《德国民法总则案例研习》，王剑一译，中国法制出版社 2020 年版，第 253~257 页。

[3] 严城在对设立中公司适用规范的研究中指出，就现行法上设立中公司的法律适用问题，应优先适用《民法典》第 75 条，而非《最高人民法院关于适用〈中华人民共和国公司法〉若干问题的规定（三）》第 2 条至第 5 条的规定。其理由在于：就同一事项，《民法典》第 75 条意在修改《最高人民法院关于适用〈中华人民共和国公司法〉若干问题的规定（三）》的前述条款，将后者的以个人名义或设立中公司名义要件等简化为一项"为设立法人"的证明标准，自然应以新法为准。此项主张亦为《九民纪要》第 3 条所承认。这一思路亦可借鉴。严城：《钱塘金属公司设立案之请求权基础分析——出资抗辩、债务移转与财产返还》，载《燕大法学教室》2021 年第 2 期。

在思维脉络上，本报告存在一个美中不足之处，即未检验"决议已成立"，而直接切入"决议可撤销"。这既是区分法律行为成立与生效的需要，也为《公司法司法解释（四）》第5条所确认。当然，考虑到决议不成立与决议可撤销的事由存在重合，在具体的检验顺序上应当如何展开，仍有待探索。[1]

四、争点厘定与涵摄论证

限于篇幅，笔者不拟对全文涉及的争点一一评述，仅提出两个问题供参考。

本报告将决议撤销须以诉讼方式提出作为争点之一单独进行论证，由于《民法典》与《公司法》的条文均采取了可以请求人民法院撤销该决议的表述，因此撤销权属于形成诉权似不存在太大争议，而对于本案例的分析而言，这里的论证似乎与主题的关系相去较远。换言之，在给定案件事实的前提下，决议撤销权是形成权还是形成诉权，对本案例的分析并没有实质影响。当然，论证的严谨性也值得肯定，对此或可结合民事诉讼法研究关于形成诉权的相关成果进一步论证。[2]

本报告援引了大量参考文献，展现出作者广泛的阅读与扎实的功底。然而可能美中不足之处在于未能明确在我国法的语境下，对其他国家及地区制度以及相关法理论述进行一般化的提炼，尤其是忽略了对我国判例的梳理，真正呈现出我国实在法的全貌以及对本案系争问题的意义。部分参考文献似较为陈旧。

---

〔1〕 李宇：《民法总则要义——规范释论与判解集注》，法律出版社2017年版，第247~248页。

〔2〕 任重：《形成判决的效力——兼论我国物权法第28条》，载《政法论坛》2014年第1期；曹志勋：《论我国法上确认之诉的认定》，载《法学》2018年第11期。

【书 评】book reviews

论纯粹法学的理论品质
及其容易被忽略的几个论题

——读凯尔森的《纯粹法学说》第二版

黄 涛*

　　凯尔森在 1960 年出版《纯粹法学说》的第二版是当代法哲学史上的重大事件，法学研究者们常常会将它同哈特在 1961 年出版的《法律的概念》相比较。在很大程度上可以说，《纯粹法学说》代表了欧洲大陆的典型的法哲学思想，而《法律的概念》则代表了普通法系的基本思维方式。仅从行文之中就可以看出，《纯粹法学说》充斥着我们在大陆法系的学习中常见的一些概念，并对这些概念进行了精确的界定，对于长期浸淫在大陆法系传统中的中国法学研究者来说，认真阅读《纯粹法学说》是专业法学研究的一项基础训练，能否读懂《纯粹法学说》也是检验读者的法学认知水准的一个重要尺度。相较而言，尽管《法律的概念》在英美法哲学乃至于哲学研究中占有重要的地位，但是，在这本书中，并没有如此密集的对于概念的界定和分析，例如，对于权利与义务、对于公法与私法，对于行为能力、权利能力、法律关系、法律主体等目前在中国法理学中仍然流行的概念没有作出精致的分析。

　　对于凯尔森的纯粹法理论的印象，人们大多停留在有关基础规范和规范的等级结构理论的层面，纯粹法学究竟是一种怎样的理论，其品质如何，仅仅透过有关基础规范以及规范的等级结构论说，似乎不能给我们以一种清晰

---

* 黄涛，中山大学哲学系副教授。主要研究领域：观念论哲学、法哲学与政治哲学。

印象。基础规范迄今仍然是凯尔森《纯粹法学说》中聚讼纷纷的论题，相比第一版的《纯粹法学说》，第二版的《纯粹法学说》更具有系统性，讨论也更充分。想要充分熟悉和了解凯尔森的纯粹法学说，有必要系统地阅读第二版的《纯粹法学说》。

在《纯粹法学说》第二版出版 60 年之后，雷磊教授不畏翻译之艰难，提供了首个译本。[1]这个译本对于当代中国法学的发展，具有重要的意义，它不仅可以让我们看到纯粹法学理论的全貌，也为我们提供了一种可供当代中国法学研究者效仿的模本——我们是否有可能提出一种属于我们自身的法理论？本文将着眼点集中在凯尔森《纯粹法学说》第二版中所表达的规范的品质之上，对于这一重要的文本进行初步分析与评论，权作引玉之砖。

一、法作为一种功能性社会规范

尽管凯尔森针对自然法和正义的理论有着更集中的讨论，但本文仅仅关注《纯粹法学说》第二版中有关这个问题的处理。作为一种形式的法律学说，它所着眼的是法律的形式特征。当然，这里的形式，并不是指外在的特征，而是就法律之所以作为法律这个意义上来讲的。法律之所以作为法律必须具有怎样的特征，凯尔森相信自己通过纯粹法学理论已经给出了一个基本的回答。在这个回答中，凯尔森首先注意到的是法律作为一种社会规范，首先强调的是这一规范的功能属性。

这一功能属性在《纯粹法学说》第二版中是这样表述的：

> 从一种心理学——社会学的立场出发来看，每一种社会秩序的功能都在于：引发服从于这一秩序之特定的人类行为，促使这些人不去实施某些出于任何原因对于社会——也即对他人——有害的行动，而去实施特定的对于社会有益的行动。[2]

_____

〔1〕 尽管部分译文有悖于中文表达习惯，显得句法混乱和冗长，很明显需要进一步打磨，而其中援引的一些经典作品的引文翻译，也有必要参酌现有的通行译法加以更动，但这个译本总体上看是可读的。

〔2〕 ［奥］汉斯·凯尔森著，［德］马蒂亚斯·耶施泰特编：《纯粹法学说》，雷磊译，法律出版社 2021 年版，第 32 页。

纯粹法学并不关注意识层面的事情，法律在此是作为一种社会控制机制出现的，这种控制机制的核心在于将某种不利连接于与法律要求的行为相对立的行为，也就是制裁。

将制裁作为法律规范的重要的构成要素，这就意味着，纯粹法学说在论及社会控制的时候，依赖的仍然是一种心理学机制。"从一种心理学——社会学的立场来看，规定回报或惩罚是为了使针对回报的希望和对惩罚的畏惧成为社会所期待之行为的动机。"[1]尽管凯尔森在其纯粹法学说中给读者留下的是一种纯粹的规范分析的印象，但是，为了完成他的论证，他不得不依赖于心理学——社会学的论证。这一点不仅体现在他对于制裁这一强制机制的分析中，更体现在他对于第19节有关"原始思维中的归结原则"的分析中。这一分析中未提供任何其他的思想来源，而仅仅是围绕着一个确信进行分析，这个确信就是"早期人类是根据与确定他与其同伴之关系相同的原则，即根据社会规范来诠释他用感官查知的事实的"[2]。这个判断完全未顾及古典学和历史学在19世纪晚期取得的成果，也丝毫没有提及列维·施特劳斯在几乎同一时期有关原始人类思维方式的研究。在《纯粹法学说》针对这一点所作的分析中，我们仅仅可以看到一系列断言，断言他所谓的归结原则早在早期人类那里就存在。例如他说，在早期人类那里，正当的行为将受到回报，被给予利益，糟糕的行为将受到惩罚，被给予某些坏处。[3]但是，他没有意识到，希腊人的神灵并不对凡人做道德判断，例如在《奥德赛》中，尽管奥德修斯悲叹宙斯带来的厄运，但是他从来没有想过这种厄运是因为他的劫掠行为而招致的惩罚。[4]

本文无意指责或挑战凯尔森从心理学和社会学的视角出发在《纯粹法学说》第二版一书中作出的诸多分析，但这一对于心理学和社会学的借助，就

---

[1] ［奥］汉斯·凯尔森著，［德］马蒂亚斯·耶施泰特编：《纯粹法学说》，雷磊译，法律出版社2021年版，第35，143页。

[2] ［奥］汉斯·凯尔森著，［德］马蒂亚斯·耶施泰特编：《纯粹法学说》，雷磊译，法律出版社2021年版，第107~108页。

[3] ［奥］汉斯·凯尔森著，［德］马蒂亚斯·耶施泰特编：《纯粹法学说》，雷磊译，法律出版社2021年版，第108页。

[4] 参见《权利哲学史》一书有关这个问题的分析。［美］加里·B. 赫伯特：《权利哲学史》，黄涛、王涛译，华东师范大学出版社2020年版，第24页。

使《纯粹法学说》第二版所谓的"纯粹"仅仅是一种表面现象，实际上，如果去掉了这部心理学和社会学的分析所具有的力量，《纯粹法学说》第二版中所谓的法律的纯粹性要大打折扣。试想，如果人类的结合并不是因为存在这种强制，如果人类对于这种强制性的法律机制反感，那么，法律的存在还有效吗？很显然，凯尔森并不认为这是纯粹法学想要解决的问题。他断言，法律规范在根本上是基于社会控制的实效得到证明的。

对于功能的强调，尤其体现在凯尔森对于归结原则（在笔者看来，译为"归责原则"似乎更妥当）的分析中，在这一分析中，令人印象深刻的不是这一原则的来源，而是设置这一原则的意图。这一点在凯尔森笔下得到了明确的说明，作为法律命题中的一个关键要素，归结原则所表达出来的是一种功能性的关系，"功能性关联"一词多次出现在凯尔森有关法律规范的讨论中，他说："通过归结能力的概念来表达的归结是特定行为（不法行为）与某种不法后果的联结。"[1]如果考虑到设置这一归结关系的乃是制定法律规范的法律权威，那么，归结原则所表达的是这一法律权威想要通过规范达到的意图。

尽管凯尔森也同意，法律规范表达的并非实然，而是应然，尽管他强调这种应然并不是人们主观所赋予的，而是客观的规范所赋予的。但如果追究这一客观规范的来源，就不得不涉及如下问题——究竟是谁在制定这一规范？规范的制定者，也就是立法者，之所以想要制定规范，就是为了表达出特定的价值和意图，尽管这个规范的制定者并非个人，但也绝非某种超验的或者抽象的存在。如果考虑到规范所强调的功能性，可以想见，规范制定者仅仅是出于功能性的目的而设置规范。至于这一功能性的目的的内容是什么，凯尔森不着一字。我们可以说，这一内容可以是无限的，凯尔森拒绝针对这一功能性的内容设置任何价值评判的标准。

在通常的哲学讨论中，有效性（validity，或译效力）的问题在很大意义上与正当性的问题相关联，换言之，是与价值评判密切相关的。但是，由于凯尔森强调规范的功能方面的作用，因此，正当性的问题就与之无关，这里

---

〔1〕［奥］汉斯·凯尔森著，［德］马蒂亚斯·耶施泰特编：《纯粹法学说》，雷磊译，法律出版社 2021 年版，第 107 页。

充其量存在一种功能意义上的正当性。一个不具有实效的规范也就是一个无法发挥出功能的规范。尽管从实然无法推论出应然，但对一个功能性体系来说，如果它在实际上没有功能，这个规范就没有意义。因此，当凯尔森涉及有关效力和有效性的关系问题时，他的立场是含糊的。但如下说法是清晰的，这就是，在凯尔森笔下，有效性的问题尽管不等同于实效，却在很大意义上取决于实效。只有着眼于法律规范的功能性，才能作出这种评判，功能表达的是一种应然，独立于功能的实际效果，但要讨论功能，也必须预设这一功能是能发挥出效果的，一种没有效果的功能显然不具有有效性，甚至不能称之为功能。

识别出纯粹法学所表达的规范的功能性，我们才能理解为何纯粹法理论要如此强调法的强制性。因为，对于法作为一种社会规范，其功能的发挥是建立在一种特定的心理学和社会学的模式基础之上的。在这种心理学中，威慑会对人类的实际行动发挥作用。换句话说，如果惩罚没有效果，或者说如果惩罚的效果有限，那么，法作为一种强制性的秩序就很难成立。我们会用其他的理论来解释法，比如说，法是一种相互承认的秩序，在这里，强制性的效果并不在于威慑，而在于一种心理补偿机制甚至是一种符号，这就使得强制性的含义大打折扣。

用今天流行的话来说，正是因为社会控制需要一种强制机制，正是因为这种强制性机制基于心理学—社会学的理由能够发挥效果，凯尔森将这种机制作为基础的规范不假思索地预设为法律，并区别于其他规范形式。对于这种作为社会控制的特定的规范形式的强调也是建立在一种特定的假设之上的。

很显然，凯尔森在讨论规范的地方，一上来所注意到的，正是规范作为一种社会控制的载体，尽管他并没有明确地说，规范是为了社会控制之用。他明确声称的是，规范是一个意义载体。"人们用'规范'来指：某事应当是或应当发生，尤其是某人应当以特定方式来行为，这就是某些有意指向他人行为的人类行为所拥有的意义。"[1]但如果仔细考察这个意义载体，我们

---

[1] ［奥］汉斯·凯尔森著，［德］马蒂亚斯·耶施泰特编：《纯粹法学说》，雷磊译，法律出版社 2021 年版，第 6 页。

又会发现，它其实并不对意义的内容有任何实质性的涉及。

不着眼于意义的特定内容，这就意味着，社会控制可以通过各种手段进行，实施社会控制的人可以赋予法律规范以任何特定内容。因此，凯尔森就可以对法律规范做形式化的处理，于是，在阅读《纯粹法学说》第二版的过程中，我们就产生了如下感觉，这就是，从整体上看，纯粹法学说是一种形式的法律理论，这种形式的法律理论并不涉及法律规范的内容，而侧重于法律规范发挥功能的形式。它着眼于法律规范的社会功能。这是一种社会控制功能。纯粹法学说并不对这种社会控制的价值发表意见，无论这种社会规范正义与否，它只涉及这种社会规范作为法律规范必须具有的形式，这就使纯粹法学说在根本上是一种实证法学理论，而与传统的自然法学脱离开来。

倘若将法律规范的实质视为一种社会规范，着眼于法律规范的社会控制功能，而且，考虑到社会控制功能依赖于一种威慑的心理机制，那么，从逻辑上可以推知的是，这一法律规范一定是强制性的，并且是设定义务的。也因此，在题为"法静态学"的第二部分，凯尔森一上来就描述了制裁、义务与责任的问题。而在此过程中，一个明显值得注意的现象是，权利问题在这里被取消了。在整个"法静态学"部分中，重点当然在于第 27 节和第 28 节有关制裁、义务和责任的讨论，而从第 29 节开始一直到这一章结束，尽管有大篇幅有关主观权利、行为能力、权利能力、法律关系以及法律主体的讨论，但是这些讨论所揭示出来的恰恰是，它们不过是一些"辅助概念"，而法秩序本身可以在不借助这些概念的前提之下来进行描述。

还值得注意的是，对和平的关切在《纯粹法学说》第二版中并没有被视为一种道德价值，而被视为一种社会控制功能。"集体安全或和平是这样一种功能，它是被称为法的强制秩序在其发展的某个阶段事实上所拥有的功能。这一功能是一种可以从客观上加以确认的事实。法律科学上的确认，即法秩序使由它构成的法律共同体实现了和平，不包含任何价值判断；它尤其不意味着承认某种正义价值，由此它决不能被提升为法概念的一个要素，因而也不能被用作区分法律共同体和匪帮的标准，就像奥古丁的神学所作的

那样。"〔1〕

在凯尔森笔下，和平不是一种价值要素，他是从社会控制的角度，也就是从功能角度理解和平的。在《纯粹法学说》第二版中有关和平的讨论出现在"法律共同体对强制的垄断"的讨论之后，换言之，正是因为法律共同体垄断了暴力的适用，特别是，法秩序要对自力救济原则加以规范，明确自力救济的条件，如此就会产生一种必然的结果，这就是集体安全。〔2〕"集体安全"这个词在《纯粹法学说》第二版中是优先于和平的，更为具体地说，和平是集体安全的结果。而集体安全之所以能够达成，完全在于法作为一种强制秩序，必须对暴力的运用进行垄断。这是一种功能性的产物，而非对于和平作为价值的追求。按照凯尔森的逻辑，充其量可以说，和平是法秩序对暴力的垄断的一种趋势。〔3〕

也因此，在《纯粹法学说》第二版中可以看到，对于义务的强调优先于对于权利的强调。但很显然，对于义务的强调与对于集体价值的强调并无关联，因为凯尔森是从法律作为控制秩序的角度来谈论义务的。义务之所以被设定，是因为要迫使行为人作出特定的行为，否则就会施加某种制裁，凯尔森认为："如果法被理解为强制秩序，那么只有当某个法律规范将某种强制行为作为制裁联结于相对立之行为时，某个行为才能被视为客观上为法律所要求的，进而被视为某项法律义务的内容。"〔4〕由此看来，义务之所以在此占据优先的地位，是因为法秩序要求以特定行为的方式，将某种强制行为作为制裁同相对立的行为联结起来，很显然，这不可能是权利而是义务。也因此，从社会控制的角度出发，"权利"就成了一个多余的词汇。〔5〕或者即便

〔1〕［奥］汉斯·凯尔森著，［德］马蒂亚斯·耶施泰特编：《纯粹法学说》，雷磊译，法律出版社2021年版，第62页。
〔2〕［奥］汉斯·凯尔森著，［德］马蒂亚斯·耶施泰特编：《纯粹法学说》，雷磊译，法律出版社2021年版，第48页。
〔3〕［奥］汉斯·凯尔森著，［德］马蒂亚斯·耶施泰特编：《纯粹法学说》，雷磊译，法律出版社2021年版，第50页。
〔4〕［奥］汉斯·凯尔森著，［德］马蒂亚斯·耶施泰特编：《纯粹法学说》，雷磊译，法律出版社2021年版，第149页。
〔5〕［奥］汉斯·凯尔森著，［德］马蒂亚斯·耶施泰特编：《纯粹法学说》，雷磊译，法律出版社2021年版，第165页。

承认权利的存在，也必须以法律义务为前提。而唯有在一种技术性的意义上，凯尔森才承认一种独立的权利的存在，这就是在诉讼中产生的权利，更为准确地说是在涉及一种"请求权"的时候。[1]

二、基础规范与秩序的品质

总体上看，凯尔森的规范概念是一种形式的、功能化的概念。唯其是形式的，它才是功能化的。形式的概念意味着，它抽出了属于规范的实质性的内容，而仅仅着眼于一切法律规范所共有的形式，这就是它不过是一种具有强制性的、具有特定品质的规范，在《纯粹法学说》第二版中，并没有如同富勒、拉兹等对于规范的普遍性、公开性、不溯及既往等特征的强调，而仅仅是强调这一规范并不是单独存在的，而是以体系化的方式存在的，《纯粹法学说》第二版一上来就强调了规范的等级结构，"赋予某个法律（或不法）行为以含义的规范本身是通过某个法律行为被创设的，后者本身又从另一个规范那里获得其法律意义"。[2]

将法律规范的内容抽取出来，而仅仅从法律的形式的角度来对法律进行描述，这是凯尔森建构其纯粹法学理论的一个关键的技术性做法。这一做法通常被认为是可以归结给影响凯尔森理论之建构的新康德主义传统。但至少在《纯粹法学说》第二版的正文中，凯尔森并未明确地讨论任何新康德主义作家的相关论述。但是，这种抽取了内容的形式的法律概念，又的确会让人联想起康德的理论建构。但是，我们一般归结给康德的，是针对康德的形式主义伦理学。这就是，康德在建构其道德哲学的时候，并没有从任何实质性的道德主张出发来建构他的体系，而是将一切道德的根源追溯到定言命令，其一般的表述形式为：要这样行动，要使你行动的准则能够意愿成为普遍的行动法则。这一普遍法则公式，尽管与之相伴随的还有其他几项公式及派生公式，但是在这些公式中，除了人是目的，而不仅仅是手段及其派生出来的目的王国公式之外，其他的公式之中，并没有说出这一普遍的行动法则该如

---

〔1〕［奥］汉斯·凯尔森著，［德］马蒂亚斯·耶施泰特编：《纯粹法学说》，雷磊译，法律出版社 2021 年版，第 173 页。

〔2〕［奥］汉斯·凯尔森著，［德］马蒂亚斯·耶施泰特编：《纯粹法学说》，雷磊译，法律出版社 2021 年版，第 5 页。

何构成。很显然，至少在凯尔森的《纯粹法学说》第二版中并未触及康德的形式主义伦理学的问题。[1]

但从质料中抽身出来，而仅仅着眼于形式的做法，又的确与康德相关。在这个意义上，凯尔森在建构纯粹法学说的过程中，更有可能运用的是康德的第一批判中建构认识论所运用的方法。康德将知性范畴和感性直观分离开来，而重点考察知性范畴，从而在经验主义之外，开启了一个全新的认识论空间，知性范畴作为建构经验中的最为关键的部分，它决定了一切经验知识的可能性和样态。感性直观无法建构自己，只能凭借知性范畴来进行塑造工作。在这个意义上，我们可以说，知性范畴是我们一切经验判断的形式。与之相似，凯尔森对于法律规范的描述，采取的是相似的办法，即将法律规范的内容抽取出来，而仅仅着眼于一切法律规范的形式。但是，这仅仅是一种形式上的相似性，因为，康德在对于知性范畴的讨论过程中，并未脱离它同感性直观之间的关系。在我们的一切经验知识的建构中，尽管知性范畴十分重要，但是却不能脱离感性直观而存在。这就是康德的名言"知性无直观是空的，直观无知性是盲的"想要表达的内容。

不同于康德在认识论的建构中的形式化处理，凯尔森更为坚决地脱离了内容，对于法律规范的一切内容存而不论，将一切实质性的内容的讨论视为法政策学或者意识形态，认为这都不属于法律科学的内容，而仅仅将侧重点置于法律规范的形式特征方面。而在法律规范的形式特征方面，他所倚重的主要是规范的等级结构。我们可以像质疑康德的范畴表一样来质疑凯尔森的这种规范的等级结构，正如我们质疑为何康德的范畴表是 12 对而非更多一样，我们可以追问为何是一种垂直的等级结构，而不是平面的结构抑或任何其他的结构。

脱离了规范的等级结构，凯尔森的整个纯粹法学体系就变得不可理解，《纯粹法学说》第二版的第 34 节、第 35 节对此进行了详尽分析。由于脱离了规范的内容，因此，就不得不着眼于规范的等级结构，在某种意义上可以说，这一等级结构，尤其是居于这一等级结构顶端的基础规范，成为凯尔森纯粹法学说的逻辑建构的一个拱顶石。

---

〔1〕 只有在有关正义的正义问题附录第 43 节中，凯尔森才处理康德伦理学的问题。

论者也注意到，对于基础规范的论证，在《纯粹法学说》第二版中论述得要更为充分。但即便在《纯粹法学说》第二版中，我们也难以获得有关基础规范的清晰印象，它在很大程度上不过是一种思维的预设。换句话说，我们无法将基础规范等同于第一部宪法，因为第一部宪法已经是一种法律规范，它必须获得授权，而授权它的基础规范，自身不能够是一种规范。"作为最高位阶的规范，它必须被预设，因为它不可能是由某个其权能必然基于某个更高位阶之规范的权威来制定的。"〔1〕"这一规范只能为它所证立的规范提供效力基础，而非效力的内容。"〔2〕"构成相关出发点之规范之所以有效不是因为其内容，它无法通过一种逻辑操作从被预设之基础规范中演绎出来。"〔3〕这些论述都是含混的，因此，我们不妨从凯尔森有关具体规范的基础规范的论述中来进一步考察。

当凯尔森谈到上帝和基督的命令的效力时，他说，上帝和基督的命令的效力来源于应当服从上帝和基督的命令。很显然，应当服从命令不是上帝和基督的命令本身能够提供的内容。只有当信徒们确信上帝和基督的命令应当服从时，整个教会法的体系才能成立。因此，这是整个教会法所依赖的一个基本前提。应当服从命令，这并不决定于教会法本身，而决定于信徒是否成为信徒。回到世俗的法律体系中来讨论，就会得到这样一个结论，当我们将一切具体规范的效力追溯到历史上第一部宪法之后，就无法进一步继续往上追溯，这个时候我们只能假定历史上的这第一部宪法是有效的。"这部宪法的效力必须被预设，如果将根据它实施的行为诠释为创设或适用有效的一般法律规范，以及将在适用这些一般法律规范时所实施的行为诠释为创设或适用有效的法律规范应当是可能的。"〔4〕

有必要注意的是，在凯尔森看来，这里被预设的基础规范，并不涉及国

---

〔1〕［奥］汉斯·凯尔森著，［德］马蒂亚斯·耶施泰特编：《纯粹法学说》，雷磊译，法律出版社2021年版，第242页。

〔2〕［奥］汉斯·凯尔森著，［德］马蒂亚斯·耶施泰特编：《纯粹法学说》，雷磊译，法律出版社2021年版，第244页。

〔3〕［奥］汉斯·凯尔森著，［德］马蒂亚斯·耶施泰特编：《纯粹法学说》，雷磊译，法律出版社2021年版，第245页。

〔4〕［奥］汉斯·凯尔森著，［德］马蒂亚斯·耶施泰特编：《纯粹法学说》，雷磊译，法律出版社2021年版，第249页。

家法秩序的内容公正与否，以及这一法秩序事实上能否确保在它所构成的共同体之内建立一种相对和平的状态。换言之，在这里，基础规范只是一个逻辑推论的顶点，当我们去寻求一个规范的效力来源的时候，最终必然要停留在一个地方。因此，基础规范的预设，是规范的等级体系的一个逻辑结果，在对基础规范的详尽讲解部分，凯尔森将基础规范作为一种先验逻辑的预设。按照凯尔森本人的说法，"它只能是一种被设想出来的规范，即这样一种规范：如果某个大体上有实效的强制秩序被诠释为一个有效法律规范的体系，它就要被作为预设。因为基础规范不是被意愿的，同样也不是被法律科学所意愿的规范，而只是被设想出来的规范，所以法律科学在确认基础规范时并没有扮演制定规范的权威"。[1]

换言之，当我们在法律规范的体系之内追溯某一个具体的法律规范的效力来源时，总是要向上追溯到某一个更高级的授权性规范，最终在整个实定法体系的顶端，也就是在历史上的第一部宪法那里，我们无法再进一步追溯，因为，倘若继续要追溯下去的话，就要抵达法律规范的体系之外。凯尔森因此预设了一项基础规范，这就是在历史上的第一部宪法这里，也同样存在一部法律逻辑意义上的宪法[2]。历史上的第一部宪法以这部逻辑意义上的宪法为出发点。这部逻辑意义上的宪法确定历史上的第一部宪法是有效的。

如果想要通过对历史上的第一部宪法的内容进行分析，寻找这种有效性的来源，就会与凯尔森的想法背道而驰。因为，基础规范之所以被预设，并不是因为在内容上它和其他具体的规范，乃至于历史上的第一部宪法中的规范有着怎样的关系，而仅仅是确定了当我们寻找效力来源的时候，将历史上的第一部宪法作为最终的效力来源。至于它为何是最终的效力来源，答案仅仅是逻辑意义上的。

当凯尔森将基础规范视为一种先验逻辑预设的时候，它就是在类比的意义上运用了康德的认识论的概念。这是《纯粹法学说》第二版中公开申明的

---

〔1〕［奥］汉斯·凯尔森著，［德］马蒂亚斯·耶施泰特编：《纯粹法学说》，雷磊译，法律出版社2021年版，第255页。

〔2〕［奥］汉斯·凯尔森著，［德］马蒂亚斯·耶施泰特编：《纯粹法学说》，雷磊译，法律出版社2021年版，第247页。

说法。在康德的认识论中，作为一切知识的先验逻辑预设的是先验的我思，也就是先天统觉。正是这种先天统觉对于直观世界的杂多进行了整理，也成了知性的一切运用的最高原则。但正如我们在康德的认识论中想要直接去把握这个先验的我思，终究会是徒劳一样，在凯尔森这里，想要去把握这一基础规范，也同样是徒劳的。但是，在对于康德的认识论的理解中，我们切莫遗忘，在对于统觉的先验统一性中，康德发现了自我意识的客观统一性。这种客观统一性有别于主观意义上的统一性，后者是受经验所影响的。

在对规范的观察中，凯尔森试图通过确立规范的体系，塑造一种秩序形态，他的总的看法是认为，国家即一种法律秩序，甚至世界也是一种法律秩序，在后者的意义上，国际法显然先于国内法。只有当世界成为一个法律秩序构成的时候，才能真正谈得上是人类的法律生活状态。而一个规范体系，必然是由各种不同的规范组成的，众多的规范是否能够建构成为一个统一体，这就不得不预设一个最终的规范的效力来源。这个作为最终的基础规范的东西，实际上是一种对于法律支配下的生活方式的期待，也就是，人们同意过一种法律的生活，服从最高层次的规范，并服从由这个最高层次的规范授权创制的其他具体规范。换句话说，尽管基础规范是一个预设，但这个预设仅仅从逻辑层面上讲还并不充分。基础规范并不仅仅是一种先验逻辑预设，同时也是一种对于规范生活的确信，正如先验的我思也并不仅仅是一种先验逻辑预设，而同时也表达了对于人的自我立法的一种确信。但对此，至少在《纯粹法学说》第二版中，凯尔森并未做过丝毫提及。

基础规范的背后实际上有一种确信，这就是凯尔森认为，人类的世界将会是一种法律秩序的世界。离开了这种确信，整个纯粹法学的理想也就站不住，也就根本不可能将法律与道德区分开来。倘若人类的世界不是一种法律秩序的世界，而是一种道德秩序的世界，那么，他的纯粹法学的建构也就不再成立。因此，整个纯粹法学理论的建构是建立在法律规范的支配性的基础上。基础规范预设了这样一个基础，但这个基础就如同必须服从上帝这个基础一样，并不是不证自明的。

在这个意义上，纯粹法学理论还并未触及一个最根本的法哲学问题，这就是为何法律秩序应该存在？为何人类要选择法律的生活？为何人类会建构一个法律共同体？不预先回答这些问题，纯粹法学说想要摆脱道德、政治、社会来建构自己的学说体系的努力，就只能是空中楼阁。而这些问题，并不比为何自然法的秩序应该存在、为何人类要选择相信自然法这类问题更为实在。[1] 更为具体地说，在凯尔森的视野中，秩序只是法律秩序，他没有意识到其他的秩序形态的存在，对于秩序问题的深度思考，在他的学生沃格林那里得到了更为充分的展示。日后，沃格林在谈及他曾经的授业恩师的时候说，凯尔森的分析非常详尽，也非常清晰，他没有进一步说出的是，在对于秩序的存在形态这个问题的解答方面，凯尔森的观点是片面且单一的。

也因此，在凯尔森的体系中，很难回答一个法律共同体和匪帮之间的差异。匪帮，即使是那些缺乏组织性和纪律性的小型的帮派，甚至是个人，也会具有自己的规范体系，他们的规范也具有强制性，甚至可以看到，存在一个规范的等级结构，最终在某个匪帮头领或几个头领组成的议事会那里可以找到最高等级的规范，而这些规范背后也存在一个基础规范，这就是服从某一个或者几个头领。当这种类型的匪帮发展到了一定程度，实际上，凯尔森承认海盗国家的存在，他提及了非洲西北沿海的所谓海盗国家，认为"依据它们的内部秩序，相互间暴力的运用在这样一种程度上有实效地被禁止，即那种最低限度的集体安全得到了保障，这是构成共同体之法秩序具有一种相对持久之实效的条件"。[2] 他拒绝从正义的角度去评判法律秩序，认为正义不可能是法区别于其他强制秩序的特征，这就使不正义的法是不是法的问题成为一个冗余的话题。很显然，如果从功能上来理解的话，一个匪徒支配的法律共同体，也仍然存在秩序，因为在这里，最低限度的集体安全可以得到保障。

三、消解道德与否定意志自由

法律与道德的关系历来是法哲学中的一个重要问题。凯尔森的纯粹法学理论究竟是如何面对这个问题的，我们需要从规范的性质开始说起。

---

[1] 参见凯尔森有关自然法的基础规范的解读。参见 [奥] 汉斯·凯尔森著，[德] 马蒂亚斯·耶施泰特编：《纯粹法学说》，雷磊译，法律出版社 2021 年版，第 276~278 页。

[2] [奥] 汉斯·凯尔森著，[德] 马蒂亚斯·耶施泰特编：《纯粹法学说》，雷磊译，法律出版社 2021 年版，第 62 页。

在对于规范的讨论中，凯尔森也注意到规范与价值的关系问题。他区分了主观价值与客观价值，在他看来，主观价值表达的不过是人类的不同"浓度"[1]的愿望或意志，而客观价值的客观性是因为与规范相关。在这方面，他持有的是一种十分庸俗的价值论。认为价值的实质不过是"意识的一种情绪要素"，[2]这就使他当然地取消了主观价值的判断，而倾向于一种客观价值的判断。但他丝毫不去追问这种客观价值与主观价值之间的关系。如果主观价值表达的是某人关于某事是好的或者糟糕的意见，只是一种情绪，在他看来，根本就算不上什么价值判断，那么，客观判断也一定是与这种主观性无关的，然而，这一超越主观性的意见的客观价值究竟从何而来，这个问题却被搁置起来了。

凯尔森强调认知功能的判断，认为完全有可能在不考虑判断者之愿望和意愿的前提下作出这样一种判断，按照他的说法，"人们可以确认特定人类行为与某个规范秩序之间的关系，也即是陈述出这一行为与这一秩序相符或不相符，而自己不对这一规范秩序采取情感上的立场，也即是赞成还是不赞成"。[3]这种看法仅仅在特定的条件下才能成立，这就是，只有当预设了这种规范秩序已经为人们所接受的情形下才能成立。换句话说，必须是在预设这一规范体系已经具有实效的前提下才能成立。很显然，这一实效与人类的主观看法没有关系。价值的认知功能，搁置了价值的来源问题。只有在价值已经存在的前提下，我们才能进行认知。而一种价值想要客观存在，必然取决于人类的主观价值判断。只有当存在一种价值之后，我们才能说，我们可以确认特定人类行为与某个表达价值的规范秩序之间的关系，而搁置自己的情感立场。

很奇怪的是，在表述价值判断的来源的句子中，凯尔森却忽视了主观价值判断作为价值判断的重要来源，他用一个含糊的说法取消了价值来源的问

---

〔1〕 [奥] 汉斯·凯尔森著，[德] 马蒂亚斯·耶施泰特编：《纯粹法学说》，雷磊译，法律出版社 2021 年版，第 27 页。

〔2〕 [奥] 汉斯·凯尔森著，[德] 马蒂亚斯·耶施泰特编：《纯粹法学说》，雷磊译，法律出版社 2021 年版，第 26 页。

〔3〕 [奥] 汉斯·凯尔森著，[德] 马蒂亚斯·耶施泰特编：《纯粹法学说》，雷磊译，法律出版社 2021 年版，第 28 页。

题，他说，"从法律认知的角度来说，终归只有当行为（借此法律规范得以创设）通过法律规范被确定时，它才会被考虑到，而构成这一规范之终极效力基础的基础规范终归不是通过某个意志行为被制定的，而是在法律思维中被预设的"。[1]如果按照这一判断，客观价值既非来源于设定法律规范想要达到的功能的立法者或者法律权威，而是来源于一种在法律思维中被预设的基础规范。这一基础规范，显然不具有规范性质，作为一切规范的来源，它显然不具有实质性的意义，它不过是有如康德笔下物自身一般的东西。对此将在后文中加以讨论。

凯尔森强调，法律规范所表达的是一种客观的，而非主观的目的，"客观目的是一种应当被实现的，也即被某个被视为客观上有效值规范所规定的目的"。[2]很显然，如果考虑到他将要陈述的规范的等级结构，那么，这一目的，就应该被归结为基础规范中所设定的目的，然而，考虑到基础规范不过是一个思维预设，这就意味着，它自身并不设定目的。换言之，目的的概念或者价值概念，在凯尔森的思维体系中就变成了一种没有内容的形式概念。没有目的的目的，没有价值的价值，这无疑就取消掉了法律规范的价值之维。换言之，在凯尔森的理论体系中，如果我们一定要追问法律的目的或者价值如何的话，那么，我们能够得到的唯一答案就是，它们是法律设定的价值或者目的，而法律的最终价值或者目的取决于基础规范。而考虑到基础规范仅仅是一种思维预设，这就意味着，最终价值和目的是无法得到讨论的。在法律规范中搁置有关价值和目的的讨论，就为法律规范任意地设置目的和价值打开了方便之门。

与价值的讨论密切相关的是有关道德的讨论。凯尔森主张法律与道德的绝对区分，他对于这一区分进行了如下表述："法与道德的区别不在于，这两种社会秩序所要求的或禁止的是什么，而只在于，它们是如何要求或禁止特定的人类行为的。只有当人们将法理解为强制秩序，及一种试图由此来引发特定人类行为的规范秩序，而道德是一种没有规定此类制裁的社会秩序

---

〔1〕 ［奥］汉斯·凯尔森著，［德］马蒂亚斯·耶施泰特编：《纯粹法学说》，雷磊译，法律出版社2021年版，第30页。

〔2〕 ［奥］汉斯·凯尔森著，［德］马蒂亚斯·耶施泰特编：《纯粹法学说》，雷磊译，法律出版社2021年版，第30页。

时，法才能和道德从根本上被区分开来。"[1]

我们在此并不讨论凯尔森的道德观，他认为，"只有当不仅行为的动机，而且行为本身与某个道德规范相符时，这一行为才会拥有道德价值"。[2]很显然，这是一种比康德笔下的道德规范更为严格的道德规范。我们在此仅仅注意到，凯尔森对于法律规范的讨论中是否为道德留下了位置。在他看来，只有在法的内容的讨论中，法律和道德之间的关系才不可分离，"如果人们将法与道德之关系的问题理解为一个有关法的内容的问题，而非有关形式的问题，如果人们主张，法据其本质具有一种道德内容或构成了一种道德价值，那么，人们就由此主张，法内在于道德领域起作用，法秩序是道德秩序的组成部分，法是道德性的，即据其本质是公正的"。[3]

法律与道德区分的关键，不在于内容，而在于形式，这就意味着，凯尔森在对于法律问题的讨论中，搁置了道德。之所以要搁置道德，在于凯尔森认为，道德是相对性的，他在《纯粹法学说》第二版的第 11 节中专门讨论了这个问题。他认为，不同时代和不同地方的人事实上对于好坏、公正的观点是存在巨大差异的，因此"我们无法从不同的道德秩序的内容中确认任何共同的要素"。[4]

《纯粹法学说》第二版对于道德的消解是值得注意的现象。在凯尔森笔下，道德是一个相对的概念，他的常用的说法是，不同的人群有不同的道德，不存在一种统一的道德。既然如此，就无法存在一种普适的道德规范。很显然，凯尔森拒绝了有关最好的道德的问题，在他看来，并不存在唯一有效的和绝对的道德。[5]既然不存在唯一有效的和绝对的道德，道德的相对性

---

[1] [奥]汉斯·凯尔森著，[德]马蒂亚斯·耶施泰特编：《纯粹法学说》，雷磊译，法律出版社 2021 年版，第 81 页。

[2] [奥]汉斯·凯尔森著，[德]马蒂亚斯·耶施泰特编：《纯粹法学说》，雷磊译，法律出版社 2021 年版，第 79 页。

[3] [奥]汉斯·凯尔森著，[德]马蒂亚斯·耶施泰特编：《纯粹法学说》，雷磊译，法律出版社 2021 年版，第 81~82 页。

[4] [奥]汉斯·凯尔森著，[德]马蒂亚斯·耶施泰特编：《纯粹法学说》，雷磊译，法律出版社 2021 年版，第 83 页。

[5] [奥]汉斯·凯尔森著，[德]马蒂亚斯·耶施泰特编：《纯粹法学说》，雷磊译，法律出版社 2021 年版，第 86 页。

就会导致一个问题，这就是任何一种实在法都可能与特定的道德体系相符，他没有直言的说法是，即便最为暴虐的法律也是法律，因为即便暴虐的行为在某种特殊的道德体系之中也可能是正义的。在此姑且不论这种有关道德的相对主义论说是否站得住脚，道德的相对主义论述尽管影响巨大，但至少是20世纪道德哲学中的一个极具争论性的问题。但是，承认道德或者价值的相对主义，并不能因此得出法律与道德之间的分离，而是会使法律与道德相互等同，使两者之间的区分丧失意义。道德的相对主义可能导致的一个逻辑的后果是，既然道德的内容是变化的，因时因地不同，那么，在此就并不存在一种称为道德的东西。[1]

有关道德的内容至少在《纯粹法学说》第二版中并不是一个重要问题。因此，若在此意义上给《纯粹法学说》第二版的文本补充一个讨论正义问题的附录，似乎也并不多余。但我们还是应该注意，在受到凯尔森亲自指导的《纯粹法学说》第二版的英译本中，并没有收入这个附录。当凯尔森强调要从实定法之科学认知的立场来考察法律规范的时候，这就意味着他当然地消除了法律的道德之维。他明确宣称，"尽管法律规范作为应然条款构成了价值，但法律科学的功能绝不在于价值判断或评价，而在于对其研究对象进行价值中立的描述。法律科学家并不需要固执于任何法律价值，哪怕是他所描述的法律价值"。[2]当他这样说时，我们就可以理解，法律科学家是基于一种有关道德的理论而从法律中排除了道德，而采纳何种道德理论取决于从事实定法的描述和认知工作的法律科学家的选择，凯尔森很明显并未明确触及人类的法律生活究竟与道德是否相关这一问题。

仅仅对从实定法进行认知和描述的角度当然无法对人类的法律生活是否与道德相关这个问题作出解答。因此，就有必要回到法律规范的诞生的语境之中。法律规范作为一种社会控制规范，很显然，所针对的对象是人，而非动物，尽管动物或者其他物体也可以成为法律规范支配的对象。但是，很显

---

〔1〕 凯尔森并没有得出如此强烈的主张，他强调，相对主义的价值论并不意味着不存在任何价值，尤其是不存在什么正义，而只意味着，不存在绝对的价值，只存在相对的价值，不存在绝对的正义，只存在相对的正义。

〔2〕 ［奥］汉斯·凯尔森著，［德］马蒂亚斯·耶施泰特编：《纯粹法学说》，雷磊译，法律出版社2021年版，第88页。

然，"人作为道德或法律秩序的主体，即作为社会成员，作为道德或法律人格体是'自由的'"。[1]在法律规范之下生存的人是自由的人格，这是康德的道德哲学带给现代人的巨大启示。法律规范的生长在很大意义上取决于自由人格的选择。当然，这样说也是一种现代的立场。因为在古典的时代，这种自由人格还并未出现。如果承认这一传统的立场，那么，对于实定法进行认识的时候，肯定无法脱离对于这个自由主体的认识。很难想象，出自这个自由主体之手的规范系统，竟然脱离了道德方面的关切。这个自由主体通过法律规范所想要实现的，仅仅是社会控制。

对于康德笔下的这个表达出人性尊严的意志自由的命题的否定是《纯粹法学说》第二版中的一个令人震惊的地方，在这里，我们读到了这样的句子：

> 但是，只有人的自由即这一事实——他不服从因果法则——才使责任即归结成为可能，这一假定与社会生活的事实显然是矛盾的。建立一种规范性的、调整人类行为的秩序（基于此归结才可能进行）恰恰以此为前提：行为受到调整之人的意志在因果上是可确定的，故而是不自由的。因为这种秩序之无可置疑的功能在于，促使人们去做这一秩序所要求的行为，使要求特定行为之规范成为可能，使与规范相符之行为的特定动机成为人类意志；但这就意味着，关于要求特定行为之规范的观念变成了某个与此规范相符之行为的原因。只有当作为人类观念之内容的规范秩序（它调整着这些人的行为）掺入因果过程和因果之流中去，这一秩序才能满足它的社会功能。[2]

之所以在此大篇幅地抄录这段话，是因为这段话清晰地反映了凯尔森纯粹法学理论的基本品质。这段话表明，在凯尔森眼中，法律规范之下的人的形象并不是一个拥有自由人格的主体。这里的主体毋宁说是不自由的主体。

---

〔1〕［奥］汉斯·凯尔森著，［德］马蒂亚斯·耶施泰特编：《纯粹法学说》，雷磊译，法律出版社 2021 年版，第 121 页。

〔2〕［奥］汉斯·凯尔森著，［德］马蒂亚斯·耶施泰特编：《纯粹法学说》，雷磊译，法律出版社 2021 年版，第 122 页。

唯其是不自由的，才能针对这些主体加以控制，倘若是一个自由的主体，那么，针对他们实施的控制就必须得到这些自由主体的承认。在这里，我们不妨回顾一下康德对于自由主体如何选择进入法治状态所做的论述，这就是法权的定言命令，要这样行动，以使你自由行动的准则依据一条普遍的法则同其他人的自由行动的准则相适应。而要做到这一点，就必须进入法权状态。因此，进入法权状态，完全是以意志自由作为前提条件的。如果不存在意志自由，那么，进入法权状态就完全是外在的命令，这在康德看来，就是他律而非自律，因而是违背康德的道德哲学的基本宗旨的，这也就是为何康德的法哲学从属其道德哲学的最为根本的原因。

对于意志自由这一基本的康德道德哲学命题的否定，也因此会导致我们对于凯尔森作为新康德主义法学家的形象的质疑。在他看来，康德笔下，意志自由是为了使道德—法律归结成为可能而作出的必需的拟制。为此他甚至给出了《道德形而上学奠基》的多处引文。不仅如此，按照他的看法，"只要当归结被认为是与因果不同但与它并不矛盾之构成要件间的联系时，它就不需要这种拟制，它被证明是多余的"。恰恰在这个地方，表明他对于康德的伦理思想存在重大理解，因为意志自由在康德的伦理学体系中是作为理性的事实而存在的，它是前提而不是为了人类的道德生活和法律生活作出的拟制，康德有一个著名的说法，自由是道德律的存在理由，而道德律是自由的认识理由。意志自由是一切道德与法律生活的基础，离开了这个基础，道德与法律生活就失去了意义。或者我们可以说，意志自由是人类的有尊严的道德与法律生活的基础。离开了自由的道德与法律生活是不值得过的生活，对于康德来说，它绝不是一个多余的概念。

为何凯尔森在其纯粹法学说中拒绝意志自由这一基础？之所以如此，是因为凯尔森将法律规范视为一种社会控制规范。因此，在面对产生人类行为的人类的意志的时候，他所看重的就不是行动是否由我们的意志所引发，而是人类的意志是否可以由因果来决定。这就当然会从理论上产生一种可能性，这就是，对于人类的意志来说，规范完全是外在地附加上去的东西。人类完全是一种受到规范支配的生物。在这种规范生活的视野中，一切具有人格属性的东西都是无价值的，都是一种在某种意义上可以放弃的

"拟制"。[1]

尽管凯尔森在其纯粹法学说中否认意志自由，否认权利存在的价值，在纯粹法学说中，权利被视为一种资产阶级的主张，具有意识形态的属性，而不属于法律科学的内在要素，尽管凯尔森的纯粹法学说强调社会控制，主张法秩序中人所实施的任何一种行为都可以被视为受到这一法秩序的调整，但他也为个体自由留下了空间，这就是，他主张，"法秩序压根就不可能去阻止一切可能的冲突"，"因为法秩序只能要求完全确定的作为和不作为，所以人就绝不可能被法秩序限制作为其全部存在的自由"，"最低限度的自由，及不受法律的拘束性，始终是要确保的"。[2]这些出现在题为"最低限度的自由"章节中的句子表明，纯粹法学说并不是一个完全强制性的和义务性的体系，但是，这种对于最低限度的保留，绝不是出于对个体权利的保障，而是出于法律技术上的局限性。在凯尔森看来，甚至在专制的法秩序中也存在不可转让的自由。

在凯尔森看来，道德与意志自由这类话题具有意识形态属性。他区分了两种意识形态，第一种意识形态所指的是法是一种作为实然事实之对立物的规范性秩序，第二种意识形态所指的是一种"非客观的、受主观价值判断影响的、遮蔽了认识的对象以及对这一对象予以美化或扭曲的展示"。他对于第一种意识形态持肯定的态度，并在此意义上将法律与价值关联起来，按照前面的理解，这种意识形态不过是一种法律的功能性的描述，在这里规范性秩序体现为功能性的目的，在第一种意义上的意识形态中，并未超出规范体系去理解法，而在第二种意义上的意识形态中，则是超越了实定法的范畴去理解法。凯尔森强调纯粹法学说具有一种明确的"反意识形态的倾向"显然是在第二种意义上。因为在他看来，这种意义上的意识形态可以服务于政治利益，"这种意识形态的根源在于意愿而非认知，其源于某些利益，或更正

---

[1] [奥] 汉斯·凯尔森著，[德] 马蒂亚斯·耶施泰特编：《纯粹法学说》，雷磊译，法律出版社 2021 年版，第 123 页。

[2] 参见 [奥] 汉斯·凯尔森著，[德] 马蒂亚斯·耶施泰特编：《纯粹法学说》，雷磊译，法律出版社 2021 年版，第 54~56 页。

确地说，源于有别于揭示真相的利益"。[1]但凯尔森并未继续追问的一个问题是，在纯粹法学的视野中的法律恰恰可以服务于任何一种政治利益。搁置意识形态争议的后果是，它必将成为任何意识形态的工具。纯粹法学并没有提供一种审查一切意识形态争议的眼镜，在凯尔森看来，意识形态是一个战场，法律科学应该躲避这个战场。但是，他没有意识到，意识形态的争论并没有因此而消失，反而不同的意识形态立场都可以与纯粹法学理论成为盟友。

结　语

在康德的认识论和道德哲学之间，凯尔森显然选择的是康德的认识论的道路，他因此漠视康德针对有关意志自由的论述，拒绝意志自由作为法律的基础。正如康德想要对于人类的经验知识加以描述一样，凯尔森也想要对人类的法律知识加以描述，"纯粹法学说"这个名称所反映出来的"纯粹"，因此并不能完全按照康德的《纯粹理性批判》中纯粹的意义去了解。因此，当康德强调纯粹理性时，他实际上是要抽离一切知识中的经验要素，纯粹理性被视为一种先天的因素而被凸显，这一先天因素表达的是人类的尊严，因为正是凭靠这一先天因素，人类得以为自然界乃至于为自身的世界订立法则。《纯粹理性批判》试图从整体上理解人类的知识形式和人类的命运。《纯粹法学说》第二版尽管也抽离出法律规范的实际内容，仅仅是一种对于法律的形式化理解，但这里的"形式"并没有分享康德的基本的问题意识，这就是人类的法律生活究竟是如何可能的。对于人类为何要选择法律生活，《纯粹法学说》第二版中所论甚少。相反，《纯粹法学说》第二版一上来所界定的所谓纯粹，不过是要将人类生活的其他方面从法律领域中排除出去。

在这个意义上，《纯粹法学说》第二版之有别于《纯粹理性批判》，恰恰在于它取消了人，而完全从功能的角度去理解法律规范。从此对于法律的讨论就转向一种功能分析，而与哲学与道德分析无缘，在这个意义上，甚至可以说，凯尔森的纯粹法学说标志着在大陆法系中法哲学的消失，从此，着

---

〔1〕［奥］汉斯·凯尔森著，［德］马蒂亚斯·耶施泰特编：《纯粹法学说》，雷磊译，法律出版社 2021 年版，第 139 页。

眼于系统与功能的法律分析必将取代对于法律的价值和意义分析，取代法律规范与活生生的人类生活之间的关联，从此，专业性的法律人所看重的是法律的社会功能，而放弃了对于人的尊严的关切。这也是如今中国的读者在面对纯粹法学说的时候，应该予以特别注意的问题。

尽管有论者指出，凯尔森有关民主制和正义的学说，应该成为《纯粹法学说》第二版的一个补充。但有必要注意的是，至少在最体系化和最完整的《纯粹法学说》第二版中，有关正义的讨论并不作为有机的部分被嵌入《纯粹法学说》第二版的正文文本之中。另外，一个并非不值得注意的事实是，如果有关正义的附录是《纯粹法学说》第二版的内在构成部分，在凯尔森本人指导下翻译出版的 1967 年的第二版英译本就不会取消这个有关正义的附录。这一点也可作为本文在对《纯粹法学说》第二版的评论过程中不涉及有关正义的讨论的附录的原因。

凯尔森《纯粹法学说》的变与不变

叶一舟*

摘　要:《纯粹法学说》第二版是凯尔森思想体系中的一部重要作品。它在承接第一版核心主题之上,又有了系统、深入的发展。尽管凯尔森的思想一直处于发展变化中,但有三个主题始终贯穿于其法哲学探讨之中,即法律实证主义、作为行为意义的规范以及法律科学。以此三个主题为连接,可对凯尔森的法哲学思想有更为深入的认识。凯尔森的法律实证主义从认知传统出发,试图以价值无涉的方式揭示法律为何。而通过揭示出法律规范作为特定意志行为的客观意义,凯尔森向我们展示了法律构成了一个自主的知识领域,并且应当由专门的法律科学来研究。然而,法律科学是从外部对法的意义领域进行描述以及遵循自身规则,因而导致了凯尔森理论体系内部的张力。

关键词:纯粹法　法律实证主义　法律科学　价值无涉

一、变化中的凯尔森

凯尔森《纯粹法学说》[1]第二版的中译本终于面世,为中文世界的凯尔森研究乃至于整个法哲学研究领域都增添了一本重要的文献。凯尔森的一生经历丰富且长寿高产,可谓是著作等身。凯尔森在其 92 年的人生里,不

---

* 叶一舟,法学博士,中山大学粤港澳发展研究院/法学院副教授。

〔1〕 凯尔森的名作 *Reine Rechtslehre* 第一版曾被译为《纯粹法学》和《纯粹法理论》,而第二版的译者在对比了德语中 Lehre 与 Theorie 的内涵差别后,将第二版译为《纯粹法学说》。因此,本文为便于讨论,也采用"纯粹法学说"这一译名。

仅写就了诸如《国家法学的主要问题》《纯粹法学说》《法与国家的一般理论》《国际法原理》等重要学术作品，还曾受命起草奥地利共和国的新宪法并推动建立了奥地利宪法法院，开创了宪法法院与合宪性审查的现代欧陆模式的先河，其本人也在奥地利宪法法院担任法官。可以说，无论是在理论领域还是在实务领域，凯尔森都留下了丰富的遗产，是当之无愧的 20 世纪最伟大、最有影响力的法学家之一。凯尔森在 20 世纪初就读和任教于维也纳大学，彼时的维也纳正处于最后的辉煌时期，聚集了一大批极具影响力的学者、科学家和艺术家。包括弗洛伊德、薛定谔、维特根斯坦、石里克、卡尔纳普、哥德尔、哈耶克等在内的一连串熠熠生辉的名字在当时都与维也纳联系在了一起。这一时期的群星璀璨使得维也纳成为后世几个重要学派和思潮的发源地，同时也孕育了不少开宗立派者，凯尔森便是其中之一。被纳粹解职后，凯尔森离开了奥地利，最终到了美国继续自己的研究。凯尔森一直在拓展和完善自己的理论体系，并持续地吸收各种思想资源以及回应时代的问题，《纯粹法学说》第二版则是其思想的集大成之作。

尽管《纯粹法学说》第二版就其自身的思想性以及其在法学学术史中的地位而言，已经足以成为一部伟大的必读经典。但这部经典时隔 60 余载再次走入今人的视野时，似乎仍然可以合理地多问一句：我们当下阅读这部经典时最应该汲取当中哪一部分思想的养分？要回答这个问题并不容易。因为凯尔森的学术思想与其人生经历一样，随着时间推移而经历了几个不同阶段的发展并呈现出不同的元素和色彩，而且无论哪一部分拿出来都值得仔细地研究。例如，20 世纪初以石里克为核心的维也纳小组热切地支持弗雷格、罗素、爱因斯坦和马赫等人的学说，推崇精确科学的立场和方法，使得新型的实证主义得以在维也纳诞生并成为一股潮流，而马赫与费英格的思想在其中扮演了重要角色。[1]在此种新型实证主义中具有教父般地位的马赫，也对凯尔森的实证主义法学产生了影响。[2]可以看出，凯尔森在《纯粹法学说》第二版里的实证主义立场以及对认知论和法律科学的强调，具有鲜明的时代

---

〔1〕 参见［美］阿兰·雅尼克、［英］斯蒂芬·图尔敏：《维特根斯坦的维也纳》，殷亚迪译，漓江出版社 2016 年版，第 247~248 页。

〔2〕 参见［美］阿兰·雅尼克、［英］斯蒂芬·图尔敏：《维特根斯坦的维也纳》，殷亚迪译，漓江出版社 2016 年版，第 151 页。

色彩。到了美国之后，凯尔森出版了《法与国家的一般理论》，如其所言，这本书的目的之一是更好地向普通法世界的读者介绍其思想，[1]同时也可以看到凯尔森在其中加入了美国现实主义法学的讨论。[2]凯尔森的理论思考在漫长的时间跨度中不断变化发展的特征，也可以在《纯粹法学说》第二版的前言里窥见一斑："《纯粹法学说》的第二版同样不想展示出某种终局性的结论，而要被视为一项需要通过补充和其他改进来得以赓续的事业。"[3]《纯粹法学说》第二版与第一版相比，在内容和体系上都有了显著的变化。《纯粹法学说》第一版共设有九章，而第二版只有八章，只有"法与自然""法与道德""法与国家""国家与国际法"这四个标题在第二版当中得到保留。虽然比第一版少了一章，但第二版在内容上得到了极大的扩充，一些在第一版当中只是简单述及的内容，在第二版中不仅得到了更为详细的论述，同时也更具体系。正如耶施泰特所言：

> 1934年的《纯粹法学说》第一版尚具有简单、浅显和优雅的特点（它的副标题之所以用"法律科学问题导论"的名称不是没有缘由的），这些特点在1960年的第二版中消失了；如果说前者是第一次打出大旗对凯尔森的法理论进行了完整阐述的话，那么后者毋宁是对一项伟大的终身事业的总结。[4]

回到本文之前提出的那个问题，即我们当下阅读这部经典时最应该汲取当中哪一部分思想的养分？对《纯粹法学说》第二版提出这个问题，应当说是合理的。一来《纯粹法学说》第二版是凯尔森思想的集大成之作，集中体现了凯尔森宏阔思想版图的丰富性、复杂性；二来是希望通过前后两版《纯粹法学说》对比，可以从中领悟到凯尔森思想中最为精髓的部分。然而，两

---

〔1〕 参见［奥］凯尔森：《法与国家的一般理论》，沈宗灵译，商务印书馆2013年版，第19页。

〔2〕 参见［奥］凯尔森：《法与国家的一般理论》，沈宗灵译，商务印书馆2013年版，第227页、第250~251页。

〔3〕 ［奥］汉斯·凯尔森著，［德］马蒂亚斯·耶施泰特编：《纯粹法学说》，雷磊译，法律出版社2021年版，第2页。

〔4〕 ［奥］汉斯·凯尔森著，［德］马蒂亚斯·耶施泰特编：《纯粹法学说》，雷磊译，法律出版社2021年版，第7页。

版《纯粹法学说》前后相隔的时间长度和当中发生的思想变化，使得这一目标的实现颇具难度。为此，笔者绝不奢望能在本文有限的篇幅内对每个重要的方面都进行详细探讨，而是选取三个角度展开分析，并试图揭示出凯尔森的不变之处。这三个角度分别是法律实证主义，作为行为意义的规范，法律科学。通过上述三个角度的探讨，笔者希望凯尔森纯粹法学说最重要的教导可以得到呈现。

二、凯尔森的法律实证主义

尽管凯尔森与哈特被普遍认为是法律实证主义的代表人物，但二者的理论之间仍有着显著的区别。由于法律实证主义这个共同的标签，人们往往倾向于从凯尔森与哈特之间的共同点出发来理解二者的理论，例如强调以实在法为研究对象、法律与道德的相分离以及法律效力的内容独立性。然而，如果我们深入凯尔森的理论内部，那么就可以发现，其实凯尔森的法律实证主义与哈特的法律实证主义之间存在重要的差异。

从宏观上来讲，法律实证主义可以分为两个不同的基本类型：第一种基本类型的法律实证主义认为非道德（immoral）的法律也是法律，代表人物是杰里米·边沁和约翰·奥斯丁；第二种基本类型的法律实证主义认为何者为法律的问题可以基于一系列纯粹的法律条件从而以一种语境独立的（context-independent）方式来确定，代表人物则是凯尔森和哈特。[1]更为重要的是，尽管哈特和凯尔森的哲学进路都可以被认为是分析进路，但凯尔森的法律实证主义是认知（epistemic）传统的，而哈特的法律实证主义则属于惯习主义（conventionism）传统。申言之，惯习主义传统的法律实证主义认为法律是具有构建性（constitutive）的社会惯习的结果，认知传统的法律实证主义则认为法律构成了一个自主的知识领域，应当由专门的法律科学来研究。[2]认知传统的法律实证主义存在与惯习主义传统的法律实证主义相容的版本，但这并非凯尔森纯粹法学说的情况。凯尔森的纯粹法学说坚定地主张

---

[1] See George Pavlakos, "Law as Recognition: H. L. A Hart and Analytical Positivism", in *Western Jurisprudence*, Tim Murphy (ed), Thomson Round Hall 2004, p. 226.

[2] See George Pavlakos, "Law as Recognition: H. L. A Hart and Analytical Positivism", in *Western Jurisprudence*, Tim Murphy (ed), Thomson Round Hall 2004, pp. 229-230.

法律归属于不可还原的规范领域，而对于法律的认知有赖于通过预设基础规范（grundnorm）来切换进入法律观点，而"通过切到法律观点，法律科学家激活一种特殊的'法律官能'（legal faculty）从而得以'感知'规范"。[1]前面提到凯尔森与哈特的哲学进路都可以被称为分析进路，但由于二者的法律实证主义所从属的传统存在上述差异，导致了二者具体采取的分析进路也存在较大差异。众所周知，哈特所采取的分析进路是概念分析，但凯尔森采取的分析进路则需要进一步的详细解释。哲学的分析进路在法学理论研究领域中的应用，除了聚焦在一些关键法律概念的语义分析上，更重要的是试图解释出这些概念所对应的实体的本质属性。哲学的分析进路所暗含的承诺就是通过对语词或语句的意义（meaning）进行分析，可以使我们掌握关于研究对象之本质的先天为真的知识。哈特所采取的概念分析，是试图通过找到引导法律概念之使用（use）的语义规则（semantic rules），从而揭示出法律的本质属性。[2]而凯尔森常用的论证方式，虽然并非所有人都能意识得到，但实际上也是一种分析进路的版本，亦即先验论证。先验论证从一个通常被普遍认为是真的判断出发，采用回溯式三段论的方式分析[3]出要使得第一个判断为真的必要条件，而且该条件所包含的命题也是先天为真的。凯尔森运用先验论证的方式试图证明"除非我们预设一个独特的法律观点，否则我们不可能获得任何法律的认识……此外，此种论证方式也成功地展示了法律不能被还原到非规范性的领域"。[4]可以说，即便凯尔森的思想经历过不同阶段的变化发展，但试图通过上述分析进路予以论证的预设法律观点的必要性、法律规范的不可还原性以及由此也得到暗示的法律科学的独立性，是凯尔森自《纯粹法学说》第一版以来直到第二版都一直在坚持的核心观点。只不过在不同阶段，凯尔森试图引入同视角和元素来对上述核心观点加以支撑

---

　　〔1〕　George Pavlakos, "Law as Recognition: H. L. A Hart and Analytical Positivism", in *Western Jurisprudence*, Tim Murphy (ed), Thomson Round Hall 2004, p. 230.

　　〔2〕　See George Pavlakos, "Law as Recognition: H. L. A Hart and Analytical Positivism", in *Western Jurisprudence*, Tim Murphy (ed), Thomson Round Hall 2004, p. 232.

　　〔3〕　此处的"分析"是康德哲学意义上的。

　　〔4〕　George Pavlakos, "Law as Recognition: H. L. A Hart and Analytical Positivism", in *Western Jurisprudence*, Tim Murphy (ed), Thomson Round Hall 2004, p. 234.

和完善。

关于凯尔森漫长学术生涯的发展阶段划分问题，卡斯滕·海德曼（Carsten Heidemann）与斯坦利·鲍尔森（Stanley Paulson）之间曾经有过一场激烈的争论。尽管凯尔森的整个学术生涯应该如何划分发展阶段问题并非本文的关注所在，然而海德曼与鲍尔森之间的这场争论触及了《纯粹法学说》第二版的一个关键问题，也是本文意欲探讨的一个主要问题。海德曼在其著作《作为事实的规范：论凯尔森的规范理论》中提出对凯尔森的整个学术生涯进行四个发展阶段的划分，分别是建构主义阶段、新康德主义阶段、实在论阶段和语言分析阶段。而鲍尔森则对此提出了不同意见，鲍尔森认为凯尔森的整个学术生涯应当分为三个阶段，即建构主义阶段、经典阶段、怀疑阶段，而经典阶段分为两个时期，即新康德主义时期和混合时期。[1]海德曼与鲍尔森的分歧集中在 1922 年到 1962 年这一段时间，而《纯粹法学说》第二版则是其中的关键。根据鲍尔森的观点，海德曼的划分方式存在的问题是错误地认为其所称的新康德主义阶段和实在论阶段之间存在重要的哲学基础转变，其中最显著的一点就是法律规范与法律命题的区分。在海德曼看来，凯尔森的新康德主义阶段的显著特点是认为，无论是经验性认知还是规范性认知都不是对给定的现实的反应，认知通过应用康德意义上的范畴构建了其认知的对象。[2]而在海德曼所称的实在论阶段，他认为凯尔森背离了新康德主义阶段的基本立场和观点，转而主张法律规范是一种被权威创造的给定的现实，并且为法律科学所描述。[3]诚然，相较于《纯粹法学说》第一版，第二版尤其详细地在"法律与科学"的主题内讨论了法律规范与法律命题的区分：

> 由于法律科学只在此范围内——它构成了法律规范的内容，也即被法律规范确定——去把握人类行为，所以它是对这些构成要件的一种规

---

〔1〕 See Stanley Paulson, "Four Phases in Hans Kelsen's Legal Theory? Reflections on a Periodization", *Oxford Journal of Legal Studies*, Spring, 1998, Vol. 18, p. 361.

〔2〕 See Carsten Heidemann, "The Creation of Normative Facts", *Law and Philosophy*, March 2000, Vol. 19, No. 2, pp. 264-265.

〔3〕 See Carsten Heidemann, "The Creation of Normative Facts", *Law and Philosophy*, March 2000, Vol. 19, No. 2, p. 270.

范性诠释。它对那些通过人类活动行为来创设并通过这类行为被适用和遵守的法律规范进行描述，从而也对由这些法律规范构成的（它们所确定之构成要件之间的）关系进行描述。法律科学用以描述这些关系的语句，必须作为法律命题与法律规范区分开来，后者由法律机关创设……法律命题是这种假言判断……法律规范不是判断，不是关于某个向认知给定之对象的陈述。[1]

毫无疑问，《纯粹法学说》第二版对法律科学的详细论述尤其是对法律规范与法律命题区分的强调，与第一版相比确实是一个较为突出的差异。类似的观点实际上在《法与国家的一般理论》中也出现过。[2]在《纯粹法学说》第一版中，凯尔森对法律科学论述虽然着墨不多，但却具有鲜明的康德哲学色彩。例如，凯尔森提出：纯粹法理论作为特殊法律科学，其所注重者既非作为事实之法律规范，也非对法律规范之意欲或想象，而仅在于作为（意欲或想象的）意义之法律规范。换言之，事实唯有成为法律规范之内容，即为法律规范所规制时，始为纯粹法理论之对象。而本理论之难题便在于意义领域之特殊自主性。[3]

对于其所称的新康德主义阶段的凯尔森，海德曼认为最主要的特征就是凯尔森所说的法律科学的任务并非对给定的法律规范的描述，"而毋宁是把应然——类比于因果范畴的关系范畴——应用到由立法者的意志（或其内容）组成的非规范性基质之上，因而构建出与法律规范同一的假设性规范判断"。[4]然而，鲍尔森也通过对比《纯粹法学说》的前后两版提出了自己的具体反对意见，即先验哲学在海德曼所称的凯尔森的实在论阶段中仍扮演着重要的角色，尤其是在《纯粹法学说》第二版当中。例如，凯尔森在《纯粹法学说》第二版里强调，"纯粹法学说没有用它的基础规范理论来开创出

〔1〕 ［奥］汉斯·凯尔森著，［德］马蒂亚斯·耶施泰特编：《纯粹法学说》，雷磊译，法律出版社 2021 年版，第 92 页。

〔2〕 ［奥］凯尔森：《法与国家的一般理论》，沈宗灵译，商务印书馆 2013 年版，第 246~247 页。

〔3〕 ［奥］凯尔森：《纯粹法理论》，张书友译，中国法制出版社 2008 年版，第 44 页。

〔4〕 Carsten Heidemann, "Facts, and Judgments: A Reply to S. L. Paulson", *Oxford Journal of Legal Studies*, Vol. 19, No. 2, Summer1999, p. 348.

一种新的法律认知方法……它并不将前面提及的构成要件理解为由因果律来确定的事实，而是将它们的主观意义诠释为客观有效的规范并作为规范性法秩序……基础规范学说只是对这一程序进行分析的结果，它运用了迄今为止的实证主义的法律认知"。[1]在另一处，凯尔森也指出，"在康德认识论的意义上，法律科学作为法的知识如同一切知识那样具有构成性，因此在此范围内'创设'出了它的研究对象，即它将研究对象理解为一个充满意义的整体"。[2]

海德曼与鲍尔森的争论除了关乎凯尔森的整个学术生涯应该如何划分阶段的问题，同时也触及了如何理解凯尔森的法律实证主义的问题。在《纯粹法学说》第二版里，凯尔森对于法律规范与法律科学之区分的强调，一方面体现了其思想的体系化发展，但似乎也对其法律实证主义的内核产生了影响。如前所述，凯尔森的法律实证主义属于分析进路的一种版本，倘若说哈特的分析进路是为了揭示出引导法律概念使用的语义规则，那么凯尔森的版本则是揭示了引导法律认知的规则。根据海德曼的理解，在《纯粹法学说》第一版里，凯尔森意欲揭示的这种规则是构建性的，法律规范所从属的独立且不可还原的意义领域也有赖于这种规则的构建。而到了《纯粹法学说》第二版，凯尔森强调了法律科学的判断虽然也采取了应然的形式，但是不能与法律规范混淆，二者的内涵是不一样的。然而，鲍尔森所提出的有力反驳，显示出《纯粹法学说》第二版在此问题上存在的张力，由此带来的更深层次的问题，本文将在后面的部分加以详细探讨。本文在此处想指出的是凯尔森的法律实证主义立场和理论目标在《纯粹法学说》第二版当中并未发生改变，即仍然试图从认知传统出发确定一系列纯粹的条件从而得以用一种语境独立的方式确定何者为法律。然而，凯尔森在《纯粹法学说》第二版里所做的尝试，除了带来了更为系统和精致的回答，也带来了其理论内部的张力。这一点是不可不察的。

---

[1] [奥] 汉斯·凯尔森著，[德] 马蒂亚斯·耶施泰特编：《纯粹法学说》，雷磊译，法律出版社2021年版，第256页。

[2] [奥] 汉斯·凯尔森著，[德] 马蒂亚斯·耶施泰特编：《纯粹法学说》，雷磊译，法律出版社2021年版，第94页。

三、法律规范作为特定行为的客观意义

规范不是一种事实，而是事实的意义，这是凯尔森在《纯粹法学说》第一版里就坚持的根本命题，并且在第二版当中得到了很大的拓展。在《纯粹法学说》第一版中，凯尔森便直截了当地指出，"若对一切被称为或归入法律之物……加以分析，便可区分两类因素：一类是发生于时空之中而可感知之外在事实，多为人之行为；另一类则是内在或附着于此行为之意义———一种特殊意义"。[1]随后，凯尔森进一步指出，纯粹法学说对于行为及其意义的理解，与一些已有的理论不同，即"其在认知规范或对事实赋予法律意义之时无须求助任何其精神过程或物质事实"。[2]换言之，凯尔森主张法律规范作为一种意义，是独立于物质事实和精神状态的，同时也不可还原为物质事实和精神状态。也正是在这一点上，决定了凯尔森的纯粹法学说作为法律实证主义的代表性学说之一，十分不同于前人和同时代另一位法律实证主义的代表哈特的理论。也可以说，法律规范不是一种事实，而是事实的意义，是凯尔森的纯粹法学说里占据中心位置的命题，也为我们打开了探究法律规范之奥秘的大门。

然而，值得注意的是，凯尔森在《纯粹法学说》第一版中对上述命题仅仅进行了十分有限的展开，甚至还留下了几处有待进一步说明的问题。例如，凯尔森在讲到关于私刑谋杀和真正的依法执行死刑的区别时，他指出法律规范构成了一个解释框架，并且还指出"上述事实之特殊法律意义，即其自身在法律上之独特含义得自规范：此规范之内容涉及上述事实，并对其赋予法律意义……而此规范则由另一法律行为创制，后者之意义又来自另一个规范"。[3]显然这个问题如果继续追问下去，就会遇到凯尔森在谈论法律规范的效力和位阶时所谈到的无限回溯，而作为回答就必然会遇到关于基础规范的讨论。然而，基础规范不是本文在此部分想要讨论的重点。此部分想要讨论的重点是凯尔森上述观点所包含的关于意义领域的承诺，并没有得到足

---

〔1〕 ［奥］凯尔森：《纯粹法理论》，张书友译，中国法制出版社 2008 年版，第 38 页。

〔2〕 ［奥］凯尔森：《纯粹法理论》，张书友译，中国法制出版社 2008 年版，第 41 页。

〔3〕 ［奥］凯尔森：《纯粹法理论》，张书友译，中国法制出版社 2008 年版，第 40 页。

够的阐发，从而导致有一些困惑的产生。例如，参与规范生成的意志行为与意义之间的关系是什么？以及在法律规范所归属的这个意义领域当中，不同主体是否共享这个意义领域，相互之间的联系与区别又是什么？这些问题，尽管在《纯粹法学说》第一版中有所触及，但是基本停留在只言片语的层面，没有系统地展开。直到《纯粹法学说》第二版，相关问题才得到了较为清晰的回答。

《纯粹法学说》第二版极大地拓展了法律规范作为意义的论述。其中尤为值得注意的是关于意志行为与行为之意义的关系，得到了十分详细和系统的说明。凯尔森指出，其内容为规范的意志行为是一种实然，而该意志行为的意义是一种应然，但凯尔森仍然强调，应然陈述不能还原为实然陈述，并引用了 G. E. 摩尔的观点来作为支撑。[1]那么，作为实然的意志行为是如何转化出作为应然的行为意义的呢？凯尔森首先强调了区分主观意义与客观意义的重要性。详言之，任何一个具有指向他人之行为的意图的应然陈述都具有主观意义，但却不能称之为规范，"只有当它同时具有应当的客观意义时，人们才称这种应当为'规范'"。[2]而实现从主观意义到客观意义的转化，端赖于"宪法赋予了立法行为这种客观意义"。[3]那么，立宪行为[4]的客观意义又是由什么赋予的呢？凯尔森的回答是由被必然预设的基础规范赋予：

> 也就是说，只有当预设，人民应当根据这部完全确定之宪法来行为时，才可以将立宪行为以及根据这部宪法实施之行为的主观意义诠释为它们的客观意义（诠释为客观上有效的法律规范），将这些规范构成的关系诠释为法律关系。[5]

---

〔1〕［奥］汉斯·凯尔森著，［德］马蒂亚斯·耶施泰特编：《纯粹法学说》，雷磊译，法律出版社 2021 年版，第 7 页。

〔2〕［奥］汉斯·凯尔森著，［德］马蒂亚斯·耶施泰特编：《纯粹法学说》，雷磊译，法律出版社 2021 年版，第 10 页。

〔3〕［奥］汉斯·凯尔森著，［德］马蒂亚斯·耶施泰特编：《纯粹法学说》，雷磊译，法律出版社 2021 年版，第 11 页。

〔4〕［奥］汉斯·凯尔森著，［德］马蒂亚斯·耶施泰特编：《纯粹法学说》，雷磊译，法律出版社 2021 年版，第 251 页。

〔5〕［奥］汉斯·凯尔森著，［德］马蒂亚斯·耶施泰特编：《纯粹法学说》，雷磊译，法律出版社 2021 年版，第 251 页。

作为预设的基础规范，其并不是实在法，而是类似于康德认识论所称的先验逻辑条件。基于上述论述，凯尔森关于法律规范作为特定行为的客观意义的命题，得到了远比《纯粹法学说》第一版更清晰、更系统的阐明。同时，也更有利于我们进一步追问其中的问题。申言之，当把法律规范理解为一种客观意义的时候，就意味着对法律的认知、创制、适用和遵守都变成了一项理解性的活动。而且作为一项理解性的活动，它必须是公共的，而非私人的。否则，一方面对于司法者而言，他便并非在诠释法律规范，其主观意义也无法转化为客观意义；另一方面对于守法者而言，其只能是基于对强制的恐惧或对立法者、司法者的主观状态的预测来行事。反观凯尔森自己的论述，如果说基础规范可以类比于康德认识论中的先验逻辑条件的话，那么以基础规范的预设为前提所建立起来的意义理解则应该是向所有具有一般理性能力的人开放的。

那么，一项理解性的活动何以公共（同时也意味着客观）？其中一条解释的路径由弗雷格所提供。对于弗雷格而言，对意义的理解之所以能公共，是因为"意义作为一种呈现的形式就是指意义是为那些足够熟悉表达式所属语言的人所把握的"。[1]表象与符号意义的根本区别在于意义并不是任何个人的心智的一部分，而是为多数人所共有的，意义亦即语句的思想可以代代相传，这足以说明这一点。[2]为此，弗雷格以人通过望远镜观察月亮为例，指出我们通过语言把握意义就如同用望远镜观察月亮一般，月亮是被认知的对象，望远镜中的图像就是意义，意义是客观的，因为它可以被多个人用以把握对象。[3]另一条解释路径则由后期维特根斯坦提供，即把意义的表达和理解视为是对某种公共规则的使用，该路径由哈特引入法学领域。然而，凯尔森在《纯粹法学说》第二版所采取的路径，却与上述两个路径不同。首先，在凯尔森处，意志行为的主观意义之所以能转化为客观意义，有赖于基础规范的被预设，而基础规范是内在于人们的认知结构当中的。因此，惟有

---

[1] Tyler Burge, *Truth*, *Thought*, *Reason*: *Essays on Frege*, Oxford University Press 2005, p. 243.

[2] See Gottlob Frege, "Sense and Reference", *The Philosophical Review*, Vol. 57, Issue 3, 1948, p. 212.

[3] See Gottlob Frege, "Sense and Reference", *The Philosophical Review*, Vol. 57, Issue 3, 1948, p. 213.

通过预设基础规范，从而转入法律视角（legalpointofview）才能认知作为意志行为之客观意义的法律规范。而法律规范与法律命题是不一样的。凯尔森指出，法律科学用以描述法律规范构成的关系的语句，"必须作为法律命题与法律规范区分开来"。[1]而创设规范之行为的意义与法律命题的意义是不同的，并且法律科学在法律规范所属的意义领域的外部以描述的方式进行认知。[2]凯尔森对法律命题和法律规范的区分，一方面是清晰地意识到了同样的应然陈述由不同主体作出，其功能是不一样的，法律规范是由法律权威作出，具有规定的功能，而法律命题则只有描述的功能；另一方面从法律命题和法律规范的区分所推导出来的，是"应当"具有双重意义的。[3]因此，由于基础规范以及法律命题和法律规范的区分，使得法律规范所属的意义领域成为一个由特定群体掌握的封闭领域，而法律命题则是在外部进行描述。由此引申出来的问题除了法律命题作为把握法律规范之意义的公共功能受到限制，同时也可能导致法律规范所属之意义领域的割裂以及凯尔森理论内部的张力。接下来结合凯尔森关于法律科学的论述，相关问题将更为凸显。

四、法律科学与两个意义领域

法律科学是始终贯穿于凯尔森纯粹法学说的重要主题。实际上，本文在前述部分讨论法律命题与法律规范的区分时，已经涉及了一部分关于法律科学的内容。因为，在凯尔森看来，法律命题就是法律科学用以认知和描述法律规范以及揭示法律规范所属之意义领域的固有法则的。对此，凯尔森指出，"纯粹法学说——作为特殊的法律科学——将注意力聚焦于法律规范……它的问题在于某种意义领域之特殊的固有法则"。[4]而法律命题就是法律科学用以描述法律规范构成的关系的语句。尽管法律命题和法律规范都采取应然

---

〔1〕〔奥〕汉斯·凯尔森著，〔德〕马蒂亚斯·耶施泰特编：《纯粹法学说》，雷磊译，法律出版社2021年版，第92页。

〔2〕〔奥〕汉斯·凯尔森著，〔德〕马蒂亚斯·耶施泰特编：《纯粹法学说》，雷磊译，法律出版社2021年版，第93页。

〔3〕〔奥〕汉斯·凯尔森著，〔德〕马蒂亚斯·耶施泰特编：《纯粹法学说》，雷磊译，法律出版社2021年版，第95~97页。

〔4〕〔奥〕汉斯·凯尔森著，〔德〕马蒂亚斯·耶施泰特编：《纯粹法学说》，雷磊译，法律出版社2021年版，第134页。

陈述的形式，但法律命题是判断、是关乎某个向认知给定之对象的陈述，而法律规范则不是。更重要的是法律命题和法律规范的意义以及意义的生成方式是不一样的。因此，法律科学与法律规范分别对应了两个不同的意义领域，并且各自具有自身的法则。

首先，法律科学是遵循逻辑规则的。凯尔森认为，法律科学是从外部对法进行认知和描述的，因此法律科学所作的应然陈述有真假之分。一方面，由于法律科学所做的是描述性的工作，因而当其所作的陈述可以基于是否符合对象来评判其真假。另一方面，与我们在日常语言中所作的陈述一样，法律科学所作的应然陈述服从于逻辑规则，当法律科学所作的应然陈述违背诸如矛盾律、排中律等逻辑规则时，其便为假。而由法律权威作出的应然陈述则并非如此。凯尔森主张，法律权威所作的应然陈述以规定的方式创设规范，"而法律权威所制定——使法律主体承担义务、享有权利——的应然规范既不是真的也不是假的，而只能是有效或无效的"。[1]那么，这是否意味着法律规范与逻辑规则无关呢？针对这一略显违背常识的问题，凯尔森指出，逻辑规则通过法律命题被间接地适用于法律规范，而"如果对法律规范进行描述的两个法律命题彼此矛盾，这两个法律规范就彼此矛盾"。[2]这一论述除了阐明逻辑规则可以通过法律命题间接地适用于法律规范，同时暗含了一个重要的判断，即法律科学所作的应然陈述是法律规范的复制。

其次，法律科学所作的应然陈述的意义内涵不同于法律规范的意义内涵。法律科学所作的应然陈述在语言表达上可能与法律规范的表达一致，但却不具备相同的意义内涵。根据凯尔森的观点，法律科学所作的应然陈述是一种判断，而这种判断的语言形式是假言判断。通过法律科学所作的假言判断，特定条件与特定后果被联结在一起。然而，与自然科学所作的假言判断不同，法律科学所作的假言判断具有特殊意义，即表达归结（Zurechnung）[3]原

---

〔1〕 ［奥］汉斯·凯尔森著，［德］马蒂亚斯·耶施泰特编：《纯粹法学说》，雷磊译，法律出版社2021年版，第95页。

〔2〕 ［奥］汉斯·凯尔森著，［德］马蒂亚斯·耶施泰特编：《纯粹法学说》，雷磊译，法律出版社2021年版，第96页。

〔3〕 也有译为"归责"或"归属"的。

则：如果 A 存在，则 B 应当存在。[1]如果说自然科学的假言判断表达了自然法则，那么法律科学的假言判断就表达了法律法则，"即条件与后果尤其是不法行为与不法后果通过法律规范被彼此联结在一起"。[2]法律规范虽然也可能采取类似的表达，但其意义内涵是不一样的，法律规范并不是描述，"而是某种行为的意义，借此某事被规定，故而构成要件之间的联系、功能性关联才得以建立，它被作为法律法则的法律命题所描述"。[3]更进一步来说，法律规范的意义内涵包括命令、允许和授权，其本身是一种规定。

最后，法律科学构建了自身的意义领域。前面曾经提到，法律科学把它的研究对象理解为一个充满意义的整体，而这一理解的过程具有构成性。类比于自然科学，实在法的各种规范如同经验杂多，一般需要通过法律科学的认知才能得到一个统一的、无矛盾的体系。然而，这一构成活动与法律权威对法律规范的创设是不同的。法律规范由法律权威创设，其本身是特定意志行为的客观意义，而法律创制行为的意义又由另一个规范赋予，如此层层上溯，最终抵达基础规范。由此，我们看到法律科学构建了自身的意义领域，该意义领域与法律规范所属的意义领域并非同一个。结合先前对法律命题和法律规范之区分的探讨，以及法律科学遵循的规则和应然陈述的意义内涵，不难看出法律科学构成自身的意义领域。法律规范所属的意义领域，是由法律权威之意志行为的客观意义构成，而该行为之所以具备客观意义是由于另一个规范。因此，以预设基础规范为前提，实在法构成了一个独特的意义领域。

在笔者看来，法律科学与实在法构成两个不同的意义领域，或许是《纯粹法学说》第二版以第一版核心思想为基础所作出的最重要的发展之一。法的意义领域是自成一体的，其基础是一批具有独特法律观点的人，即基于基础规范的预设而早已视实在法有效的人。而法律科学家则在外部对法的意义

〔1〕 参见［奥］汉斯·凯尔森著，［德］马蒂亚斯·耶施泰特编：《纯粹法学说》，雷磊译，法律出版社 2021 年版，第 116 页。

〔2〕 ［奥］汉斯·凯尔森著，［德］马蒂亚斯·耶施泰特编：《纯粹法学说》，雷磊译，法律出版社 2021 年版，第 106 页。

〔3〕 ［奥］汉斯·凯尔森著，［德］马蒂亚斯·耶施泰特编：《纯粹法学说》，雷磊译，法律出版社 2021 年版，第 105 页。

领域进行观察和描述，并基于自身认知的能力和遵守的规则，构建出另一个意义领域。在法律科学的意义领域中，某个法律命题或许会与某个法律规范在表达上一致，但前者只是对后者的复制。除了描述和复制，法律科学的认知活动还把实在法当中的各种规范进行具有构成性的统合，使得现实的杂多成为一个无矛盾的、充满意义的整体。然而，这只是法律科学构建出来的作品，并非实在法本身就是如此。因此，凯尔森的法律实证主义试图向我们揭示法律可以通过一种价值无涉的方式认知。由此也引出一系列问题，例如法的意义领域被相对化和封闭化。由此也引发了关于普通人如何得以理解法律并依据对意义的理解而非对强制的恐惧而遵守法律的问题。而这牵涉出更深层次的问题是法治作为一个整体的理解性事业如何可能？对于这些问题，在本文有限的篇幅里无法进一步分析和回答，但本文的讨论为深入思考相关问题提供了基础。

结　语

《纯粹法学说》第二版是凯尔森漫长而高产的学术生涯中最为重要也最为集中展现其法学思想的作品之一。本文所讨论的法律实证主义、作为行为意义的规范以及法律科学，是贯穿凯尔森纯粹法学说法哲学部分的三个重要主题。通过对上述三个主题的探讨，凯尔森在法哲学领域提供的洞见及其中的得失都可以得到较好的展现。但无论如何，凯尔森在《纯粹法学说》第二版里向我们展示了法学理论何以独立自主、法学理论自身应该以一种怎样的姿态和视角面对现实世界。而这也是当下阅读这本经典的价值所在。

纯粹法学说何以为科学？

——以两版《纯粹法学说》的比较为中心

邬　蕾[*]

摘　要：科学性是凯尔森法学理论生涯的主要目标。对纯粹法学说而言，科学性又可以分解为两个问题：对象的自主性与理论的科学性。前者是认知对象的体系，后者是认知的体系，对象决定认知方法，但同时方法也构造了对象的范围和结构。规范作为一种认知图式，不仅是思维的框架，同时也是实在法的理念模型。凯尔森前后两个版本的《纯粹法学说》都是在处理法律科学的"科学性"和法律体系的"自主性"问题。但在第一版中，凯尔森并未自觉地认识到法律知识与对象的区别与联系。而在第二版中，凯尔森区分了法律规范与法律命题以明确二者的区别。本文以第一版和第二版的比较为中心，分别从涉及研究对象的自主性的基础规范，作为方法概念的归责，以及作为法律科学的知识形态的法律命题等三个维度，对纯粹法学说何以为科学进行评估。研究表明，直到第二版终了，凯尔森都未解决法律命题和法律规范之间是否可以同时适用逻辑规则的难题。为解决规范逻辑的难题，凯尔森不得不在《规范的一般理论》中继续其科学性的探索。

关键词：纯粹性　基础规范　因果　归责　法律命题　法律规范

---

* 邬蕾，西南政法大学行政法学院讲师，北京大学哲学博士，西南政法大学法学博士后。

引　言

凯尔森的《纯粹法学说》〔1〕与哈特的《法律的概念》被认为是 20 世纪最伟大的法律实证主义作品。对法学研究者而言，研习这两部著作是其必备之功课。与哈特《法律的概念》一劳永逸地完成了法律实证主义理论的整体解决方案不同，在凯尔森漫长的学术生涯中，纯粹法学说的诸多论述细节和主要观点始终处于不断的修改当中。尤其是其主要理论代表作《纯粹法学说》存在两个译本，其在篇幅、观点以及结构上都差距甚大。遗憾的是，长期以来中文世界只有第一版的译本，而第二版则一直尚付阙如。幸而雷磊教授以意大利译本的校订本为底本的《纯粹法学说》第二版/学生版的德文本译出中文版，让学界得以一窥凯尔森后期学说之原貌。第二版的中译本文字精审，文笔流畅，不仅完善了诸多概念名相的理解，而且为进一步推进凯尔森学术研究奠定了坚实的文本基础。

纵观凯尔森的理论生涯，其追求理论的科学性这一目标始终未曾稍有改动。〔2〕为此，尽管第一版《纯粹法学说》揭橥法学科学性之先声，然则，这一理论并未一蹴而就地完成，尤其是凯尔森后来认识到，法规范的科学性与法认知的科学性实为二事，但又密不可分。然而，为了更全面地了解凯尔森对法律科学性追求的前后变化以及理论上的推进与不足，对比阅读第一版和第二版《纯粹法学说》对于学术研究而言是必不可少的。到晚年之后，在与逻辑学家克鲁格的通信中，凯尔森开始反思其建构纯粹法理论中的逻辑问题，甚至被认为已经放弃了基础规范理论而逐渐转向意志理论。凯尔森晚年的思想变化，其实在对第二版进行修订的时候就已经初见端倪。甚至第二版也并非其理论的最终完成形态，凯尔森在第二版翻译成意大利文时还不时对其中的内容进行修改。有论者认为，在其生命最后阶段尚未出版的《规范的

---

〔1〕　中文世界对凯尔森的"Reine Rechetlehrer"一般译为"纯粹法理论"，因为英文 Lehrer 与 Theory 可以互译，但是理论突出的是某个学说的一般性，为展示凯尔森的法学理论的独特性，故而译为"学说"。不过，就任何一个法学家的理论抱负而言，无一不想让自己的学说成为一般性的理论。

〔2〕　Eugenio Bulygin, *An Antinomy in Kelsen's Pure Theory of Law*, Ratio Juris, 1990 (3).

一般理论》导致了整个基础规范理论的倾覆。[1]为全面了解凯尔森的理论，仅阅读第一版是不够的，中文世界对凯尔森主要著作的翻译显得不足，这与凯尔森的学术地位形成巨大反差。[2]除第一版外，[3]已翻译为中文的凯尔森著作有《法与国家的一般理论》（1945年）、《共产主义的法律理论》（1955年）以及少数凯尔森的论文。[4]雷磊教授的第二版译本的出版，对凯尔森的理论遗产在中文世界的继受来说，可谓功莫大焉。

为了完整评估凯尔森法学理论自身的科学性以及作为其研究对象的法律规范的科学性，有必要从《纯粹法学说》第一版和第二版的对比来分析其主要观点以及方法论上的变化。为此，本文打算从以下三个部分展开论述。第一，就第一版和第二版的区别，在背景、结构以及内容上进行说明，以表明后期学说的更动并不是无关紧要的。第二，以科学性所涉及的对象的自主性以及认知的科学性之区分为基础，对比第一版和第二版的相关论述。第三，与科学性相关，在第二版中，凯尔森抓住了基础规范、因果与归责，以及法律命题与法律规范之关系进行理论改写，这部分显示出对象自主性与认知科学性之间的理论张力。若系统整体评估纯粹法学说的理论遗产，我们可以发现，当触及法律命题与法律规范在适用逻辑规则时的一致性问题时，凯尔森的科学性追求遭到无法避免的理论挫折。法律作为制度性实践，以及法律科学作为实践科学，都让形式化的理论诉求在丰富多彩的生活中变得苍白无力。

---

〔1〕 关于凯尔森的思想历程的分期及其后期重大转变的具体情况，参见［美］斯坦利·L. 鲍尔森：《纯粹法学的终结？凯尔森—克鲁格书信往来作为对凯尔森法学颠覆之开端》，载张龑译：《法治国作为中道 汉斯·凯尔森法哲学与公法学论集》，中国法制出版社2017年版，第254~278页。

〔2〕 在漫长的学术生涯中，凯尔森出版过大量的著作和论文，相对完整的文献清单，参见《附录：凯尔森生平及主要著述年表》，载［奥］凯尔森：《纯粹法理论》，张书友译，中国法制出版社2008年版，第418~431页。

〔3〕 凯尔森《纯粹法学说》第一版已被张书友译出，其名称为"纯粹法理论"，此译本系英文译出，译笔为半文半白之间，尽管文笔晓畅优雅，但是考虑到理论问题的严谨性以及现代阅读习惯，补充一个译自德文的白话文本迫在眉睫。

〔4〕 关于凯尔森的部分论文，参见张书友译，中国法制出版社2008年出版的《纯粹法理论》，张龑编译，中国法制出版社2017年出版的《法治国作为中道 汉斯·凯尔森法哲学与公法学论集》。

一、第一版与第二版：背景、结构与内容

《纯粹法学说》一书前后有两个版本。第一版出版于 1934 年，而在 1960 年凯尔森又出版了第二版。[1]第一版与第二版在观点上存在调整和改动，在篇幅上的差距则更大。若是将关于正义问题的附录算上，第二版的篇幅是第一版的五倍。这种差距让人怀疑两个版本的《纯粹法学说》到底是同一部著作，还是两部不同著作而共享了同一个书名。若说是相同的著作，第二版不仅在质和量上都显示出凯尔森对原有观点的改进和完善，而且对原有观点进行了更为深入和完整的阐述。若说是不同的著作，第二版对第一版予以相当完整的吸收和整合，其核心理论意图和方法论并未发生根本变动。这两个版本之间的奇特关系还表现在，第二版出版之后，两个版本同时流行于世。这两个版本执行着不同的功能，第一版似乎是为初学者准备的，而第二版则是写给理论专家的。马里奥·洛萨诺称第一版为"无可减损的文本"，而第二版则为"不可增益的阐述"。[2]

尽管第一版和第二版以德语形式在同一个出版社出版，而且在时间上相差 20 多年，但是若观察二者出版的时代背景就会发现，两个版本选择的出版时机都不甚"恰当"。第一版的出版时间是 1934 年，时值纳粹夺取政权之时，当时的学术环境并不适合讨论凯尔森的这种排斥政治和意识形态的法律科学主张，况且作为犹太人的凯尔森所面临的个人处境也相当之凶险。在此之前，凯尔森与施米特还就宪法的守护者问题展开过激烈的交锋，凯尔森那种以法律规范约束政治冲突的努力，在当时的环境下显得不合时宜。1933 年 4 月，凯尔森不得不离开德国前往瑞士。在第二次世界大战全面爆发之后，凯尔森又举家远赴美国。1960 年在凯尔森 79 岁高龄之际，第二版问世，不

---

〔1〕《纯粹法学说》第一版和第二版，后文简称"第一版"和"第二版"。本文第一版参考的是张书友译的《纯粹法理论》，第二版参考的是雷磊译的《纯粹法学说》，英文版见 Hans Kelsen, *Introduction to The Problems of Legal Theory*, *A Translation of the First Edition of the Reine Rechtslehre or Pure Theory of Law*, Translated by Bonnie Litschewski Paulson and Stanley L. Paulson, Oxford University Press, 1992。

〔2〕 洛萨诺是凯尔森《纯粹法学说》第一版的意大利译者，双方围绕着第二版中的理论问题保持通信来往，这些通信内容涉及对文本中的相关注释予以增加和完善。参见［奥］汉斯·凯尔森著，［德］马蒂亚斯·耶施泰特编：《纯粹法学说》，雷磊译，法律出版社 2021 年版，第 13 页。

过当时情势又发生了变化。第二次世界大战结束之后，自然法学派复兴，实证主义饱受批判，而凯尔森以法律科学自任的学术倾向再一次遭到广泛的反对。这种两边不讨好的处境，一方面是凯尔森的法律科学基本立场（不可知论与价值相对主义）决定的，它排斥政治、道德和意识形态；另一方面也是纯粹法理论所开辟的两条战线决定的，它既反对自然法理论又反对经验的实证主义。

时势使然，第一版当时的主要使命在于比较全面系统地展示了凯尔森的主要理论，并以简洁明确的方式论述其观点，以确立独树一帜的理论主张。第一版使用了"法律科学问题导论"这一副标题，[1]但是第二版则更为细密地处理了第一版中所触及的更为深沉的理论问题。凯尔森说第一版"是将我迄今为止关于法律问题的结论予以归纳"，而第二版则是将这些结论运用于"一般法学问题"。因此，很难说第二版还具备那种导论性质。第二版在经历诸多诘难与思想调整之后，其论述风格更为繁复，触及问题的广度和深度不断拓展。从标题上看，第二版的结构性安排比第一版更为完备和严整，这与第一版的论战性风格形成了鲜明对比。在结构上，第二版分为八章以主要核心概念的方式直接作为标题：I. 法与自然；II. 法与道德；III. 法与科学；IV. 法静态学；V. 法动态学；VI. 法与国家；VII. 国家与国际法；VIII. 解释。第一版则分为九章，分别是 I. 法与自然；II. 法与道德；III. 法的概念与法律命题学说；IV. 法学说的二元论及其超越；V. 法秩序及其阶层构造；VI. 解释、VII. 法律创设的方法；VIII. 法与国家；IX. 国家与国际法。第二版将第一版中"III. 法的概念与法律命题学说"分解到"I. 法与自然"以及"III. 法与科学"中，第一版的"IV. 法学说的二元论及其超越"以及"VII. 法律创设的方法"不再单独作为一章，前者直接整合进第二版的"IV. 法静态学"，而后者则作为第二版"VI. 法与国家"的一部分。另外，法秩序及其阶层构造也为"法动态学"所取代。除了章节内容的整合之外，第二版还对第一版章节的先后顺序进行了调整，将法律解释后移作为最后一部分。从这

---

〔1〕 开创性著作似乎都以导论自居，如康德的《纯粹理性批判》，其自认为是未来形而上学导论，在中国法学领域，林来梵教授所提出的规范宪法学的奠基性著作《从宪法规范到规范宪法》，也被称为"规范宪法学的一种前言"。

个章节安排来看，第二版在标题结构和内容上，更为明确和严整。而且除了主标题的修改之外，凯尔森在二级和三级标题下更为深入地探讨了相关问题。此外，凯尔森还增加了一个相当长的附录，这一附录若从篇幅来看，它甚至稍多于第一版正文。凯尔森用这篇以"正义问题"为名的附录回应的是法政策学以及自然法学派的质疑，[1]这一安排是有意的，从纯粹法学的理论诉求看，正义问题处于法理论之外，故而才作为附录。

　　除了在形式结构上的差异之外，第二版相较于第一版在主要观点上进行了相应的调整和修改。因篇幅限制，这里仅举其大端。以第二版的章节安排对第一版和第二版之间的区别予以概括性的区分。在第二版"I. 法与自然"中，第一，凯尔森转变了第一版中将自然与社会截然对立的做法，在第二版中，"社会"可以作为"自然"的一部分予以理解。第二，凯尔森完善了应然概念的三种模态（命令、授权与许可），从而消弭了法律概念违反日常直觉的质疑。第三，凯尔森放弃了第一版中"原初规范"与"次级规范"的区分，[2]仅规定义务而无制裁条件的规范在法律秩序整体中得以完善。在第二版"II. 法与道德"中，尽管第一版也使用同样的标题，但是二者处理的主题完全不同。在第一版中处理的道德问题，其实是绝对的道德价值，类似于"正义"，凯尔森在附录中对此问题进行过相当完整的阐述。而在第二版中凯尔森认识到，除了绝对的道德价值，还存在诸多相对的道德价值，这些实在的道德秩序依然可以作为规范科学的研究对象。从这个意义上，第一版

―――――――――

　　[1] 凯尔森在第二版前言中对此问题作出解释，他说："由于作为价值问题的正义问题处于法理论之外，而这一问题对于法政策学来说又具有决定性的意义，所以我试图在附录中阐明，从一种科学的立场出发对这一问题能说些什么，尤其是对自然法学说能说些什么。"参见［奥］汉斯·凯尔森著，［德］马蒂亚斯·耶施泰特编：《纯粹法学说》，雷磊译，法律出版社 2021 年版，第 2~3 页。

　　[2] "primary norm"和"secondary norn"，对于后者，第一版中文译者张书友将其译为"次级规范"，这一翻译似乎意味着，"次级规范"在重要性上轻于"主要规范"。事实上，此处区分"原初规范"和"次级规范"的意义在于阐释没有制裁而仅有规范服从义务的规范与规定了制裁的规范之间的区分，换言之，次级规范表达的是规范的不完整形态。雷磊的译本将其翻译为"初级规范"和"次级规范"，似乎也并未完全揭示其含义，我认为翻译为"原初规范"和"次级规范"可能更接近原意。更为麻烦的是，这两个概念还可能与哈特的原初规则和承认规范混淆，实际上，哈特的承认规范是次级规范，但是承认规则是赋予法律效力的规范，这个意义上，刚好与凯尔森的原初规范相对应。关于哈特的原初规则和承认规范，参见 H. L. A. Hart, *The Concept of Law*, Oxford: Clarendon Press, 1994, p. 81。

事实上并未处理"法与道德"的问题，而且关于道德问题的处理也透露出凯尔森在规范问题上的思想变化。在第二版"III. 法与科学"中，凯尔森增加了"法律命题与法律规范的区分"，在第一版中凯尔森并未注意到描述规范的法语句和命题，这二者与法律机关制定的有效力的法律规范之间的区别，这一区分强化了纯粹法学说作为理论的纯粹性。另外，在因果和归责的相似与区别上，凯尔森进行了更为深入的论述，因果与归责并未截然二分，归责的可能性以事实上的因果性为前提。凯尔森在此处还增加有关自由意志问题的讨论，从而构造了归责与自由的逻辑关联。在"IV. 法静态学"中，吸收了第一版的"法学说的二元论及其超越"的内容。这部分除了更为详细地论述主观法和客观法之间的二元区分，还重新调整了相关概念，将第一版中的"中心归责"与"边缘归责"进行了术语上的调整，前者以新的术语"归属"取代，后者则使用的是"归责"。在"V. 法动态学"中，涉及"基础规范"的讨论相较于第一版更为宽泛了，尤其是基础规范常常与具体的法秩序联系起来论述。在法秩序内部，凯尔森还关注了第一版未曾提及的问题，法秩序内的"规范冲突"。这一主题实际上引发了后来凯尔森对逻辑、对规范运用之限度的研究，后期凯尔森以专门论著来讨论规范的一般逻辑。

以第二版为基础对第一版加以审视，除了论述的主题更广泛深入，还可以发现凯尔森的思想其实也发生着微妙的变化。第一，凯尔森新康德主义的"事实与规范"二元区分在第二版中被相对化，具体表现为社会与自然对立并不绝对，社会是自然的一部分。而且实然与应然的关系并非截然二分，这种区别服从于特定的语境。第二，凯尔森完善了"应然"概念的具体区分，在第二版中他增加了"应然"概念的三种模态，从而更为完整地处理法律的功能与运作过程。第三，在道德与法律关系问题上，凯尔森将绝对的道德价值——正义问题作为附录，从而真正在第二版中处理了道德与法律问题，即道德规范和法律规范都可以构造一种规范秩序，其区别在于法律规范具有制裁性质。第四，凯尔森区分了"法律命题"和"法律规范"，从而将纯粹法理论的描述和认知功能表述得更为清晰。这些改动都可以看出凯尔森以科学原则来审视第一版中有关科学性的各个细节，他有意识地以理论的科学性和对象的自主性区分来完善其理论构造。

二、作为法学对象的自主性和法学方法的科学性

尽管第一版和第二版在篇幅、概念和主要观点上存在诸多区别，但是从纯粹法理论提出的目的和任务来看，二者具有高度的一致性。无论是第一版还是第二版都将"纯粹性"作为全书开篇的第一节。[1]以其内容观之，其理论旨趣包括三个方面：其一，纯粹法学说是一种以一般实在法秩序为对象的一般法律理论；其二，这种理论的目的是认知其对象，换言之，它回答"法是什么以及如何是"而非"法应当是什么以及如何是"；其三，作为一种法律科学，在排斥非法律因素（诸如心理、道德、政治、意识形态等）作为其研究对象的同时，纯粹法学说也拒绝任何非法学的方法。就其目的而言，纯粹法学说致力于法学作为一门科学的"纯粹性"，在法学对象和法学方法上提出"纯粹性"双重要求。纯粹法学说是否可以作为一门科学，完全依赖于其"纯粹性"是否可以实现。换言之，对凯尔森而言，法律的科学性与纯粹性乃是一个标准的两种不同表述。法学对象的纯粹性依赖于法律体系自身的自主性，而法律科学的纯粹性则依赖于法学独立的概念和方法。对法律规范的说明不得以任何诸如道德、政治或意识形态作为基础，法律规范仅因自身而成立；法学概念和方法的科学性则意味着，法学应作为自主的知识体系，并以独有的原则说明法学概念之间的关系，而不应从社会科学或自然科学中援引任何非法学的概念。

（一）法学对象的自主性

一门科学与其他科学的区分在于其研究对象和研究方法的不同。早期人类并未有学科之分，关于世界的思考亦复如是。柏拉图认为的哲学就是科学，哲学的对象就是 episteme，它常常翻译为 science。康德认为，古希腊学问按照其对象可以分为三类：研究自然的为物理学；研究人类行动的为伦理学；研究思维之规则的为逻辑学。[2]其他任何具体学科皆可以根据其对象的

---

　　〔1〕　对比两个版本的"纯粹性"这一节，二者内容几乎一致，可见两个版本的理论旨趣并未发生变化。

　　〔2〕　［德］伊曼努尔·康德：《道德形而上学原理》，苗力田译，上海人民出版社 2005 年版，第 1~2 页。

特性置于这种划分之下。真正科学的学科划分规则之标志性事件是以实验为方法的现代自然科学的诞生，自然科学的特性是客观可验证。[1]随着实验科学在物理学、化学、生物学上日益取得成就，其在方法论上对现代人文和社会科学造成了冲击。法学是不是科学，此问题就陷入争议之中，其典型代表是冯·基尔希曼与拉伦茨截然对立的观点。前者在《作为科学的法学的无价值性——在柏林法学会的演讲》中指出，法学并非科学，其理由有二：其一，法学对象本身变动不居，而且包含诸多主观因素，它不像自然科学那样具有永恒的价值与尊严；其二，法学钻研那些支离破碎的实在法，不仅无助于增进福祉，而且无助于解决现实问题。[2]与之针锋相对，拉伦茨在《论作为科学的法学的不可或缺性——1966年4月20日在柏林法学会的演讲》一文中则认为，法学肩负着解释法律、发展法律以及法律统一的任务，而科学，若指的是任何可以用理性验证的过程，借由特定方法获得的系统性知识的话，那么法学可以担当科学之名。[3]若以科学在对象和方法上的自主性和独立性来要求法学，则意味着法学的研究对象，既要区别于客观世界，同时也要区别于心理事实，亦是与一般的主观价值全然不同的对象，而方法上法学不应借助于任何其他学科的概念和方法，对于其他学科的核心概念，法学应予以断然拒绝。

　　凯尔森的纯粹法学说试图成为科学，就对象上说，他实际上构造了一种自主的法律体系，其对象是规范，其方法是描述。纯粹法学研究的对象是实在法规范，而非某个国家的法律体系。如果是某个国家的法律体系，则这种规范就受制于特定的政治社会环境，从而在对象上就是不确定的。纯粹法学说所设定的对象是一种人类生活中广泛存在的人类行为的强制秩序。纯粹法学说以认识法秩序的构造、特征以及统一性为任务。纯粹法学说研究对象的

---

〔1〕　自然科学在对象上具有客观性，在方法上可以以经验验证，随着其揭示的物理、化学规律，其可以用来预测客观自然现象。

〔2〕　基尔希曼绝望地声称，"立法者的三个更正词，就可以使所有的文献成为废纸"。[德] 尤利乌斯·冯·基尔希曼：《作为科学的法学的无价值性——在柏林法学会的演讲》，赵阳译，商务印书馆2016年版。

〔3〕　[德] 卡尔·拉伦茨：《论作为科学的法学的不可或缺性——1966年4月20日在柏林法学会的演讲》，赵阳译，载《比较法研究》2005年第3期。

自主性体现在两个方面：一是研究领域的独立性；二是研究内容的形式性。

从研究领域的独立性来看，相较于以价值问题为对象的道德哲学和以事实为对象的社会科学或自然科学，法学以具有强制性的规范秩序为其对象。从研究内容的形式性来看，正是因为纯粹法学说以法秩序作为其研究对象，所以这种法秩序就是一般性的人类生活现象，而非个别民族和国家的独特道德政治产物。因此，纯粹法学说不研究特定的规范内容，仅涉及法律规范的形式以及形式之间的相互关系。但凡规范中涉及行为的评价问题以及特定法秩序的内容，则无可避免地窜入非规范性因素。因此，在对象上，纯粹法理论不会对任何特定规范的内容进行评价，从而避免任何主观价值成分。为了获得其研究起点的客观性，凯尔森在认识论的意义上采取的是不可知论的立场，而对价值问题则采取的是一种价值相对主义。因此，某种意义上，纯粹法学仅以形式化的法秩序为对象。

（二）法学方法的科学性

在研究方法上，为了避免任何社会学和心理学等其他非法学方法的干扰，凯尔森必须构造法学自身的概念体系来描述规范。从概念上，纯粹法学既要区别于以特定价值体系为基础的正义哲学，也要区别于仅做事实描述的社会学。因此，在概念工具上，他既不能援引道德，也不能诉诸事实。凯尔森重新构造了规范的概念，规范乃是一种诠释性框架（schema）。经由规范这一图式，行为的主观意义被诠释为客观意义，从而成为法律的评价对象：合法或非法以及与法律无关。而规范作为一种有效力的规则，其形式表现为一种假言命题，联结条件与法律效果的是归责。归责律区别于因果律，从而赋予法学独立的方法工具。而规范作为诠释性框架有两种存在形式：一是法律机关创设的有效力的规范；二是作为法律科学来描述实在法的概念。前者是法律规范，而后者是法律命题。法律命题是所谓法律规则的陈述，它是描述规范的命题，存在真假；而法律规范则存在有效或者无效。

凯尔森在第二版中单独论述了二者的区别，其将纯粹法学作为知识体系与规范作为客观对象进行了更为清晰的区分。法律科学是一种认知科学，关于法律的知识只有通过法律规范性认知方法才可以获得。纯粹法理论以实在法规范为唯一认知对象，因此，凯尔森彻底贯彻了其方法上的一元论，并对历史上的三种二元论进行批判。首先，自然权利/人权—实证法的二元论。诸如自然权利或者人权这些规范概念是外在于法秩序的，以自然权利或者人权为规范性概念，将会导致以自然权利或者人权的概念来对抗国家的强制秩序。这种无可消解的对立和冲突是将规范理解为两个不同的来源的法律认知二元论带来的。其次，是主观权利—客观法的二元论。潘德克顿法律传统区分了客观法和主观法，其对应的是客观的法律秩序和主观的权利。后者表达了一种主观的意志和利益，当其被绝对化之后，这一区分就导致二者无法无矛盾地统一于一般概念之下，为此凯尔森否认存在优先于客观法的主观权利。为解决这一问题，凯尔森以义务概念来阐释主观权利，一人享有权利无非相对于其他人承担义务而言。在第二版中，凯尔森以反射权利的概念对其进行更为详细的说明。最后，是法与国家的二元论。法与国家的二元论从两个方向上来观察国家，国家既可以作为历史—政治之映射的社会现象，又可以从规范维度认为是一种法律体系。以凯尔森法律规范认知方法来看，国家不可能同时是两种性质不同的存在，以法律认知方法来观察国家，国家就是规范性体系本身。

三、基础规范作为法律自主性的基石

如果说法律科学的科学性依赖于研究对象的自主性的话，那么就应切断纯粹法学的研究对象与事实和价值的关联，而将其作为独立的现象加以研究。为此，凯尔森不得不构造一个概念，它既在研究对象上区分了法律体系与其他事实和价值，又在方法上构造了法律效力的基础。这个概念就是基础规范。因此，基础规范执行了双重功能：其一，基础规范是法律体系得以作为独立对象的条件；其二，基础规范还为法律科学划定界限。这双重功能让基础规范既是其对象的一部分，又是其方法论的一部分。换言之，基础规范既是认识客体又是认知方法。

作为科学，法学唯一的认识对象就是规范。而规范概念的确定，可以从两组命题来观察：一是道德命题与分离命题；二是还原命题与规范命题。第一组命题表达的是法律与道德的关系。对法律概念而言，道德命题的意涵是，法律的本质最终必然以道德概念为基础。换言之，这一命题主张法律与

道德概念是不可分离的。与之相反，分离命题则认为，法律与道德并非必然关联，或具有概念上的联系。对于制定法而言，它的效力不依赖于任何道德规范，仅需满足法律制定之规则。第二组命题表达的是法与事实的关系。还原命题认为，法与事实不可分割，规范最终将以事实得以说明。而规范命题则与之相反，其主张法与事实是相互分离的。以不同的命题作为学说的立场和出发点又可以区分为不同的法学观点。同时满足道德命题和规范命题的是自然法理论，而还原命题和分离命题的结合是经验实证主义。凯尔森的理论则与之不同，它试图结合分离命题和规范命题，即纯粹法学既反对道德命题，又反对还原命题。易言之，凯尔森所定义的法就是规范，这种规范不以道德概念为基础，又无法还原为事实。

既然规范不以道德为基础，又无法还原为事实，那么规范之存在问题就应当予以证明和解决。凯尔森解决此问题的方法就是两次使用休谟定理。休谟切断了事实与价值的关联，事实与价值具有不可传递性。凯尔森继受了这一区分，但是并未局限于这一区分。在区分事实与价值的前提下，凯尔森第二次使用休谟定理。规范对于事实而言是一种价值，而对于价值而言则为一种事实。规范相对于事实而言，它是应然范畴，但是相对于价值而言，又是一种具体秩序的事实。与事实、价值两相对照，凯尔森就在二者之间开辟了第三个领域，即"规范领域"。

规范领域既无法还原为心理过程，也不是自然事实，规范领域被类比于弗雷格的"第三层世界"，[1]以及波普尔的"世界3"。[2]若如此解释，则必然导致将规范领域阐释为一种区别于心理过程和物质世界的理念世界的问题。然而，凯尔森将规范领域构想为独立自主的对象，是通过一个关键性概念实现的，这就是基础规范。基础规范在凯尔森的纯粹法学中占据中心地位，同时也是争议最大的概念。这一概念在凯尔森的学术历程中也发生了各

---

〔1〕 Gottlob Frege, *The Thought: A Logical Inquiry*, Translated by A. M. and Marcelle Quinton, Philosophical Logic, ed P. Strawson, Oxford University Press, 1918.

〔2〕 在商务印书馆 2001 年出版的《客观知识》一书中，作者波普尔提出了"三个世界"理论，"世界1"是物质世界，"世界2"是心理和思想的状态或过程，是主观的，而"世界3"指的是思想世界，它与物质世界和心理世界相区别，思想的内容可以以物质性的载体呈现，如书籍、符号或语言。

种表述上的变动。最初，凯尔森将基础规范解释为一种假设（hypothesis），后来在《纯粹法学说》第一版和第二版中以康德哲学为基础将基础规范定义为"先验—逻辑"前提。而在其晚期作品中，以费英格的"好像哲学"（仿佛哲学）为立论基础，又将其称为"纯粹的虚构"。凯尔森尝试以各种方式来诠释这一概念，从而使得这一概念更加让人琢磨不透。

尽管关于基础规范的内容以及证立存在诸多疑问，但是在纯粹法学说中，基础规范所执行的功能却是相当确定的：其一，基础规范是法律规范体系的逻辑闭环，从而使得非规范要素得以被清除，从而让规范领域可以获得自主性；其二，基础规范是法律规范体系效力的最终源泉，是法学方法运作得以可能的条件。规范不同于价值与事实的原因在于，规范之效力不是从这两个领域获得的，而只能来自其自身，否则何谈纯粹性。为此，既然规范是一种对行为之主观意义解释为客观意义的图式，故而规范的功能就是一种解释框架，这种解释框架之效力来自法律行为之创制，而创制者行为之客观意义来自上位规范。以此，法律秩序乃是一种位阶不同的规范的创制链条，上溯至宪法，构成宪法效力之理由的就是基础规范。立宪行为的事实性以基础规范为解释框架，其主观意义就可以解释为客观意义，因此，基础规范实现了实然向应然的转化功能。正是经由这一转换，法律系统的逻辑得以封闭，从而确立了自身的自主性。但是，问题是如何证立基础规范。这一问题长期困扰着纯粹法学说，而且凯尔森在第一版和第二版中也以不同的方式对其加以阐释。

在第一版中，凯尔森关于基础规范的表述有两种：其一，基础规范可以追溯至历史上首部宪法；[1]其二，基础规范是一种基础性假设。[2]另外，在论及解释基础规范之具体内容时，凯尔森又回到了经验主义立场。他认为，当制宪行为被大多数人所接受的时候，那么制宪行为之主观意义就可以解释为客观意义，从而宪法的效力就可以从事实上被引入。这就导致了效力与实效的关系问题，因为按照凯尔森的讲法，效力仅依赖于基础规范，而实效概念是一个事实性的概念。实效作为守法者遵守法律的程度的事实性而与

---

〔1〕 ［奥］凯尔森：《纯粹法理论》，张书友译，中国法制出版社 2008 年版，第 83 页。

〔2〕 ［奥］凯尔森：《纯粹法理论》，张书友译，中国法制出版社 2008 年版，第 84 页。

作为规范是否有效力发生了联系。事实上，这种做法是在效力的论证上引入了经验性要素。凯尔森认为，一个毫无实效的规范体系是无效力的，从而实效在逻辑上是效力存在的必要条件。

与第一版相比，第二版对基础规范的论述则相对更具体系性和完备性。在第二版第 34 节，凯尔森论述了基础规范作为效力基础、基础规范作为先验逻辑预设、国际法的基础规范以及自然法的基础规范等问题。与第一版中无法将基础规范与经验性原则相区分的状况不同，第二版中对基础规范的论证更多地借助于逻辑法则。命令与规范的关系可以阐述为规范效力的依据只会是另一个规范，而非一个经验事实。如某人的命令构成其他人行为的规范，这一说法就是将效力的依据解释为上帝下命令的事实。然而，按照逻辑三段论，可以如此解释：

（1）大前提（规范 1）：人们应当遵守制宪会议制定的宪法；

（2）小前提（事实）：制宪会议制定了宪法；

（3）结论（规范 2）：人们应当遵守宪法。结论作为规范 2 的依据不是小前提的事实，而是大前提的应然规范 1。若以基础规范来观察这个三段论，其大前提的效力就是由基础规范保证的。某人的命令应当被遵守之所以有效，是因为经由基础规范的转化功能使其有效。若以制宪行为观之，人民应当遵守宪法之应然规范是由基础规范保证的。宪法作为法秩序之最高规范，其效力是由基础规范保证的，基础规范保证了法秩序的效力溯源不会无穷倒退。基础规范不是某个意志行为制定的，而是应当在思维中被预设。[1]一个规范的效力的源泉并不在于其内容，而是在于其是否按照上位规范所规定的创设方式被创设。因此，按照凯尔森的观点，"任意内容皆可为法"。[2]基础规范只能导出下位规范的效力，而非下位规范的内容。另外，基础规范也并不包含于一个具体的法律秩序当中，而是作为具体法秩序有效的逻辑前提被预设于法律思维之中。换言之，第二版的基础规范剥离了经验性原则，作为一种规范领域以及法学思维必须预设的逻辑原则而存在。基础规范没有任

---

[1] 基础规范作为思维之预设的论述，参见［奥］汉斯·凯尔森著，［德］马蒂亚斯·耶施泰特编：《纯粹法学说》，雷磊译，法律出版社 2021 年版，第 30 页。

[2] ［奥］汉斯·凯尔森著，［德］马蒂亚斯·耶施泰特编：《纯粹法学说》，雷磊译，法律出版社 2021 年版，第 246 页。

何实质内容，对具体法律内容保持中立，它是思维的一部分，既非事实亦非价值。

在第二版中，凯尔森比较明确地以康德的先验逻辑来阐述基础规范的意义。康德的认识论探讨的是知识是如何可能的，因为知识必然性的条件在于主体思维的必然性（作为直观形式的时间和空间以及思维的纯粹范畴），知识的必然性不在于外在对象，而在于主体与客体作用时形成的经验已经被赋予了必然性，是主体对客体进行的整理结果。这种论证方式是先验论证，其基本形式可以表达为：存在 Y，且 X 是 Y 存在的必要条件，那么必然存在 X。[1]换言之，如果存在实在法秩序，且基础规范是实在法秩序的必要条件，那么就必然存在基础规范。凯尔森的纯粹法学说以基础规范构造了规范自身的客观性和自主性，本质上是法律思维的结果，而非价值或行为事实的产物。

若从思维原则出发，凯尔森就避免了处理规范的效力与实效的复杂关系。因为一旦触及效力与实效的关系，这就势必会导致纯粹法学说自身的无法自我描述的问题。这一悖论性结局被卢曼所把握，即一个系统无法借助自身的概念得以自我描述。这种处境在逻辑上类似于哥德尔的不完全定理。凯尔森在第二版的解决方式是将实效作为效力的条件直接设定在基础规范之中，"实效作为效力的条件被规定在基础规定之中"。[2]人们为什么要遵守和适用某一法秩序的理由预设在基础规范之中。尽管凯尔森以基础规范来划定规范领域的疆域，法律规范着自身的创设，从而保证自身的自主性，其前后也采取了经验、先验等论证方式来阐明规范不同于价值或者事实的独特性。但是，基础规范本身之证立依然在效力与实效关系上陷入理论困难。基础规范不与任何价值或事实建立实践联系，后来拉兹对此有一个命中要害的评论，他认为，被预设有效力的基础规范不是论证，而是一个策略性的预设。[3]

---

〔1〕 对先验论证的相关研究，参见上海人民出版社 2012 年出版的方红庆的《先验论证研究》。

〔2〕 [奥] 汉斯·凯尔森著，[德] 马蒂亚斯·耶施泰特编：《纯粹法学说》，雷磊译，法律出版社 2021 年版，第 260 页。

〔3〕 [英] 约瑟夫·拉兹：《法律的权威 法律与道德论文集》，朱峰译，法律出版社 2005 年版，第 122 页。

四、归责作为方法的独立性的范畴

因果与归责的二分被认为是法学法律科学获得方法论独立性的基础，若是无归责的概念，事件与事件的关系就无法被因果范畴之外的概念所把握。凯尔森的归责概念让法律诠释行为具有客观意义，建立法学科学的独立性依赖于因果与归责的二分。面对同样的事件与事件的联系，因果和归责是两种截然不同的思维方式。不过，在第二版中，凯尔森在这种截然二分的关系中有所退缩，因果与归责并非两种完全不同的思维方式，而是一种思维方式的两种表现形式。而且随着自然科学在理论上的进步，尤其是量子力学的进展，因果关系可能完全是一个概念问题。[1]作为思维原则的因果范畴，仅仅是一种心理习惯。

在第二版中，凯尔森专门以"法与科学"作为主题探究了法学作为一门科学的理由。这一理由的重要方面不在于自然科学和社会科学研究对象之不同，自然科学的研究对象是自然，而社会科学的研究对象是人类行为。若不考虑人类行为作为自由意志的产物，仅以社会科学的因果关系作为描述事件联系的实践来看，社会与自然也并无本质不同。但是，法学作为规范科学，其观察人类行为的视角既不同于社会科学，也不同于自然科学。因为无论是自然科学还是社会科学，都是以"因果关系"为思维原则来研究各种事实之间的相互关系。但是，对规范科学而言，它采取了一种完全不同的观察方法，它以"归责关系"来观察人类行为。规范的对象是人类行为，人类行为在规范应然的意义上是一种条件句，它有构成要件和法律后果的假设性命题。法律科学描述构成要件与法律后果的连接词是"归责"。[2]凯尔森在第一版中完整地表达了归责的基本含义，而且以归责内容的不同区分为两种归

---

〔1〕 从量子力学的观点看，世界是不确定的，世界图景可能是上帝在投骰子。参见北京联合出版公司 2013 年出版的曹天元的《上帝掷骰子吗？ 量子物理史话》一书。

〔2〕 中文译本中对"Zurechung"的翻译不同，第一版的中译本将其译为"归责"，而第二版则译为"归结"，其理由是法律规范中的"条件"与"结果"之间的联结不带积极或消极评价，故而用不带感情色彩的"归结"。为遵循语言习惯以及法律规范的主体与责任关系，本文依然固执地使用"归责"。至于使用归结而不使用归责的理由，参见雷磊的译后记，载［奥］汉斯·凯尔森著，［德］马蒂亚斯·耶施泰特编：《纯粹法学说》，雷磊译，法律出版社 2012 年版，第 552~553 页。

责模式：中心归责和边缘归责。中心归责指的是将义务或者责任归给某一法律主体。而边缘归责则是将事实构成与法律后果联系起来的应然法则。[1]在第二版中，对中心归责和边缘归责的概念进行了术语上的修改。第一版的中心归责被"归属"取代，而边缘归责则被替换为"归责"。

凯尔森在第一版中对法律科学的归责与自然科学的因果做了一个清晰而简洁的表述："就如自然法则将作为原因的事实和作为效果的事实联结起来，法律法则将法律条件与法律后果相联结。以前种方式联结事实是因果律，而后者则为归责律。"[2]归责作为连接词是纯粹法学自主性的关键，在一个法秩序内，事实之间的关系服从的是归责律，而非因果律。[3]凯尔森为了彻底清洗规范领域中的人为因素，甚至将自由意志的伦理学讨论也排斥于法秩序之外。换言之，法律科学仅关注行为事实之间的相互关系，而不关心行为事实的心理或者意志问题。对法律科学来说，人类行为只是依照自然秩序因果律发生的、无穷事件中的一部分。一个人对某一个结果承担责任并不意味着这个结果是由此人引起的，若如此，则结果与人之间就存在因果联系。对纯粹法学而言，归责的客体与归责的主体只能以规范应然的方式来阐释，即以"归责"来联结。否则，行为主体与承担责任的主体不是一个主体这个问题就无法在法律上得到解释。例如，监护关系，孩子的过错造成的后果由其监护人承担。

凯尔森使用归责概念的另一个目的是使法律规范和道德规范相区分。法律与道德都表达了规范的应然，二者都可以归为应然之种概念，是否具有应然的种性质是无法区别法律与道德的，区分二者的属差概念尚付阙如。以归责来观察法律规范是为了将应然概念从道德概念中解放出来。道德规范和法律规范都可以改写为条件性命题。[4]如有人受苦，则你应施以援手。因此，归责作为条件句式的连接词不足以区分道德与法律。归责概念的义务性结构

　　[1]　关于归责概念的观念史以及凯尔森对归责概念的改造，参见王晖：《论凯尔森的归责观》，载《浙江社会科学》2018年第3期。

　　[2]　[奥]凯尔森：《纯粹法理论》，张书友译，中国法制出版社2008年版，第53页。

　　[3]　Stanley Paulson, *Hans Kelsen's Doctrine of Imputation*, Ratio Juris 14, 2001.

　　[4]　根据阿列克西的研究，凯尔森的归责概念具有三个方面的特征：条件性、义务性和应然性，参见[德]罗伯特·阿列克西：《汉斯·凯尔森的"应然"概念》，载张龑编译：《法治国作为中道　汉斯·凯尔森法哲学与公法学论集》，中国法制出版社2017年版，第159～174页。

才是区分二者的关键性要素，因为对于法律规范而言，归责中的条件性后果并非任何一种后果，而只能是"不法行为的后果"。归责将法律规范中"不法行为"之后果描述为"制裁"。这才是区分道德与法律规范的属差。归责概念不仅将法描述为一种规范秩序，而且认为法是一种具有强制性的规范秩序。

凯尔森在第一版中阐述了归责概念的主要模式是借助于康德式的先验论证。因此，尽管因果范畴的应用对象是事实，归责的应用对象是规范，但是二者同时可以归诸人类思维的法则。康德在《纯粹理性批判》中认为，知识的客观必然性基础在于主体思维的先天要素，为阐释认识的客观必然性，以认知主体的纯粹直观和知性范畴为经验的可能性条件，从而确定了经验的必然性是由主体先天要素造就的。因果范畴属于知性范畴，与此类比，归责作为一种范畴形式是在认识法律规范中出现的，并且构造了规范之条件与效果的联结。具体论证如下：

（1）法律规范已获得认知；（给定）

（2）这种认知只有预设归责才是可能的；（先验条件）

（3）归责作为规范性的条件被设定；（结论）

凯尔森在第一版中更多地是借重康德模式来论证归责概念。但是在第二版中，凯尔森从康德回归到休谟，试图以经验性论据来阐释归责概念。为此，他专门论述了因果与归责之间的差异：首先，因果作为联结原因和结果的连接词，这一关系的确立无需外在的人为干预就可以实现，但是，归责所联结的条件与结果这种联系需要人类制定的规范来吸纳；其次，因果关系中的原因和结果存在一对一的关系，而且这一因果链条可以在两个方向上无限延伸，但是，归责中作为条件和后果之间的备选项是多方面的，作为不法行为的条件及其可能的后果，两端之间存在多种不同的选项；最后，关于因果关系的追问是无限的，但是，关于归责的关系，总可以确定一个逻辑终点。同时，因果与归责也存在相似之处。在凯尔森看来，因果和归责都是人类思维的原则，这一点可以通过人类学考察予以证明。在早期人类看来，人类并未使用因果原则来思考事件及其后续事件之间的关系，原始人类对因果原则是陌生的。因果原则是文明高度发展之后才出现的现象。在原始社会，人们解释世界的图式不是因果，而是报复。无论是自然事物还是社会事物，它们的关系是借由报复的概念被设想的，自然与社会混一不分，自然是内在于社会的。基于思维方式之不同将自然和社会予以二分是现代人的思维造成的。但是，还有另一种一元论，那就是现代科学的一元论，它试图以因果原则来解释整个世界，此时不是自然内在于社会，相反，而是社会内在于自然。[1]在第二版中，凯尔森在解释因果与归责时并未借用康德的先验论证模式，而是直接以人类生活的经验性法则作为其立论基础。归责作为法律命题的应然意义，它总是在人类思维中被构想的。真正构成不法行为与制裁后果之应然关系的是基于规范的法律制定行为。在法律科学上，归责概念是对法律规范权威意义的一种描述，以"归责"概念所表述的"应然"只有纯粹的描述意义。换言之，法律科学描述的规范，作为描述之结果，规范是一种判断，而不是命令，它是知识命题而不是法律规范。凯尔森在第二版中才对法律命题与法律规范作出正式区分，从而澄清了第一版中规范与对规范之描述混淆不分的状况。

五、法律命题作为法律科学的知识形态

纯粹法学作为科学，从理论上就要将自身构造为一种概念、命题和推理的知识体系。从法律科学作为知识体系及其认知功能看，对法秩序的描述与法秩序本身予以区分就是必要的。对法秩序的描述以及阐释法秩序背后的规范性原理是法律科学的任务。而法秩序本身作为人类行为的产物既不是纯粹法学改造的对象，也不是其评价的对象。根据凯尔森的学术意图，纯粹法学的使命是描述和认知。在这一点上，凯尔森的纯粹法学作为一种科学与现代自然科学分享了同样的精神。科学号称只提供客观知识，它是一种科学家共同体建构起来的话语体系。[2]若以法学作为一种科学，我们可以同样认为经

---

〔1〕 为了辨明归责与因果的关系，凯尔森直接对人类思维方式的产生进行了历史研究，尤其是涉及原始社会的思维习惯。关于这项研究参考 Hans Kelsen, *Society and Nature: A Sociological Inquiry*, The University of Chicago Press, 1946。

〔2〕 科学作为知识系统也可能是一种意识形态，但是确实科学提供了我们理解周遭世界的知识框架。当然这也并不是不需要代价的，总有人持有对科学客观性宣称的反对立场。罗森宝说，"科学客观性的反对者并不在于说服别人承认他们的观点是正确的。他们的辩证立场很大程度上是防御性的；他们的目标是保护治理生活的领地不落入自然科学的霸权"。参见［美］亚历克斯·罗森堡：《科学哲学 当代进所教程》，刘华杰译，上海科技教育出版社 2004 年，第 224 页。

由法学研究者的努力可以建构客观的法学知识体系。

法律科学作为知识体系与其研究对象并不相同，这就如同自然科学作为知识体系与客观世界是不同的。因为看似混沌无序的宇宙需要科学的认知方可作为浑然有序的整体，人类行为规范的秩序则需要法律科学予以洞悉和察识。在第一版中，凯尔森并未对此问题进行自觉地区分。后来在第二版中，他以法律命题与法律规范区分为基础才准确地把握住这一主题。[1]在第一版中，凯尔森是在两个意义上使用法律命题这一概念的：一是为了区分法律规范与道德规范；二是为了完整地刻画法律规范的理想形态。在凯尔森看来，道德规范与法律规范的区别在于，道德规范表现为绝对命令或绝对命题，[2]而法律规范则表现为条件与结果的假言命题："如果……，那么……"这一结构。凯尔森认为，规范的理想形态就是条件句或假言命题，因为诸多法律规范并未呈现出条件与结果的假言关系，故而从法律科学的意义上应当对其加以改写，从而让其呈现出以不法行为与制裁后果相联系的理想形态。正因如此，鲍尔森的英译本将"Rechtssatz"翻译为"reconstructed legal norm"，中文可以译为"重构的法律规范"。[3]重构的法律规范这种译法可以表现出规范作为规则的形式，但并未揭示出规范与规范陈述的关系。第一版的中文译者张书友将其翻译为"法条"。如果将"Rechtssatz"译为"法条"，就将规范作为规则的理想形式混同为制定法的具体文体形态或法语句。此大谬也。事实上，刚好相反，文本或法语句正是法律科学需要予以规则性改写的对象。

在第一版中关于法律规范和法律命题之间关系的论述，凯尔森在第二版

---

[1] 凯尔森区分了"Rechtssatz"和"Rechtsnorm"，后者的英文翻译比较明确，一般译为"legalnorm"，但是前者翻译则五花八门，有翻译为"legalstatement""legalexpression"，凯尔森在英文中译为"ruleoflaw"，斯坦利·鲍尔森将其译为"reconstructedlegalnorm"，对于 Rechtssatz 的中文翻译同样一言难尽，有"规范陈述""规范语句""法律命题"，第一版中译本还将其译为"法条"。Rechtssatz 翻译的复杂性某种意义上反映了凯尔森理论上的变化。

[2] 关于道德是否为绝对命题或者绝对命令，这一点凯尔森在第一版和第二版中的逻辑并不一致，在第二版中，凯尔森认为道德命题也是假言命题。我们在讨论因果与归责时已经作出了解释。

[3] 鲍尔森在《纯粹法学说》第一版的英文版附录中详细对其作出了解释。See Hans Kelsen, *Introduction to The Problems of Legal Theory*, *A Translation of the First Edition of the Reine Rechtslehre or Pure Theory of Law*, Translated by Bonnie Litschewski Paulson and Stanley L. Paulson, Oxford University Press, 1992, pp. 132−134.

中进行了系统性重构。第一，凯尔森放弃了在第一版中道德规范与法律规范分属于绝对命题和假言命题的区分，无论是道德命题还是法律命题都是假言命题，道德规范和法律规范的根本区别不在命题形态而在其强制性。法秩序是强制秩序，而道德秩序则不然。第二，法律规范与法律命题之区分的根本是效力，而不是法律命题是否表达出法律规范作为规则的理想形态。法律规范是经由正当程序制定的规范，它有效力，而法律命题则是对规范的描述。二者的区别就如同，"制定法与对这部制定法的评注之间的差别"。[1]第三，法律规范只存在有效或无效之别，但是法律命题却可以有真假。法律规范是一种规定，它具体表现为"命令、禁止或授权"，如同客观上的事实只有存在或不存在之分，与之相应，规范则以有效或者无效进行区别。但是，法律命题作为对法律规范的描述，可以是真的也可以是假的。如果法律规范未作出规定，而法律命题对此作出相反的描述，那么法律命题是假命题，反之亦然。

　　法律规范与法律命题之所以难以区分，其原因是二者在语句的具体表现形式上都是义务性模态的应然语句，故而呈现出一致性。为此，我们可以对一个法律规范的语句内容、规范和法律命题进行重述，以揭示三者的区别：

　　（1）如果实施 A，则应当受到 B 制裁；（规范性语句的内容）

　　（2）如果实施 A，则应当受到 B 制裁；（有效力的规范）

　　（3）如果实施 A，则应当受到 B 制裁。（法律命题）

　　从表面上看，这三个假言命题在形式和内容上几乎没有任何区别，其区别在于三者反映出不同的意义。语句（1）表达了一个关于特定内容的主张，其在法律上是否有效，犹未可知，它可能是某个人对一个特定行为表达的一个主观意见。规范（2）则不同，它是一个法律秩序内的规范，经由规范（2）某一个行为的主观意义被诠释为客观意义，换言之（2）是一个有效力的法律规范，经由（2）可以将一个具体行为认定为违法并实施 B 的制裁。那么，命题（3）尽管在形式上与（1）和（2）完全形同，但是命题（3）仅仅是对规范（2）的描述。如果命题（3）对规范（2）描述的内容是："如

────────

[1]　［奥］汉斯·凯尔森著，［德］马蒂亚斯·耶施泰特编：《纯粹法学说》，雷磊译，法律出版社 2021 年版，第 95 页。

果实施 A，则不应当受到 B 制裁"。那么这一描述就是一个错误的描述，因为命题（3）没有正确地反映（2），故而命题（3）是一个假命题。纯粹法学作为知识是关于规范的一系列知识性命题的集合。所谓法律科学无非指向作为实在法的知识，因此构成纯粹法学最基本要素的是法律命题。法律命题以其法律规范为其描述对象，认知和描述所形成的法律命题是一种判断，构成判断之主词和谓词的是规范的不法行为及其法律后果。纯粹法学刻画的规则可以是法律的内容，但是规则本身要产生效力在于创制规范的人类的法律制定行为。

法律科学以认知和描述为目的，从而将法律规范与对法律规范的描述——法律命题——相区分。法律规范无真假，但是法律命题以其与规范之间的相符合或不符合关系却存在真假。既然法律命题可用真假这一逻辑工具来处理，那么逻辑是否可以运用于规范呢？

此问题则导致了法律科学的一个难题：规范逻辑成立吗？在第一版中，凯尔森坚持认为在实然与应然之间不可能存在推导关系，若将这种二分法运用于逻辑领域，其观点是，"逻辑矛盾只存在于两个'实然'命题或两个'应然'命题之间……一个规范与一个事实之间却不至于存在矛盾"。[1]在第一版中凯尔森认为，逻辑矛盾可以存在于规范与规范之间，这种矛盾既有可能是上下位阶规范的矛盾，也可能是同位阶规范之间的矛盾。如果是这样，那么规范体系的内部统一性将荡然无存。为解决这一问题，凯尔森在第一版出版之后就开始关注逻辑与规范的关系。约根森在《命令句与逻辑》中揭示了逻辑规则无法运用于规范领域的困境，因为逻辑的有效性依赖于前提的真假，但是规范没有真假值，因此无法用传统逻辑予以推导。[2]这一困境也被称为"约根森困境"。约根森解决这一问题的思路是将命令句分为两个方面：一是命令性要素；二是陈述性要素。很显然，凯尔森对法律规范与法律命题的区分是受到这种观点的影响的。[3]因为逻辑原则可以运用法律命

---

　　〔1〕　[奥]凯尔森:《纯粹法理论》，张书友译，中国法制出版社2008年版，第59页。

　　〔2〕　Jorgen Jorgensen, *Imperative and Logic*, Erkenntinis, 1939（7）.

　　〔3〕　关于凯尔森在探究逻辑与规范关系的思考历程，参见陈锐:《规范逻辑是否可能——对凯尔森纯粹法哲学基础的反思》，载《法制与社会发展》2014年第2期。

题，而法律命题用以描述法律规范，因此，凯尔森在第二版中对此问题的认识是，"一般意义上的逻辑原则和特殊意义上的矛盾律可以适用于描述法律规范的法律命题，故而可以间接适用于法律规范"。[1]

以法律规范与法律命题之间的对应关系，凯尔森建立了逻辑一贯的法律科学体系。以法律命题的真假值对应法律规范的有效与无效，实在法秩序与法律科学之间是一一对应的映射关系。故而，逻辑直接运用于法律命题，而间接运用于实在法秩序的规范中。若以此来评价，纯粹法学说之科学性，实乃一种知识的符合论，法律规范与法律命题之间的符合关系是判断其真假的标准。然而，规范的有效与否与命题的真假并非一一对应关系，法律规范并非在描述上为假就无效。规范冲突并非逻辑矛盾，自然地，逻辑规则对于法律命题和法律规范并不具有同样的适用性。在逻辑规则是否可以同时运用于法律规范和法律命题这一论题上，凯尔森相当犹豫，后来他对此予以断然地否定，认为根本就不存在什么特殊的规范逻辑。[2]在第二版出版之后，凯尔森还继续在规范逻辑这一论题上推进研究，最终，凯尔森否定规范逻辑存在的可能性。在最后一部尚未完成的著作《规范的一般理论》中，凯尔森否定了之前的结论，"逻辑法则仅仅只能应用于思想规范，而不能应用于实在的规范……因为规范是意志行为的意义，意志行为不能成为逻辑思维的结果，也正因如此，陈述逻辑不可能是规范逻辑"。[3]他不承认规范逻辑的可能性，而向意志理论靠拢。[4]

结　语

纯粹法学说自其创制之初，其目的就是构造一个科学的法学理论。这一理论试图摆脱自然法以及经验实证主义的束缚，让法学可以独立于其他学科

---

〔1〕　［奥］汉斯·凯尔森著，［德］马蒂亚斯·耶施泰特编：《纯粹法学说》，雷磊译，法律出版社 2021 年版，第 257 页。

〔2〕　Han Kelsen, *General Theoryof Norm*, Translated by Michael Hartney, Oxford：Clarendon Press, 1991, p. 273.

〔3〕　Han Kelsen, *General Theoryof Norm*, Translated by Michael Hartney, Oxford：Clarendon Press, 1991, p. 208.

〔4〕　更为可悲的是，凯尔森不仅否定了规范逻辑，甚至还放弃了"基础规范"这一理论。

而获得其自主性。为此，凯尔森展开了其卓越的知性工作。这种孜孜不倦的努力一直持续到其生命终结，在《纯粹法学说》第一版向第二版的过渡过程中，凯尔森始终在推进基本法学概念和法学原则的研究。尽管对于法律科学何以为科学的核心主题并未发生改变，但是就其论证思路和主要方法却因其理论的推进而发生改变。尤其是法律科学不仅是整套概念和方法的体系，而且还触及法律体系本身的自主性问题。为此，凯尔森不得不在第二版中区分法律规范和法律命题，前者是认识对象，后者是认识的知识性命题。

根据第一版和第二版的对比阅读，可以发现在确立规范领域之可能性的基础规范概念上，第二版相较于第一版采取更多经验主义立场而逐渐远离先验论证这种逻辑方案。谈及因果关系以及归责思维，凯尔森在第二版中修改了归责概念的术语，并且借助于人类思维方式的人类学转变来阐述归责概念与因果概念都是习惯的产物。最后，法律科学作为一种知识体系，它必须严格与其研究对象相区分，为此，凯尔森严格区分了法律规范与法律命题，并以法律命题作为知识要素来构造逻辑一贯的法律科学体系。然而，当触及法律命题与法律规范在适用逻辑规则时的一致性问题时，凯尔森的科学性追求遭到无法避免的理论挫折。最终，凯尔森不得不在规范的逻辑领域继续其科学性的探索。